KB179374

장고의 쪼루인생 골프 이야기 2

To.

From.

책을 내면서

> "웃어 넘길 수 없는 일과
> 반성하여야 할 일들을
> 가감없이 표현함으로써"

흔히들 골프를 인생에 비유하지만 인생살이보다도 더 난해한 것이 골프가 아닐까? 같은 골프장을 수차례 가 봐도 같은 상황은 없다. 동반자가 다르고 날씨가 다르고 뭐가 달라도 다를 테니… 만약 모든 것이 똑같거나 엇비슷하였다면 골프라는 스포츠는 태생지의 어느 동사무소에 실종신고 또는 사망신고를 했을 테고 아니면 산골 아이들의 자치기 놀이로 전락하지 않았을까?

어제는 생각조차 하기 싫은 죽음의 홀이었지만 오늘은 사지에서 돌아온 연인 같은 홀일 수도 있다. 집구석에 못 하나 치는 것조차 귀찮아 하는 넘도 손가락에 물집이 생기고 멀쩡한 손이 가뭄으로의 논바닥 같아도 골프 앞에서는 불만 하지 않는다.

골프는 그렇게 고통마저 감래하며 빠져 버리고 가끔은 짜릿한 흥분에 미쳐버리기도 하며 때론, 머리를 돌아버리게 만드는 운동이다.

하지만 시작은 있어도 끝이 없는 운동이기에 인생살이와는 비교할 수 없는 희로애락이 있는 것이다. 정복할 수는 없지만 아름다운 도전이 있고 어제의 실수 뒤에 노력한 만큼 웃을 수 있으며 자만하고 태만하면 용서하지 않는 것이 골프이다. 그래서 우리는 골프에서 정직한 삶을 배우고 또 다른 성실과 인내를 터득하는지도 모른다.

이 책은 그러한 골퍼들의 다양한 일들과 함께 부끄럽지만 스스로의 잘못과 실수를 자책하며 골프에서 일어나는 에피소드를 공유하는 차원에서 골퍼들의 일상을 거울을 보는 마음으로 표현했다.

따라서 본 책은 레슨을 위함도 아니며 상식이나 교양을 위한 서적도 아니다. 단지, 동시대에 골프라는 운동을 즐기고 제공하는 골퍼들과 관계인들이 공감하고 또, 느껴야 할 일들을 골퍼의 눈으로 솔직하게 피력한 것이다. 가끔은 거침없는 육두문자와 이해 못할 어투는 우리들의 현실임을 결코 부인하고 싶지 않았다. 또한, 웃어 넘길 수 없는 일과 반성하여야 할 일들을 가감없이 표현함으로써 일그러진 골프 문화의 변화를 기대하는 것이다.

자신의 잘못과 부정은 누구보다도 자신이 알고 있다. 용납될 수 있는 실수와 과오도 반성하지 않으면 죄가 되듯 누구를 탓하지 않고 인정한다면 분명 골프도 발전한다. 골퍼든 골프 관계인이든 서로의 목소리를 존중하고 겸허하게 받아줄 때 골프의 대중화는 앞당겨질 것이다.

본 내용을 통하여 지칭하지는 않았지만 당사자가 있다면 넓은 이해를 바라고 일부 내용에는 표기법에 맞지 않는 골퍼들의 일상용어와 사투리를 그대로 표현했음을 알려드린다.

끝으로 출간에 이르기까지 주변에서 도와주신 분들에게 깊은 감사를 드리며 그 동안 부족한 글을 읽어 주시고 성원을 보내주신 인터넷 독자들에게도 감사를 드린다.

장 복 덕

"거침없는 말투는 씹을수록
감칠맛이 나는 오징어와 같아서…"

필자는 누구나 할 수 없는 독특한 글을 쓰는 것으로 유명하다. 본인이 한국경제신문에서 골프전문기자를 하면서도 접하지 못한 파격적인 글로써 네티즌들의 호응을 얻고 있으며 누구나 쓸 수 있는 유형의 글이 아니며 흉내내고 따라할 수 없는 그만의 스타

일을 갖고 있다.

  그의 글이 인터넷에서도 베스트셀러가 된 가장 큰 이유는 글의 구석
구석에 우리의 일상과 생각들을 가감 없이 표현했을 뿐만 아니라 정곡
을 찌르는 거침없는 말투는 씹을수록 감칠맛이 나는 오징어와 같아서
한번 읽으면 재미있고 한번 더 읽으면 몸에 와 닿고 느끼게 하는 글이
었다는 것이다.

  또한, 더 이상의 수식어가 필요 없는 시원스런 표현과 짧은 해학 속에
골프와 골퍼의 모습이 절묘하게 반죽되어 있었기 때문이 아닐까 싶다.

  글은 재미가 있어야 한다. 신문 방송에 올리듯 정통파가 아닐 바엔 점
잖 떨일도 아니고 이 눈치 저 눈치 볼 이유도 없으며 바라고 흥미롭다
면 기꺼이 폼 잡을 필요 없다는 그만의 스타일이 네티즌들에게 적중한
것이다.

  글이 재미있는 데 그친다면 그 글은 생명력을 잃게 된다. 하지만 필자
의 글은 무차별로 쓴 것 같지만 흥미 뒤에는 언제나 강한 메시지가 존
재한다. 어디서도 찾을 수 없는 비유법의 활용과 글의 어딘가에는 무릎
을 치는 구절과 누군가를 대변하고 편애하지 않는 바람과 욕심이 꼭 숨
어 있다는 것이다.

  골프의 깊이를 모른다면 소재 선정에서부터 골프라는 운동을 그렇게
해학적으로 풀어나가기엔 역부족이었을 것이다. 하지만 그는 오랫동안
골프를 접하면서 남다른 이해와 애착으로 필드에서의 스쳐 지나가는 바
람 한줄기만을 가지고도 글을 풀어갈 수 있는 글쟁이로서는 특이한(?)
체질의 소유자이다.

글이라는 것이… 읽는 건 잠깐이고 웃는 것도 순간이지만 쓰는 사람은 많은 고민과 고심으로 이루어진다. 더욱이 필자는 많은 경험과 남다른 관찰력 그리고 표현 기법으로 독자들을 흡입하는 힘을 가지고 있다.

골프와 인생 그리고 세상사는 이야기를 접목시킨 「쪼루인생 골프 이야기」! 이 시대를 살아가는 골퍼라면 한 번쯤은 읽어야 하는 글임에 틀림없으며 그러면서 골프를 다시 한 번 되돌아보면 "또 다른 세계의 골프인생"이 손짓할지 모른다.

김홍구 (www.golfsky.com 대표)

1 골프는 그랬어!

차 례

차 례

2 이런 골프 저런 골퍼

3 사랑한 만큼 사랑 해주는 골프

차 례

차 례

1 골프는 그랬어!

많지 않은 경험이지만 이 넘의 골프만큼 인간을
개 부리듯 멋대로 갖고 노는 운동도 흔치 않을 것이다.
미치고 꼴리도록 하고 싶을 때가 있는가 하면
패죽이고 싶고 다시는 보기 싫을 때도 있다.
그럭저럭 맞아줄 때는 이거~ 조또 아닌가 싶고
슬럼프에 빠져 대가리가 어질어질할 때는
씨펄! 보따리 매고 뒷산이나 갈 걸 비싼 돈 주며
개쪽을 당하고 미친 짓을 하느냐며 자신을 한탄한다.
알다가도 모를 운동이지만 물 흐르듯 겸손하고
욕심 주머니만 비운다면 분명 돈값을 하는 운동이다.
그러니 인생에 골프만 한 참스승이 또 있을까?

짠순이
아줌마의
간식

난, 마늘이 주방에서 쿵딱쿵딱 요리할 때가 제일 좋다. 밤새 무슨 일이 있었는지 콧노래라도 흥얼거리며 칼질을 할 땐 더 말할 것 없다. 하긴, 서방이라는 것이 제대로 하는 게 없으니 최경주 버디하듯이 듣고 싶은 콧노래를 맨날 들을 수는 없다.

콧노래 음식은 된장찌개 하나 김치 하나라도 꿀이더만… 가끔, 혼자일 때는 먹기 위해 사는 건지 살기 위해 먹는 건지 알 수가 없다.

주변에 한 넘은 음식에 대한 욕심이 대단하다. 안주 때문에 술 시키고 술 때문에 안주 시키고 식구들은 밥을 먹는지 죽을 쑤는지도 모르면서 좋은 것은 지나치질 못한다. 외상이라도 먹어야 하고 빚을 내서라도 맛을 봐야 한다. 반면에 그 넘의 마늘은 어떤가? 짠순이라도 그런 짠순이가 없다.

그래서 부부는 반대로 만난다고 했는지 모르겠다. 어느 식당 어느 모임에서 남는 음식은 용납(?)을 않는 성격이다. 먹성 좋은 서방을 챙기려면 그럴 만도 하겠고 어떻게든 서방 몫을 챙겨가야 직성이 풀리는 성격이며 치밀하고 계획성 있고 때론 좌중을 웃기는 서울 아줌마!

그런 짠순이 아줌마가 골프를 시작했는데 머릴 올리고 몇 번을 따라다녀보니 저마다 간식거리를 챙겨오는 걸 느꼈나 보다.
벼룩도 낯짝이 있고 얻어먹는 것도 어느 정도니 다음엔 자기가 챙겨 오겠다며 모두들 음식을 갖고 오지 말라더란다. 짠순이 아줌마가 웬일인겨? 모두들 눈만 멀뚱멀뚱! 성질 급한 울 마눌이 걍~ 못 넘어간다.
"뭐 갖고 올낀데?"
"기대해봐 뭘 갖고 오는지!"
기대 아닌 기대에 골프장 가는 날이 왔고 과연 뭘 갖고 왔을까? 처음부터 물어볼 수도 없고 서너 홀을 지나도 반응이 없자 울 마눌!
"뭐~ 맛있는 거 갖고 온다더니 우째됐노?"
"내가 누구니? 준비 해왔지~~!" 하며 간드러지는 서울 말을 하는데… 난, 서울 말만 들어도 오줌이 찔찔거리고 닭살이 돋는데 촌닭 같은 그 넘은 용케도 살더라.

아무튼 그 아줌마! 몇 겹의 비닐봉지를 뒤지더니 주먹보다 작은 봉지를 꺼내더란다. 크기로 봐서는 떡도 아니고 과일도 아니고… 그런데 알고 보니 손톱만한 사탕을 한 봉지도 아니고 딱~ 10개! 서로의 얼굴을 쳐다보며 뒤집어지게 웃고는 왜 하필 10개냐고 물으니 그 아줌마 설명이 죽인다. 우리 4명은 9홀에 1개씩! 언냐 2명은 18홀에 한 개씩 그래서 합이 10개란다. 퍼질고 앉아 눈물이 나도록 웃고 나니 뒷팀의 공이 먼저 그린에 올라오더란다.
걸음아 날 살리라며 한참을 뛰고는 "그 밑에 꺼~먼 봉지는 뭔데?" 하고 물었다. "이거? 맛있는 냉커피~!" 그런데 인코스 가서 먹자며 끝내 주지 않더란다. 찌는 듯한 날씨에 숨은 들쑥날쑥 턱까지 차오르는데 야박도 하지. 비싼 그늘 집 가기도 그렇고 이럴 줄 알았으면 뭐라도 갖고 올 걸! 저 아줌마 믿다가 더위에 자빠지겠다고 모두가 궁시렁궁시렁!

인코스! 지칠 대로 지친 아줌마들! 본인은 줄 기색도 보이질 않지만 이젠 줘도 안 먹는다는 표정이다. 집에 갖고 가서 커피 찜질을 하던가 먹성 좋은 서방을 주던가! 얻어먹는 걸 포기하고 한참을 가는데 그 아줌마의 칼칼한 목소리!

"자~! 모두 모이세요~ 맛있는 냉커피 먹어야지~!"

그래도 죽기보단 낫다 싶어 주뼛주뼛 모여들었는데… 그런데 이게 뭐야! 냉커피인지 온커피인지 얼음은 전부 녹아 버리고 또 한번 죽는 줄 알았단다. 뒷팀이라도 없었다면 또 한번 퍼질고 앉아 배꼽이 빠져라 웃었을긴데…

골프가 끝나고…

"야~ 아껴야 할 게 따로 있지 얼음을 아끼는 여자가 어디 있으며 손톱같은 사탕이 뭐야 그것도 달랑 10개만…"

질타 아닌 질타가 쏟아졌지만 그 아줌마 대꾸도 웃긴다.

"야~! 그럼 내가 소라도 몰고 올 줄 알았나?"

짠순이 아줌마의 대꾸마저 재밌다는 아줌마 골퍼! 먹으러 온 것도 아닌데 사탕이면 어떻고 녹아 빠진 냉커피면 어떤가! 아끼고… 따지고… 계획하고… 그러고는 웃고… 우리 평범한 아줌마들은 오랜만의 나들이를 그렇게 즐기나 보다.

닭살부부
카멜레온
남편

세월이 세월이니만큼 부부 골퍼가 엄청 늘어나는 추세이다. 몇 년 전만해도 꿈이나 꿨겠냐만 즐김의 문화가 다가오면서 또 다른 현상인 듯하다.

언젠가 멋모르고 동반한 여자 골퍼에게 "핸디를 몇 개나 드릴꺼?" 하고 물었다가 걍~ 치자는 말에 건방스럽다고 콧방귀 뀌고는 개박살난 적이 있다.

그 후론, 경력이 많은 여자 골퍼만 보면 아랫도리부터 떨리고 어쩌다 잡혀가는 날엔 기저귀 보따리를 가져가야 할 판이다. 그만큼 여자골퍼들의 기량이 날로 향상되니 쉽게 덤빌 수도 없다.

일찍이 마눌 외의 다른 여자와는 라운드를 해본 경험이 손꼽을 정도지만 그나마 요즘은 가능하면 피하고 싶다. 비단, 그런 것뿐 아니라 말도 많고 탈도 많은 좁은 바닥에 행여 동반이라도 했다가는 포장마차에 안주거리가 되니 말이다.

언넘은 누구누구와 치고 밥 먹으러 갔다네! 노래방도 갔다네! 결국 남의 집구석을 죽통으로 만들어 버리는 세상이니… 눈치 골퍼인 주제에 그런 꼴이라도 생긴다면 뼈다귀도 못 찾는다. 때문에 다른 여자와 치는 것을 피해가며 속 좁게 살고 있다. 어쩌면 융통성 없고 별난 넘이라고 생각할지 모르지만 쓸데없이 오해 받아가며 미친 소리 듣는 것보단 낫지 않은가! 그래서 간혹 있는 부부끼리의 라운드가 고작이다.

그런데 도우미들은 부부 골퍼가 배당되면 간간이 처신하기가 곤란스러울 때가 많단다. 평소 하던 대로 해도 과잉(?) 친절로 보일까 싶고 안면이 있는 사람에게 반갑게 웃으며 인사하고 옆에서 조언이라도 해주고 나면 괜히 찜찜하고 때론, 남편들이 민망할 정도로 마눌을 무시할 땐 남의 일에 열도 받고 그래도 쩔레~쩔레~ 따라 다니는 주눅든 마눌들이 안타까워 보이고 모처럼 콧구멍에 바람 한번 넣어 줬다고 큰 소리 치는 남편들도 보기 싫고 어떨 때, 멀쩡한 부부가 남보다도 더 못할 경우가 허다 하다니! 마눌이 헐떡~거리며 산으로 기어 올라가든 러프나 벙커에 빠져 허우적거리든 말든! 그린에서 홈런을 치며 왔다리갔다리 해도 자기 볼일만 보고는 횅하니 가버린다. 마눌 아닌 다른 여자와 와서도 그럴까 싶더란다. 생각컨대 이런 골퍼는 밤인들 뭐가 다를까? 자기 볼일만 보고 시체같이 벌렁 널브러져 백호야 날 잡아가라는 듯이 코나 드러렁~ 골지 않을까! 비싼 돈 주고 오랜만에 나와서는 챙겨주고 해야지. 남편이 있는 둥 없는 둥 불쌍하게 만드는지 모르겠단다.

지난 여름 한 번은 무지 열 받는 일이 있었단다. 보기조차 꼴사나운 부부가 왔는데 뒷팀은 간발의 차로 따라 오건만 매홀 손을 붙잡고 세월아~ 엿 먹으라는 듯 낭창낭창 바쁜 게 없더란다. 그러다 어느 홀인가 서방의 공이 산으로 갔단다. 7번 아이언을 들고 뒤뚱~뒤뚱~ 산으로 가

는 남자를 향해

"자기야! 공 찾으러 갈려고?"

"그랴!"

"자기! 뱀한테 물리면 어쩔려고?"

"괜찮아!"

"언냐 보내~ 언냐 보내면 되잖아!"

속이 뒤비져 죽는 줄 알았단다. 이런 써브럴! 우리가 뭐~ 뱀 잡는 땅
꾼인가? 그렇다고 뱀이 우리를 피해가는 것도 아니고 뱀의 주둥아릴 뭉
개버릴 초능력이 있는 것도 아닌데 지금까지의 어떤 섭섭한 소리보다도
더 열이 받더라니……

남자들의 눈치도 가관이 아니더란다. 평소 잘 끌어주던 카트도 마눌하
고 오면 본 체 만 체 하고 농담 잘하고 활달하던 사람도 꿀 먹은 벙어
리가 되며 퍼터 집어던지는 걸 밥 먹듯 하던 넘도 언제 그랬냐는 듯하
고 할 소리 못할 소리 지껄이던 넘도 갑자기 매너가 캡이니 이럴 땐 더
도 말고 덜도 말고 오늘 같은 매너였으면 싶더란다.

울 마눌은 같이 치는 걸 매우 좋아 한다. 좋은 소리 편한 말은 듣지 못
하지만 그래도 남보다는 편하다는 이유 하나 때문이다. 아니, 함께하고
같이 있다는 이유일지도 모른다. 잘 치면 잘 치는 대로 못 치면 못 치는
대로 남한테 밉상보이지 않고 안타깝게 보이지 않으며 입에 발린 소리
에 닭살 돋는 표현은 못해도 물 흐르듯 하는 부부 골퍼가 많았으면 좋
겠다.

모텔 사장은 퍼터도 잘 한다

초보는 드라이버에 목숨을 걸고 중수는 아이언에 침을 튀기지만 고수는 목숨도 걸어봤고 침도 많이 튀겨봤기에 퍼터로 말한다.

짱짱한 프로들이 드라이버 오비 낼 확률은 조또 없고 파온이 안 될 확률도 그렇게 없지만 퍼터만큼은 누구도 장담 못한다.

얼마 전 모대회의 최종일 경기에서 봤듯이 10언더로 단독 선두였던 에이츠는 그림 같은 벙커샷으로 1.2m를 붙이고도 파펏을 실패했는가 하면 한 타차 2위였던 릭깁슨도 연장을 갈 수 있는 1m 파펏을 놓치는 실수를 했다.

구경하는 모든 골퍼들이 하나같이 등신 같은 것들… 프로도 조또 아니라고 힐난을 했고 발로 차도 되겠는 걸 어디서 후져빠진 넘들이 왔냐고 했다. 다행히 그들이 우리나라 선수가 아니었기에 질타도 후유증도 크지 않았고 고무신 바꿔 신은 순자의 배신같이 뒷집의 개죽음같이 그렇게 쉽게 잊혀졌다.

그래도 만약 그 거리에 기브라도 줬다면 분명 들어갔을 거리인지라 우리는 그들을 병신, 쪼다에 지랄 꼴값을 한다고 쉽게 얘기한다.

그들의 우승 펏과 연장 기회의 펏을 살펴보면 그 말을 들을 만도 하고 그 순간만큼은 프로근성이라고는 파리 대가리만큼도 없었다는 것이다. 그들이야 황금을 앞에 뒀는데 조~까는 소리하지 말라고 할지 모르지만 우리가 보기엔 이것쯤이야 당연히 들어가겠지 하며 존나게 성의 없이 치더라는 것이다.

고향에 부모 생각하고 밥그릇에 숟가락 꽂아 놓고 기도하는 마눌을 생각하면 조빠지게 해도 시원찮을 판에 그 모양이었으니 우승을 하고도 개쪽을 당하는 것이다.

주변에 어느 넘은 나무랄 데가 없는 샷을 하면서도 퍼터만 잡으면 가슴은 쿵쾅거리고 코에는 단내가 나며 식은땀을 흘린다. 그러니 잘 치고도 마무리가 안 되니 늘~ 도시락이 되는데……

웃기는 것은 그 넘의 직업이 모텔 사장이니 뒤집어질 일이 아닌가! 퍼터 공장 사장이 퍼터가 되질 않는다면? 허긴, 골프장 사장이 프로도 아니고 챔피언도 아니듯이 퍼터 공장 사장이 퍼터를 잘 하라는 법은 우리나라 헌법 어디에도 없지만 퍼터 공장 운영하여 번 돈을 그넘의 퍼터 때문에 잃는다니 우습다는 것이다.

"야~ 넌 맨날 들고 보는 게 퍼터인데 어케 된 넘이 그 모양이냐." 하면 "니미~ 퍼터 소리 듣는 것도 보는 것도 지겨운데 매일 퍼터만 하라면 너흰들 재밌겠냐?"며 웃어넘기곤 하면서 까짓것 몸으로 때우든가… 돈으로 때우면 된다고 너스레를 떤다.

그러던 그 넘이 봄바람이 불면서 확~ 달라진 모습으로 나타난 것이다. 3퍼터는 기본이던 넘이 2퍼터 이상은 하지도 않을 뿐더러 구멍만 보이면 집어넣으려고 하니 동반자들은 오줌이 찔끔거릴 수밖에…

그의 변신(?)에 모두들 침이 마르고 비법을 공개하라고 난리인데! 엉뚱하게도 그넘이 공개한 비법은 모텔 복도 활용법이라는 것이 아닌가!

"존나게 터져 봐야 연습을 하고 지갑 째 잃어봐야 길을 안다."고

어느 날 모텔 복도의 카펫을 교체하다가 무릎을 쳤다는 것이다. 마땅한 연습 장소가 없다는 핑계로 퍼터연습을 등한시했는데 30m가 넘는 연습장을 두고 허구한 날 도시락이 되었으니 말야! 그 길로 각층마다 빠르기를 달리하는 카펫을 깔고 5층 복도는 아예 유리로 바닥을 깔아 버렸단다.

그리고는 겨울 내내 컴컴한 복도에 층을 옮겨 다니며 연습을 했고 간혹, 옆방의 쿵쿵거리는 숏퍼터 소리도 동반자의 야지로 생각하며 정신집중을 했다니 무식이 천근인들 그넘의 퍼터가 안 될 턱이 없잖은가!

아무리 생각을 해도 줄 것 같지 않던 구멍이 어쩌다 받아줄 때의 기쁨은 이거~ 웬 떡이냐 싶지만 줄 듯하면서 주지 않고 당연히 줄 걸로 믿었던 구멍마저 거부할 때의 심정은 앞앞이 말 못해도 미치고 팔짝~ 뛸 일이다.

퍼터 공장 사장이라고 무조건 잘 될 리도 없고 숫총각에 홀아비라고 해서 물 퍼터가 되라는 법도 없다. 말이 쉬워 당연히지 "당연히"는 자신감의 표현일 뿐 결과는 아니며 방법도 따라야 하지만 뭐니 뭐니 해도 구멍은 사랑해야 열린다.

뭣 하나 소홀하게 다룰 게 없지만 퍼터만큼은 그런 노력이 없었다면 함부로 골프장에서 퍼터 던져가며 뚜껑 열리고 열 받을 이유도 없다. 돌쇠같이 아래 위 구분 없이 부지런(?)해야 마님도 쌀밥을 챙겨줄 것 아닌가!!!

표정관리가
안 돼요

　우리만큼 칭찬과 축하에 인색한 국민도 드물 듯하다. 오죽했으면 "사촌이 논을 샀는데 배가 아프다."고 했을까. 멀지 않은 사촌이 재산을 늘렸다면 축하와 칭찬이 따라야 함에도 말야. 외국 넘들은 조그만 일에도 박수는 보통이고 뽈때기를 부비며 하이파이브에 축하와 격려를 아끼지 않는데 어디서 기인된 국민성인지는 몰라도 내 스스로 실천은 못하면서도 아쉬울 때가 많다. 배고픈 것은 참아도 배 아픈 것은 참지 못하니 말야.

　이 넘의 골프에도 예외는 아닌 듯하다. 그러지 말아야지를 되뇌면서도 한 구석에서 비집고 나오는 시기와 질투! 어쩔 수 없는 속내지만 최소한 외관상은 그러지 말아야는데… 도대체 그 넘의 표정 관리가 되질 않으니 말야.

　어느 날 마눌이가 불쑥 이런 말을 한다. "당신도 그렇지만 난 표정관리가 되질 않아 미치겠네."는 것이다. 그러면서 "그 집 부부와 치면 늘~ 쫄리고 힘들어 가고 바둥바둥해지고…" "다시는 보지 않을 듯"해진다는 말을 듣고 어쩌면 나이와 질투 그리고 욕심은 정비례하는지도 모른다는 생각이 든다.

사실 내용으로 봐서는 게임도 되질 않는 부부가 있다. 오비는 밥 먹듯 하고 뒷땅은 울 아들 지각하듯 하지만 그래도 넘 친하다 보니 가끔 라운드를 즐기는 편인데… 하지만 마눌이 버벅거리는 날에는 영락없이 그 집 마눌은 비수를 뽑는다. 그래서 질투 많은 울 마눌!

"내가 저만치 앞서갈 때는 쉽게 포기해서 힘 빠지게 하더니 내가 버벅거리는 날엔 저 여편네는 오비도 없다."며 씩씩거린다. 몇 달 전 개피를 본 마눌이 복수의 칼을 갈며 원한을 풀어 달라며 보채는 통에 그래도 가재는 게편이라고… 니미~ 게맛을 알았으니 누가 뭐래도 할 수 없지 뭐! 아니, 한 이불 덮고 사는 죄로 걍~ 있을 수도 없는 노릇! 저러다 병나면 뒷수발에 부엌떼기 될 판이니… 에구~ 서방이라는 넘이 쌈을 붙이는 건지 말리는 건지.

다시 만난 그 부부! 남편은 산으로 들로 달라진 게 조또~ 없지만 그 집 마눌은 제법이다. 만만한 선수가 또박또박 따라 올 때는 도망가는 넘이 지치기 마련! 아니나 다를까 울 마눌은 몇 홀도 못 가서 허걱거리고 있다. 그나마 믿었던 퍼터도 동굴의 종류석 같이 들쑥날쑥!

그 집 마눌이야 져도 그만 이기면 좋은 거지만 그래도 꼴에 마눌은 썩어도 준치라고 질 수 없다는 생각뿐이니 당연 마눌은 개판을 치고 그 집 마눌은 물 만난 고기꼴이 된다. 3~4점 앞서도 시원찮은 판에 아웃을 돌고 나니 4점이나 터지고 있으니 에구~ 마눌의 얼굴은 철 이른 낙엽색이고… 인코스를 들어서며 마눌이 하는 말 떨려 죽겠단다. 어휴~ 저렇게 부담스러워서야! 맘 비우고 쳐보라는 감독의 작전 지시(?)에도 반

감이다.

"당신 거트면 이 상황에서 맘이 비워 지겠슈~!"

그렇잖아도 뚜껑이 열려 있는데 괜스레 거들다가 나마저 열릴 필요 없지! 어찌 신경 좀 쓰려면 저 난리를 치니 원! 남은 홀은 서너 개인데 승부는 여기서 날 상황! 마눌이 모처럼 오너를 잡더니 짱짱하게 날리고 그 집 마눌도 질세라 비슷한 거리에 갖다 놓고… 지켜보는 서방들도 침이 꼴깍거린다. 그 집 마눌! 그린을 오버하면서 그린 미스! 한숨 돌리고 나니 마눌이 깃대 3m에 붙인다. 가뭄에 콩 나듯 하는 파온이니 전홀까지 상황은 잊은 듯이 방방 뛰며 난리다.

마눌은 흥분에 도취한 듯 히히거리고… 그 집 마눌! 몇 번의 빈 스윙을 하더니 립따~ 대가리를 때려 버린다. 순간 인상은 찌그러지고 발을 동동 구르는 것도 잠시 십리나 갈 것 같은 공이 깃대를 맞고 뚝~ 떨어지는 것이 아닌가! 허걱~! 모처럼 버디 기회의 기분이 채 가시기도 전에 이런 일이… 그들은 하이파이브에 이상야릇한 괴성을 질러 대며 난리다. 하지만 "나이스 뻐디"를 외친 그들이 미안할 정도로 마눌의 인상은 달라지고. 에고~ 울 마눌도 저 걸 넣으면 버디인데…

근데, 마눌은 곰을 만난 초보 포수같이 덜덜 떨고 있으니 이걸 어째! 당신 떨고 있지! 빙시야 침착해! 를 속으로 외쳐보지만 그 넘의 공은 야속하게도 홀컵을 스쳐 쭉~ 내려가 버린다. 그러고는 파는 고사하고 장난 같은 3퍼터를 해버리니! 그 2타차가 승부를 가르는 샷이 될 줄이냐. 내려오는 길에 마눌은 내내 말 한 마디 않는다. 이 일을 어째? 뭐라고 달래나! 그럴 수도 있지. 뭐 그걸 갖고 그래… 이렇게 말하면 "당신이 내 맘을 알아?" 하며 달려들면 난 할 말이 없다. 그렇다고 위로는 못할망정 고함이라도 친다면 몇 날 며칠은 독수공방에 끼니마저 굶을 것 같고 니미~! 그렇다고 어깨를 감싸며 다독거릴 나긋한 서방은 더욱 더 아니니…

아침!… 마눌의 맘이 달라지는 모양이다.

"어제 내가 넘 심했찌!"

"뭐가?"

"어제~ 넘 바둥거렸고 특히 그 집 마눌이 뻐디 했을 때 나이스 뻐디라고 불러주지 못하고 외면한 거 말야."

"당신도 그랬어! 나도 못해 줘서 미안했는데…"

"그것도 골프 배우고 첫 뻐디라는데…"

에구~ 이 일을 어째? 별것도 아닌데 승부에 집착해서 이렇게 메말라지다니… 그들도 이불 속에 그랬을 거 아냐! 저것들 인정머리라고는 파리 대가리만큼도 없다고!

우리는 그랬다. "다시는 그러지 말자고…" 동반자의 샷이 멋지게 날아갈 때 "굿샷"을 외쳐 주고 "나이스 온"이라 말해 주며 동반자의 컵인 퍼터에 칭찬을 아끼지 말자고…

처음엔 자주 하지 않던 짓(?)에 내심 어색해도 버릇을 들인다면! 그래서 이제라도 칭찬과 축하에 인색하지 않는 골퍼가 되어 보자고… 그러다 보면 시기와 질투, 꽉 찬 욕심도 버려지겠지!

알다가도
모를
속

분명 새벽 3시 반이었다.

새벽이라는 표현이 어울리지 않을 한밤중! 평소(?)같으면 반 술이 되어 들어갈 시간인데 마눌과 골프 약속 때문에 일찍이도 일어난 것이다. 눈을 붙이는 둥 마는 둥 발길질에 놀라 깨어난 시간. 고양이 세수를 하고 가방을 챙겨 쩔레쩔레 나서니 아직도 술꾼들의 고함소리가 들리고 갓길 포장마차는 휘황한 불을 켠 채 술꾼들을 호객하는데 난 공을 치러간다.

평소 옷가지를 챙기는 건 물론 물 한 모금 얻어먹지 못하고 도둑고양이같이 빠져 나가는데 오늘은 달랐다. 속옷에 모자까지 챙겨놓고 티셔츠에 다림질까지 해놨으니…

무려 5개월 만에 필드에 데리고 가는 화답이겠지. 아니면 무심한 남편에 대한 무언의 경고일지도 모른다. 이렇게 할 테니 혼자만 다니지 말고 자주 데리고 가 달라는…!

어제 점심시간! 식사중인데 전화가 삐리리 온다. 마눌이다. 토요일 뭐 하느냐고 묻는다.

"서울 간다 왜?"

"서울은 말라꼬 가는데 말도 없이… 아라따!"

또 입이 댓발이나 나오겠다 했는데 역시나 댓발이다. 친구 넘이 와 있는 걸 보니 이 넘이 바람을 넣었나 보다. 부부간에 짝 맞춰 공 한번 치러 가자고 했겠지. 이 자슥이! 그런 약속은 남자끼리 해야줘. 지가 뭔 애처가라고 남의 집에 불을 질러? 사람 염장지르는 것도 분수가 있지.

어쩔 수 없는 분위기라 당장 널 가자고 하니 속이 비틀릴 대로 틀린 마눌이 싫단다. 평소 같으면 싫으면 관두라고 했겠지만 주말을 비워야 하니 그럴 수도 없는 상황! 한참 후 마음이 풀어지는지 "낼 비 온다는데 우째가노?" 20년 가까이 살아온 통밥으로 봐서는 가자는 얘기다.

골프장 가는 길은 모텔 천국이다. 아직도 들락거리는 승용차들이 보이니 우리나라의 주택 보급률이 턱없이 낮은 건 아닌지! 그런데 집도 있는 우리가 야밤에 모텔 앞을 지난다?

어느 넘이 보기라도 하면 뭐라고 변명하지? 마눌하고 새벽 탕 가는 길이었다면 믿어 줄까? 쩝! 믿든 말든 내 마눌인데 뭐~!

모텔 정문을 지나칠 때는 나도 모르게 속력을 낸다. "골프도 싫으니 우리도 들어 가보자"는 말도 겁나고 밥만 먹고는 못 산다는 원망의 눈초리도 싫다. 뭐니 뭐니 해도 19홀이 최고라지만 난, 낮이든 밤이든 그 넘의 홀컵이 무서우니까!

그런 저런 생각에 벌써 골프장. 눈을 비비고 나오는 경비원이 미쳤다고 했겠지. 아직 직원들이 나오려면 30분이나 기다려야 하는데… 옷을 갈아입고 은단 먹은 닭같이 로비에서 졸고 있는데 마눌은 비록 새벽탕이지만 오랜만의 외출이 마냥 좋은 모양이다.

희뿌옇게 변하는 하늘을 처다보며 라운드가 시작된다. 연습 한번 없이 5개월이 지났건만 어프로치와 퍼터를 빼고는 그런 대로 또박또박 맞춰가니 기특(?)하다. 오랜만에 나왔고 라운드 경험도 몇 번밖에 없는데…

몇 홀을 지나 마눌의 공이 그린에서 2m정도가 짧았는데 주머니를 뒤지더니 마크를 하고 공을 주워드는 게 아닌가! 이 아줌마가 잠이 덜 깼나? 아이구~ 미치겠네.

"당신 거기서 왜 마크하고 공을 주워 드는데?" 하고 물었다. 너무도 태연스럽게 "빠따로 칠건데… 왜?"

아이고~! 새벽부터 죽는 줄 알았네. 졸라게 웃고 나니 빈 속에 배마저 당기니… 퍼터로 치면 어디서든 마크만 하면 되는 줄 아는 순진한 울 마눌! 숨이 넘어가도록 한참을 웃고 나니 이것이 웃을 일인가? 어쩌다 파라도 하나 하면 그린이 뭉개지도록 뛰는 걸 보고 언젠가 버디 하나를 하고는 열흘 넘게 자랑하는 걸 보고 가끔 데리고 다녀야겠다고만 했지 그런 교육을 시키질 못했으니…

라운드 후 하우스에서 골프 방송을 보며 밥을 먹다가

"아빠! 우리도 쉬는 날 저런 골프장에 함 가자 응?"

"어느 넘이 당신 치라고 휴일에 자리 비워 놨때?"

못 가더라도 생각해 보자는 말이 나와야 되는데 심통만 부릴 줄 알았고 룰 한번 일러주지 않으면서 마눌의 실수 앞에서 웃을 자격이나 있었는지 원!

순간순간 반성을 하면서도 실천이 힘들 뿐더러 어쩌다 마지못해 마눌과 골프 약속을 하고 나면 비라도 오기를 바라는 이넘의 속을 알다가도 모르겠다.

남자들에게

어느 코미디언 이런 말을 했어! 남자들은 마눌이 죽으면 화장실 가서 "누구는 새집으로 이사 가서 좋겠다."며 히히거리고 여자들은 서방이 죽고 나면 화장대 앞에 앉아서는 "월세를 놓을까? 전세를 놓을까" 하며 웃는단다.

입으로 벌어먹고 사는 넘들의 코미디지만 어딜 가나 마눌, 서방 칭찬하는 소리 많이 못 들어 봤고 다시 태어나도 다시 살겠다는 부부 그리 많지 않듯이 솔직히 자식새끼 낳고 부부로 살지만 때론 남보다 못한 원수같이 살 때도 있잖아!

부부 싸움 안 해보고 이혼이라는 단어 생각 안 해본 사람 있겠나? 하지만 누구라도 먼저 떠나면 슬픔도 아쉬움도 미련도 많은 것은 그 동안 살붙여 살았던 정 때문 일 거야! 같이 살 때야 잘 났네 못 났네 티격태격 했지만 가고 나면 에고~ 그때 잘 해줄 걸! 그 기분 이해해 줄 걸! 하지만 님은 가셨는데 뒷북치면 뭔 소용 있나?

'있을 때 잘하라'고 자옥이 서방이 모가지 핏대 세우며 그렇게 나발을 불고 다녀도 그게 쉽지 않더라구! 그래도 오승근이는 늘그막에 사랑받고 돈 벌며 더운밥 먹고 사는데 우린 싫느니 죽는다고 조또~ 아닌 자존심에 찬밥 신세가 될 때도 많잖아!

뭐 잘났다고 집 나서면 나이 잊고 돌아다니고, 해빠지면 집에 들어가기 싫어 건수 없나 두리번거리고 씨잘때기 없이 여기저기 휴대폰 돌려가며 너나 할 것 없이 남자라는 동물은 웃기잖은가!

울 마눌은 예고 없는 골프는 절대 용납을 않는다구! 또한, 고집 부려가며 이런저런 잡생각에 집중이 되어야 말이지! 그래서 준비된 골프 외에는 좀처럼 안 치는 편이지. 하긴, 어느 마눌들이 풀밭에서만 놀려는 서방을 용납하겠어? 가끔 요판에서도 놀아주면 몰라도 갔다 오면 눈 빠지게 기다린 사람은 안중에도 없고 코나 드르렁 드르렁 골며 자빠지기 바쁘니 성질나잖아!

그저께 모처럼 마눌의 허락으로 필드를 갔었는데 한 넘이 출장 간다고는 보따리 챙겨서 나왔나벼! 솔직히 미쳐 있을 땐 뺑~ 치며 입은 옷에 소풍갈 때 많았잖아. 근데, 그 자슥은 세탁소에 팬티부터 골프 옷을 맡겨두며 다니는데 거짓말을 비 오는 날 콩 볶아 먹듯 해대니 검문 전화가 온 거야! 일이 꼬이려니 그넘은 반대편에 있고 카트 쪽에 있는 넘이 대신 받아서는 "공치는 중이니까 좀 있다 하라"며 끊어 버렸는데 잠시 후 난리가 난거지!

"내일 모레, 애가 수능인데 당신은 관심도 없고 출장이라는 거짓말에 골프나 하고 뭣 하는 인간이냐"고… 그 소리 듣고 골프 잘 되는 넘 봤어? 고스톱 끝발 한창 오르다가도 마눌 전화 받으면 그 때부터 피박에 설사에 내리막 타듯이 골프도 마찬가지더군.

드라이버는 쪼루에 열 받은 아이언은 그린을 홀쩍 넘어 버리고 퍼터는 전부 짧아 3퍼터는 기본이니 미치고 환장하지! 그러니 치고 싶고 놀고 싶으면 허락받고 해야지!

근데, 마눌 앞에 서면 작아지고 마눌 전화 받으면 왜 짧아지는지 모르겠어? 없는 앤한테라도 전화가 오면 이~따만큼 긴 것도 쑥~ 쑥~ 들어갈건데… 그래서 "애인이 머리카락을 만지면 거시기가 서고, 마눌이 거시기를 만지면 머리카락이 선다"고 했나 보네! ㅎㅎㅎ…!!

일을 저지르고 헛지랄하는 건 사내들인데 집에 와서는 똥꾄 넘이 성질낸다고 더 큰소리잖아! 여기저기 걸어 처먹고 언론이 떠들면 명예훼손이니 뭐니 개지랄 떨다가도 들키면 꼬랑지 내리는 정치꾼들같이 일단 목소리 큰넘이 이긴다고 큰소리부터 치는데… 들키면 장난이고 안 들키면 넘어가니… 많이 해봤잖아! 아는지 모르는지 널브러져 자는 걸 보면 미안하기도 하고… 외출 한번, 휴일 한번 같이 했다고 큰소리 빵~빵 치고 가뭄에 콩 나듯 골프장 한번 데려가면 몇 날 며칠을 생색내는 게 남자고 주눅이 들어도 따라가고 싶어 고분고분 하는 게 여자인데 그걸 잘 못해 주니… 쩝!

사실 마눌이 휴일이라고 어딜 가자면 온갖 핑계를 대지만 어느 넘이 전화라도 오면 웬 떡이냐며 죽는다는 넘도 총알이고 주말이 다가오면 땜빵자리 없나 싶어 구석구석 전화질에 갈 데도 없으면서 차려 입고 여기저기 기웃거리는 것이 남자들 아닌가!

늘그막에 골방신세 찬밥신세 면하려면 솔직히 남자들이 잘 해야는데 몇 십 년 해 온 버릇이 하루아침에 마음먹는다고 될 것도 아니고! 내일 새벽에 옆구리라도 쿡~쿡 찔러 봐요. 손잡고 뒷산이라도 가자고! 미우나 고우나 내 사랑인데 밥상이 달라질지 알아요? 남자들이여! 닭살이 돋아도 그렇게 한번 시작해봐여~!

밤에도
거리 좀
내보소!

마눌의 클럽을 갖고 나가서는 싱글을 친 친구 한넘! 늘 하는 소리가 "채 타령하는 넘 미친넘"이라는 것이다. 그넘을 생각할 때마다 실실 웃곤 하며 동감을 하지만 지난 한 달여 채 타령이 늘어졌었다.

죽을 힘을 다해 두들겨 패도 110m를 넘지 않던 피칭웨지가 어느 날부터 140m를 날아 산 중턱에 처박히며 지랄 꼴갑을 하는 것이다.

다른 넘들은 그린에 떡하니 올려놓고 기다리는데 벙커에서 헐떡거리고 산 중턱 가시밭을 오르락내리락 해봐! 그것도 푹푹 찌는 날씨라면 대가리가 돌아버릴 것이다.

아무리 성인군자라도 씨벌~ 소리가 절로 나오며 그렇게 헐떡거리고 다닌 넘이 퍼터인들 되겠나. 3퍼터~4퍼터에 하루를 망치는 건 순식간인데…

"이참에 스틸로 바꿔봐?"

"아냐~아냐~! 내 몸에 뭔 스틸을……"

그러다 며칠을 보내고 다시 나가보면 또 그 모양이니… 갈 때마다 화가 날 만큼 나는데 마눌의 열 채우는 소리!

"맨날 보신탕 먹고 댕길 때 알아 봤다~!"

"!!!!"

"골프장 가서 아이언 거리만 내면 뭐 하노?"

"그러면?"

"이 양반아! 술에 찌려 댕기지 말고 밤에도 거리 좀 내보소! 낮밤을 구분 못하고 맨날 청개구리 같은 짓만 하고 다니냐 원!"

씨바! 나가도 열 받고 들어와도 열 받고 사는데 그래도 머리카락 안 빠지고 흰머리 없는 것 보면 이상하지. 어느 넘은 짧아서 고민하고 어느 넘은 터무니없이 길어서 대가리 싸매니 참! 넓은 세상엔 지랄도 여러 가지네!

주변의 프로가 하는 말.

"이제 임펙트가 그만큼 정확해졌기 때문"에 그렇단다. 그렇다고 그 동안 대가리에 뒷땅만 친 것도 아닌데 이제사 임펙트가 정확하다고? 믿어야 될지 말아야 될지! 그러면서 스틸 샤프트로 바꿔 보랜다. 이 몸에 뭔 스틸이냐며 고집스럽게 버텨왔건만 그럼 그렇게 해봐? 그 말에 마눌이 또 끼어든다.

"허이고~ 주제 파악 쯤 하소!"

"왜?"

"맨날 허리 아푸다꼬 난리면서 스틸이라니… 쯔 찍!"

"그래도…"

"보신탕 그렇게 먹고 댕겨도 달라진 게 없듯이 스틸로 바꾼다꼬 안 될끼 되나… 그넘이 그넘이지!"

"열 받는 소리만 골라서 하는구만."

그래도 나는 한다. 총 맞아 죽은 넘이나 칼 맞아 죽은 넘이나 죽는 건 마찬가진데 언제 죽으면 안 죽나 해보고나 죽어야지! 원래 연습하고는 담을 쌓은 넘이니 걍~ 둘러메고는 현장 가서 껍질 벗기고 붙은 거 떼어내고 그런데 생각보단 무겁지도 않다. 방향도 좋고 느낌도 좋고 런도 없네! 거리도 날 만큼 나고 방향만 잡아주면 별로 거짓말도 않는 것이 후후…!! 얼마나 갈는지 몰라도 현재까지는 좋다.

금덩어리로 만들었든 쇳덩어리로 만들었든 골프는 치는 넘이 잘 쳐야 겠지만 들쑥날쑥 하는 거리 때문에 난초를 그리는 샷 때문에 머리가 돌아 버린다면 바꿔보길 권한다. 골프를 그만두지 않는다면 고민해서 머리 터지고 갈 때마다 스트레스 받는 것보다는 훨씬 나을 거니까 말이다. 채 타령 하는 넘 미친넘이라지만 때론, 미친넘도 될 필요가 있다.

동상이몽

　골퍼와 캐디는 항상 같은 곳을 봐야 하지만 가끔은 다른 생각, 다른 곳을 볼 때가 있다. 흔히들 핑계같이 궁합이 맞지 않는다고 하지만 말하지 않아도 어쩔 수 없는 속내는 있기 마련이다.
　어느 날 뚜껑이 들썩거린 라운드를 바탕으로 솔직한 속내와 그랬을 법한(?) 서로의 마음을 읽어본다.

나 : 첫 홀, 도라이바가 존나게 감긴다. 어깨에 너무 힘이 들어갔나? 숲 속으로 들어간 볼! 동반자도 언냐도 꺼내 치라 한다. 씨바~ 꺼내 칠거라면 홀컵 옆에 갖다 두는 것과 뭐가 다르랴! 지들은 그렇게 치며 그렇게 치고도 싱글 골퍼라는지? 나뭇가지에 등이 찔려도 "언냐! 우드 줘여! 굴리는 게 낫겠다." 헉? 막창 난 것 같은데… 씨바~ 찝찝하지만 언냐가 괜찮다니…

캐디 : 등신 거튼기~! 꺼내서 치랬더니… 지가 뭔 묘기를 부린다고… 생긴 것도 고집스럽고 성질도 조꺼테 보이더만 오늘 고생 좀 하겠네. 근디, 오비면 어쩌지? 첫 홀부터 개쪽 까는데 잠정구 칠려구 할 때 치라고 할 걸!

나 : 씨바! 공이 없잖아? 가시나! 눈에 파전을 붙였나? 감자전을 붙였나? 잠정구 칠려니 괜찮다구 하구선! 첫 홀부터 이 모양이니 오늘 존나게 열 받게 생겼네.

캐디 : 분명히 빵카 쪽으로 굴렀는데… 이거 우량 캐디 5년에 쪽 다~ 까는구만! 근데, 저 새끼한테 뭐라고 변명하지? "풀이 덜 자라서 아래로 굴렀나 보네요?"(웃기고 자빠졌다고 하겠지?) "제가 착각했나봐요?"(존나게 말이 안 되는 소리네.) 씨바~! 믿어 줄까? 아니면 걍~ 미친 척을 해?

나 : 첫 홀부터 열 받네! 큰소리치더니 사과 한 마디 없고 저것이 미친 척을 하네. 미친년 빤쓰거치 너들~너들~한 공을 휙~ 던지며 아무데서나 치라하네. 야이 씨펄~! 나를 초보로 아나? 첫 홀부터 김 새게 뭐 저런 게 있어?

캐디 : 내가 너무 심했나? 남은 홀도 창창한데 흐미! 미치겠네. 이걸 우째? 어제 별일도 없었는데 왜 이리 멍청할꼬!

나 : 첫 홀에 양파하는 것도 오랜만이네. 뚜껑 열리면 안 되는데 기분이 존나게 꿀꿀하군.

캐디 : 분명 양파는 양판데… 보기로 적을 수도 없고 보기로 적어 놓은들 저 새끼 기분이 풀리겠나. 사과할려니 쪽팔리고… 말을 걸려니 그렇고……

나 : 그래 니가 언제까지 버티나 보자. 그렇다고 사과하라고 다그칠 수는 없잖아.

동반자 : 분위기 조껏네! 동반자를 잘못 만났나? 언냐를 잘못 만났나?

오늘 골프도 재미없게 생겼네.

캐디 : 어라~! 이젠 클럽도 지가 알아서 빼가네. 성질이 단단히 났는갑다.

나 : 내가 100개를 쳐도 너한테 묻나 봐라. 차라리 내가 끌고 댕기는 게 훨~낫겠다.

캐디 : 몇 홀이나 지났는데 이제 와서 사과도 못하겠고… 쩝! 그린이라 도 잘 읽어주면 속이 풀릴려나?

나 : 완전히 욕보일려구 작정을 했군~! 좌측? 웃기고 있네… 우측이야! (땡그랑~) 그것 봐라 하나를 보면 열 가지를 안다더니!

캐디 : 저 넘은 춥다고 바람 막이꺼정 챙겨 입었는데 왜 이렇게 땀이 나 나? 미치겠네! 잠 잘 자고 나와서는 귀신이 씌었나?

나 : 푸헐~! 아직도 3홀이나 남았네. 지겹다 지겨워~! 빨리 끝내고 쐐 주나 한잔 때렸으면…

캐디 : 어휴~! 이제 3홀만 견디면 되네. 얼렁 씻고 시원한 맥주나 한 잔 했으면…

나 : 캐디피가 아깝다 씨바~! 그 돈으로 보약이나 사묵고 내가 빽 메는 게 훨씬 낫지.

캐디 : 꼴찐 몇 만원 주고 더럽게 생색이네. 치사 빤쮸다~! 다른 사람은 잘도 넘어 가든데…

나 : 저런 캐디 두 번 만나면 명대로 살겠나? 어느 넘과 살런지 몰라도 속을 뒤집겠네.

캐디 : 어이구~ 어떤 여자와 사는지는 모르지만 속 터져 어떻게 살까? 결혼을 포기해야지 저런 넘 만날까봐 겁나네!

나 : 다시는 이 넘에 골푸장에 오나 봐라. 앞으로 골푸장도 흔해 빠지게 생겼는데…

캐디 : 웃기지 마라. 안 오고 견디나 보자. 사흘이 멀다하고 히죽~거리

며 나타날 걸! 근데, 또 만나면 쪽팔려서 우짠다냐?

나 : 씨바~ 내가 여길 안 오면 어딜 가겠냐! 근디~ 다시 만나면 머쓱
   해 서 어쩌지? 에구~ 걍~ 잊어버리고 칠걸!

  어차피 결과에 대한 책임은 자신의 몫인데 가끔은 자신의 실수보다
남의 실수를 용납 않으며 또한, 자신의 실수마저도 인정하지 않으려 한
다. 그것이 라운드와 분위기를 망치는 길이라는 걸 알면서도 생각이 달
라지고 때로는 표정관리가 되질 않으니 어쩌랴!

저녁
반찬이
날아간다

어느 골프장 옆에는 꽤나 큰 연습장이 있다. 때문에 라운드 중에는 전쟁터의 포탄같이 뚝뚝 떨어지는 연습 공 때문에 그 홀을 지날 때는 모두들 노심초사 한다.

페어웨이는 물론 둑 하나만 넘으면 지천에 깔린 게 연습 볼이다. 언젠가 엄청 초보인 듯한 아줌마 4명이 앞팀으로 가는데 연습 볼이 뭔지 라운드 볼이 뭔지조차도 모르는지 볼이라고 생긴 것은 모조리 주워가는 게 아닌가!

아예, 비닐봉지까지 준비하여 산과 계곡을 오르내리며 닥치는 대로 주워 담고 뒷팀의 볼까지 집어가니 말이다. 공을 치러 왔는지 공을 주우러 왔는지! 공 하나에 몇 천 원씩 한다는 소리를 들었으니 그럴 만도 하지.

한 방 날리면 자장면이 몇 그릇이야! 우리나라의 공 값을 안다면 맞장구를 칠 만도 하다. 마눌의 친구는 "새 공 한번 사서 써보는 게 소원"인데 남편은 맨날 자기가 치던 공만 주니 짜증이 나더란다. 맞지 않을 땐 공 탓도 해보건만 그것도 아닌데 말야!

그의 남편은 쉬는 날보다 치는 날이 많고 잠자는 시간을 빼고는 골프만을 생각하는 매니아였으니… 마눌 역시 남보다 일찍 골프를 접하게 되었고 며칠에 한 번씩 갖다 주는 공을 고맙게 사용했단다. 줄 때마다 타이거우즈가 사용하는 것이라며 비싼거니 아껴 쓰라는 말은 빼놓지 않았으니…

마눌이 공을 친다니 비싼 공을 챙겨 주는구나 싶어 늘 고마운 생각뿐이었는데… 그 고마움이 평생을 갔더라면 얼마나 좋았을꼬?

얼마 후 그 공들이 한번 사용했던 공이라는 걸 알았을 땐 열이 받더란다. 차라리 내가 한번 쓴 건데 깨끗하니 당신이 써보라고 하든가. 생색은 생색대로 내고 사람을 감쪽같이 속이더라며…… 그런 줄도 모르고 갖고 올 때마다 이렇게 고마울 수가 하며 숯검댕이 같은 낯짝에 뽀뽀까지 해주고 그뿐이면 말도 안 해! 늦을새라 깨워주고 힘 빠지고 허기질새라 쥬스 만들어 먹여 보내고 남한테 꼬질꼬질한 모습 보이기 싫어 바지는 칼같이 다려줘! 퍼터가 약하다며 연습할 때 식탁 밑으로 굴러간 공까지 주워줬건만!

그런데 오기 때문에 한두 번 새 공을 사서 써봤지만 그넘이 그넘이고 한 방 날리면 집나간 자식같이 아깝고 그 생각에 라운드마저 망치니 이제는 새 공을 줘도 안 친단다.

남자들이야 내일 모레 산수갑산을 가더라도 이것저것 써보지만 여자들 입장에서는 그렇지 않나 보다. 남자들은 오비를 내면 몇 장이 터질까를 생각하지만 여자들은 공 한 알에 저녁반찬을 생각해야 하니 말이다. 새 공 하나를 날리면 고등어와 콩나물이 날아가니…

일본에서 살다 온 친구가 시중에 파는 로스트 볼을 보고는 그 쪽의 대부분 골퍼들은 상상도 못할 좋은 공이라며 그들은 껍질이 벗겨지고 로고마저 지워진 공도 친다는 것이다. 사실, 우리는 클럽도 그렇지만 볼 하나라도 아끼지 않는다. 유명 선수가 사용한다면 자신의 수준을 생각 않으니 말이다.

요즘 들어 시중에 나오는 로스트 볼들은 엄청 깨끗하며 가격대가 무려 6~7만원인데 우리나라 골퍼들의 수준이 그런 볼을 사용할 정도의 실력인지 의심하지 않을 수 없다. 보통의 골퍼라면 한번 더 쓰는 검소함도 있어야 하지 않을까?

캐디는
골프 백만
봐도 안다

　18홀을 즐기려면 동반자는 엄청 중요하다. 개떡같은 넘을 만나면 하루를 망칠 수도 있는가 하면 범생을 만나면 최고의 라운드, 즐거운 라운드를 할 수 있으니까! 때문에 "만날넘, 피할넘"하며 누구나 한 번쯤은 저울질을 한다.

　하지만 그보다 더 중요한 것은 캐디라고 감히 말하고 싶다. 100개 치고픈 골퍼 없고 언더치기 싫은 골퍼 없듯이 목적이야 동반자와의 즐거움이겠지만 누구나 욕심은 있게 마련! 때문에 동반자는 경기의 일원이지만 캐디는 라운드 동안만은 골퍼와 함께하는 진정한 동반자이기 때문이다. 피할 수도 없고 선택할 수는 더 더욱 없는 캐디!

　몇 년 전인가 화이트데이라길래 머리털 나고는 처음으로 마눌과 딸아이에게 줄 사탕을 사고는 하나를 더 준비한 적이 있다. 그것은 다음날 새벽 라운드에서 만날 누군지 모를 언냐의 몫이었다.

화이트데이라고 사탕을 준비한 손님! 어쩌면 괜한 오해도 될 수 있고 서먹함도 있을 테지만 반색하는 언냐의 느낌에 기분 좋았던 기억이 있다. 그 이야기가 캐디실에까지 알려지기도 했는데 반면 주변에서는 물론 농담이라고 생각지만 "미친자슥! 시잘때기 없는 짓꺼리 하지 말고 공이나 잘 쳐라."는 핀잔도 없진 않았다.

하지만 그 날은 거리와 그린에서의 척척 맞아떨어지는 환상적인 궁합(?)으로 잊을 수 없는 라운드와 함께 라이프 베스트를 기록했다. 그것은 사탕이 아닌 마음이었으며 언냐의 책임에 정성을 더했을 합작이었다.

화이트데이라는 이유만으로 우연히 내밀은 사탕의 인연 이후 뚜껑이 열려도 한 번 더 생각하고 누구를 탓하지 않는 마음 씀이 캐디 내편 만들기의 시작이었던 것 같다. 생판 낯선 언냐를 내편으로 만들기가 어찌 말같이 쉬울까만은 그래도 배려의 마음을 조금이라도 키운다면 힘든 것도 아니다.

하지만 때로는 끝내 인연이 닿지 않는 골퍼의 유형이 있다. 언냐들이 가장 먼저 만나는 것은 골퍼가 아닌 골프백이며 또한, 어떤 이유로든 출입이 잦은 골퍼들을 기억한다. 때문에 가방만 보고도 명찰만 보고도 손뼉을 치며 반기는가 하면 때론, 자신의 배당마저 머리가 아프다고, 배가 아프다고 어떤 핑계로든 외면하며 뒷순서로 미루기도 한다.

그것은 경험이든 소문이든 어떤 이유로부터 시작하는 것이다. 누구든 열 받은 홀이 내내 기억나듯이 그들 또한 좋든 싫든 골퍼에 대한 기억은 쉽사리 지워지지 않는 건 당연하다. 기억이 없어도 골프백을 열어보든가 몇 홀만 지나면 골퍼의 성격도 짐작을 한다.

흙이 쟝~ 묻어 있고 말라빠진 잔디가 그대로 붙어 있는 클럽의 소유자는 십중팔구 게을러터진 골퍼로서 스코어도 들쑥날쑥! 클럽을 빼가는 법은 죽어도 없고 공 앞에 서서 꼼짝도 않는 말뚝형으로 클럽 배달을 빠지게 해야 한다. 출발 전 인사를 해도 먼 산만 쳐다보고 대꾸 없는 골퍼! 아이언이고 퍼터고 진행에 순서가 없으며 클럽 배달이 늦으면 치던 채로 어프로치까지 해버리며 남은 거리, 퍼터라인 절대 묻지 않고 캐디 조언마저 무시하여 뻘쭘하게 만드는 독불장군형이다.

금딱지 시계에 수표 가득한 악어지갑 등을 맡기는 골퍼! 18홀 언젠가는 볼을 건드리거나 알까기에 능수능란한 인물로 때로는 분실된 공도 사냥개같이 찾아(?)내는 교란형!

첫 홀부터 핸디 때문에 실랑이 하는 골퍼! 진행은 존나게 느리면서도 절대로 뛰는 법이 없으며 어드레스 또한 다른 사람의 2배는 넘어 성질 급한 넘은 기다리다 뒤비진다. 상대방을 더럽고 치사하게 긁어대면서도 상대가 긁으면 개거품을 물고 설치며 남 탓을 잘하는 좆같은 성미도 있다. 느낌은 같을 건데 앞바람이 얼마냐고 풍속까지 묻는 골퍼! 남은 거리가 얼마인지 단 단위까지 물어보고는 7번 칠까? 8번 칠까? 또 물어대는 마마보이형! 풍속계를 짊어지고 다닐 수도 없고 줄자를 갖고 다닐 수도 없는데 그런 골퍼 치고 잘 치는 사람은 드물다.

모자를 벗어 던지고 다니는 골퍼! 자존심이 하늘을 찌르는 골퍼로서 어떤 거리라도 클럽하나만 달랑 들고 간다. 틀리다 싶으면 몇 번이라도 언냐를 불러대고 자신이 마크하는 법이 없으며 기브 공은 좀처럼 줍지 않고 걍~ 가버리던가 언냐를 시킨다. 사소한 일이라도 열을 많이 받는 편이다. 때로는 캐디 한 사람이 8개도 넘는 클럽을 옆구리에 끼고 다니는데 알아서 2개쯤 들고 간다면? 아니면 몇 자국 앞서 받아 주면 어때서? 언냐들이 인사할 때 가장 민망스럽다는데 한번 웃어주든가 "언냐! 잘 부탁해~" 한 마디라도 해주면 어때서? 끝나고도 횡~ 하니 가버리고 "고생했다"고 한 마디 하면 어때서? 갖고 나와서 맡길 지갑이면 하우스에서 맡길 일이지 숫개 물건 자랑하듯 자랑할게 그렇게 없어 돈 자랑하냐? 언냐들은 18홀 내내 100번도 넘게 허리를 굽히고 펴고 하는데 자기 볼 스스로 마크하고 공도 집어 주면 어때서?

이런 유형의 골퍼들은 절대로 캐디를 내편으로 만들 수가 없다. 몇 개를 치던 내 돈 내고 치면서 무슨 눈칫밥이냐 싶지만 지킬 것은 지키고 받을 것은 받으며 즐긴다면 얼마나 좋을까? 연습장에서 비지땀을 흘리는 것도 한 발 남짓 거리에 앞뒤 재는 것도 베테랑 캐디를 고용하는 프로 골퍼도 모두가 한 타를 줄이기 위함이다. 가끔은 동반자끼리 어떻게든 상대가 못 치기를 바라지만 동반 캐디는 고객들이 잘 치기를 진정 바라고 조언한다. 때문에 고객의 기쁨과 즐거움이 그들의 보람일 것이다.
땀 흘리는 노력과 함께 그들에게 마음으로 다가 간다면 땀 흘림은 배가 되지 않을까 싶다. 한 타를 줄이는 비결! 캐디 내편 만들기의 실천부터가 아닐까?

활어트럭
골프장에
나타나다

대통령은 아무나 할 수 있지만 그렇다고 아무나 해서는 안 된다. 골프도 아무나 할 수 있지만 아무나 해서는 안 된다. 남이야 빚을 얻어 골프를 하든 똥 묻은 빤쮸를 팔아 캐디피를 주든 웬 간섭이냐면 할 말이 없지만 그러한 즐길 권리를 탓하자는 것은 아니다. 단지, 외적인 판단에 익숙한 빗나간 사회적 현상과 지적받도록 인색한 골프 문화의 안타까움을 얘기 하려는 것이다.

나름대로 즐길 것은 즐기는 횟집사장(후배)이 있었는데 어느 날 비행장(9홀 퍼브릭)에서 라운드 약속을 했나 보다. 싱싱한 횟감을 확보하기 위해 활어 트럭을 몰고 새벽마다 부두로 나가는데 여느 때와 다름없이 트럭을 몰고 나가다 말고 아무리 생각을 해도 횟감을 실어 놓고 골프장으로 가기에는 도저히 시간 맞추기가 힘들 것 같은 예감이 들었단다.

그래서 운전석 옆에 캐디 백을 싣고 부두로 갔는데 그 날 따라 고깃배의 입항이 늦어져 안절부절 속은 탈대로 타고… 겨우 겨우 고기를 싣고 오는데 도로가 무지 막히더란다. 이제는 고기 걱정보단 골프 약속이 더 문제이니… 에라이~ 모르겠다~! 어차피 클럽은 실려 있으니 트럭을 몰고 골프장으로 돌진했는데… 갑자기 들이닥친 트럭을 보고 정문을 지키던 초병이 우습다는 듯이

"아저씨! 여긴 골프장인데요?"

"야~! 골프장인줄 알아 문 열어 줘."

"아저씨! 길을 잘못 온 거 같으니 돌아가라"며 초병은 끝내 문을 열어주지 않더라는 것이다. 머리엔 온통 골프 약속만 생각하고 내달려 왔는데 그런 소릴 들으니 순간 대가리가 획~ 돌았나 보다.

무릎까지 오는 장화 차림으로 트럭에서 내린 후배.

"야~이 새끼야! 큰 차 탄 넘만 손님이라며 경례하고 트럭 탄 넘은 경례는 고사하고 문도 안 열어줘?"

"내가 그린피를 안 주나? 출입증이 없나?"

"……???"

"큰 차 타고 다니며 부도나 내고 등쳐먹는 넘이 한둘이야? 난 비록 트럭 몰고 왔지만 할부차도 아니고 빚 한 푼 없이 내 집에서 장사하는데 왜? 조꺼튼 소리 하지 말고 문 열어! 확~ 쥐어 박기 전에…"

이렇게 구구절절 바른 소리만 하는데 누군들 할 말이 있겠어! 그렇게 약속을 지키며 유유히 라운드를 하고 왔다는데… 골프장 생기고 트럭 몰고 온 최초의 인물이 아닐까 싶다. 누군들 그런 뱃심 없으면 할 수도 없겠지만 이런 사람이 진짜 즐길 자격이 있는 골퍼가 아닐까?

또 한 넘! 가진 건 돈뿐인데 빈대만 붙는 타고난 구두쇠에 지금까지 자기 차 갖고 골프장 가는 걸 못 본 넘이다. 늘상 태우러 오라든가 직원

차를 타고 와서 기다리다 얹혀 가는데 형편이 그러면 말도 안 해! 집구석엔 놀리는 차가 몇 대면서 말야.

하루는 라운드 약속을 했는데 나타나지도 않고 연락도 안 되니 마냥 기다릴 수도 없는 상황이라 3명이 출발을 해버렸다. 일행이 도착한 잠시 후 요절복통 웃기는 것이 주차장에서 헐레벌떡 백을 메고 그넘이 뛰어오는데… 전후사정 얘기는 각설하고 어째 왔느냐고 물으니 사무실에 있는 오토바이를 타고 왔다지 뭔가! 차라리 택시라도 타고 왔다면 이해를 하겠지만 앞으로는 가능 할는지는 몰라도 이해가 될 법한가? 그 자슥, 그러고는 직원 불러 오토바이 갖고 가라더니 돌아오는 길에 친구 차를 얻어 타고는 안방같이 코를 골고 자빠졌으니 콧구멍에 치약이라도 확~짜 넣어 버리고 싶더라구! 난, 솔직히 남의 차를 얻어 탈 땐 쏟아지는 잠도 참는다.

아무리 퍼붓는 잠이라도 예의상 참아야 되는 것 아닌가? 가끔은 주는 것 없이 미운 넘들! 너무 그래도 밉상보이는 건 아닌지! 누구라도 즐길 자격이 있는 골프에 트럭을 타고 가든 외제차를 타고 가든 구분하고 차별하지 말아야 하고 자기 것은 아까워하면서 남에게 기대려는 그런 버릇은 골프 매너 이전에 인간적 매너의 부재가 아닌지!

골프장에
움막치고
살지 그래?

비가 오려나 말려나 날씨가 꾸물꾸물하다. 조건이야 똑같지만 비싼 돈 내고 질퍽거리는 건 정말 싫다. 빡빡한 넘들과 약속인데 오늘은 날씨 부조도 없구먼!

열흘만의 나들이 때문인지 한 시간이나 일찍 일어난 듯하다. 다시 눕자니 그렇고… 멍청히 앉아 있자니 그렇고… 아침은 먹고 싶은데 주방을 뒤져도 먹을 게 없다. 세상모르고 자는 마눌 엉덩이 걷어차서 밥 달랄 수도 없고! 어~ 씨펄! 맞장을 뜨려면 배에 힘이라도 있어야는데… 에구~ 사과 하나 우유 하나 챙겨들고 우적 우적!

다행히 비는 오지 않는다. 그런데 너무 일찍 왔나? 한 넘도 보이질 않는다. 어라~ 프런트 아가씨도 없고… 너무 밟았나 보네! 거무튀튀 낯짝에 선크림이 뭔 소용이겠냐만 그래도 찍찍 발라보고 그래도 20분이나 남았으니 어쩌면 공짜 놀까? 멍청하게 앉아 잔대가릴 굴리는데 스피커에서 어느 넘을 애타게 불러대는데 이름이 비슷하다.

아직도 시간이 남았는데 설마 하면서도 어슬렁거리고 나가니 ㅎㅎㅎ
ㅎㅎ… 그 넘이 바로 나야! 뒷팀들이 뭐 저런 넘이 있냐는 듯 힐끔 힐끔
쳐다본다. 실컷 뒤비 자다가 늦게 온 넘으로 생각할 거 아냐! 어~! 씨벌
쪽팔리게… 사실은 그게 아닌데…

세 넘은 벌써 티샷까지 해놓고는 기다리고 있다. 미안함에 빈스윙도
없이 립따~ 치는데 똑바로 갈 리가 없지! 냉탕 온탕 3~4홀을 허둥대다
정신을 차리니 지갑은 설사 만난 넘 눈 들어가듯 쑥~ 들어가 버렸다.

첫 홀에 당황해 버리고 나니 모든 게 쑥대밭이 되어버린 것이다. 씨
펄! 모처럼 쉬는 날인데 아들넘 데리고 목욕이나 갈 걸! 고집 팍팍 부리
고 나왔더만 개코나 지갑만 거덜나고…

빡빡한 조에서 한번 빠진 것을 만회하기란 똥개 한 마리 글 가르치는
것보다 힘들다. 공은 공대로 몸은 몸대로 애를 쓰는 만큼 지갑은 얇아지
고…

새벽부터 개박살나고 해는 중천에 있는데 집에 가기도 그렇고 젠장
분을 삭일 데는 없고! 고스톱, 포커, 훌라 전부가 확률 없는 종목! 비록
터지긴 했지만 그나마 골프라면 한번 더 붙고 싶지만 황금 휴일에 빈자
리가 있을 리는 만무하고……

이곳저곳 휴대폰을 들고 설치지만 있을 리가 있나! 모든 걸 포기하고
수육에 소주를 4병이나 까니 전화가 온다. 8시에 라이트 경기를 하려면
하란다. 3시간 정도가 남았지만 술은 알딸딸한데 그것도 9홀을 치려고…
집에는 언제 가고? 하나같이 미친 넘들 뿐이니 그래도 좋단다. 지랄도…
지랄도… 달밤에 체조도 아니고!

땀에 찌들어 뭉쳐 놓은 옷을 다시 꺼내 입고 한 넘은 습관처럼 선크

림까지 찍어 바른다. 밤낮도 구분 못하는 저런 넘들과 공을 치다니…
"얼굴이 못 생겼으면 껌지나 말라"고는 한다만 그것도 한밤중에… 미친
넘도 여러 질이구먼!

퇴근 보따리 챙기다 불려온 언냐의 입은 댓발이나 나오고 저만치 가
는 앞팀을 따라 잡자는데 공이 되어야 말이지! 초반에 몇 푼 따는가 했
더니 이젠 헛빵질까지! 오토바이는 따라 오며 불을 끄고 자빠졌지.

멀쩡한 정신에도 개죽을 쑤는데 취권에 껌껌한 라이트 밑에 될 리가
있나. 아이구~ 이게 뭔 지랄이람! 아쉽고 부족할 때가 좋은 건데 이제
집에 갈 일이 무섭다. "골프가 그리 좋으면 골프장 옆에 움막치고 살라"
는 마눌인데 쫑알쫑알 또 뭔 소릴 들어야 할지!

"친구 상갓집에 갔었다"고 할까… 에구 에구 그건 너무 많이 써먹었
지. 일찍이 울 친구들 부모님은 전부 돌아가시게 해버렸으니… 자랄염
병! "밤이 무서우면 시집을 가지 말랬다"고 걱정만 늘어진다.

아들넘 데리고 목욕이나 갔으면 좋은 소리나 들었을 건데… 밤을 낮
삼아 다니니 아들넘 얼굴 본 지도 까만데 몸에 때는 얼마나 까말꼬! 다
음 주는 만사를 제쳐 놓고 아들넘 데리고 때나 밀어야겠다.

마늘은 골프만 좋아 한다네

껌껌한 새벽!
띠리리~ 띠리리~ 알람이 울리니
시험 앞둔 딸아이 정신없이 바쁘고
주방 거실 이리 뛰고 저리 뛰고 마눌도 바쁘다
네.
멋모르고 일어난 아들넘은 하품만 쩍~쩍~
하고 있네.

딸아이는 학교 가고
마눌은 골프하러 간다네.
딸아이 가방 챙기고 마눌은 찍어 바른다네.
말만한 딸아이 손 흔들며 나가고
뒤뚱~뒤뚱~ 마눌은 채들고 나간다네.
이리 뒤척 저리 뒤척 잠은 다 깨고
더 꿀 꿈도 없으니 잘 수도 없다네.

세숫물 받아놓고 거울 한번 쳐다보니
쭈굴~쭈굴~ 세월 꽃이 피었구만.
존나게 문질러도 그 넘이 그 넘이네.
치카~치카~ 양치하고 푸득~푸득~ 세수하고
조간신문 구석구석 뒤져봐도 좋은 기사 하나 없고
주식이 떨어지고 몇 넘이 죽었다는 얘기뿐이라네.

새벽부터 담배 한 대 꼬나 무니
입안은 까끌~까끌~ 대가리는 어질~어질~!
아가리 째지게 하품하고 나니
아들넘 학교 보낼 시간이라네.
뻘쭘~뻘쭘~ 인사도 없이 나간다네.
뭐가 빠지게 키워봐도 소용없으니
나도 저 넘처럼 그랬는가 반성된다네.

이제는 혼자라네.
운명처럼 만났는데 제 갈 길을 간 것 같으니…
주섬주섬 챙겨 놓고 식탁 위 새끼들 사진 쳐다보니
그래도 가슴은 찡~찡~ 고슴도치도 자기 새끼는 좋다네.

혼자뿐인 식사는 모두가 식었다네.
밥도 식고 국도 식고 마음도 따라 식었다네.
아직도 추석 과일이 뒹굴~뒹굴~ 전부 배가 불렀나!
낱곡식 하나에 목숨 걸던 어무이!
울컥~ 울컥~ 뜨거움이 솟구친다네.
이 아침에 이런 기분 어쩔거나!

56

벌써 점심시간인가!
뿌리를 빼는지 마눌은 올 생각을 않는다네.
써벌~! 36홀을 도는가 고스톱을 치는가?

입이 째져 들어온다네.
뭔 일인가 존나게 궁금해도
심통에 먼저 묻기도 그렇다네.

참을 걸 참지 입이 가려워 어떻게 참아…
베스트 치고 기분 째져 맥주 한잔 했다네.
일찍이 경험했으니 그 기분 알만 하군.

다음 주에 부킹 하나 하라하네.
고기 맛 알았으니 조선 땅에 빈 데는 없다.
열 받아 미치겠고 속 끓어 자빠지겠다네.

초저녁부터 엎어져 이곳저곳 주물러라.
밉다하니 업자한다고 파스까지 붙여라 하네.
돈 쓰고도 이러니 벌어 왔으면 큰일 날 뻔 했다네
내가 놀 때 미워하더니 이젠 마눌이 미깔스럽다네.

골프 채널만 보고 골프 잡지만 본다네.
하루 종일 골프 얘기에 낮밤 없이 골프뿐!
이넘의 골프가 서방보다 새끼보다도 좋으니…
내가 미쳤듯이 울 마눌도 그렇게 미쳐간다네.

그래도
홀 아웃!

모르긴 해도 남자들의 심리는 똑같은 것 같다. 남의 여자는 야하길 바라면서 내 마눌은 수수하길 바라고 남의 마눌은 골프를 해도 내 마눌은 그런 요구가 없기를 바란다. 자기 마눌과는 죽어도 치기 싫어하면서 한 번쯤 남의 여자와 쳐봤으면 하는 개똥같은 몽상에 젖기도 한다. 모르긴 해도 남자들만이 갖는 상당히 이기적인 발상이며 내가 노는 마당에 마눌이 오지 않기를 바라는 남자들의 발저림이 아닐까?

주변에 한 넘은 부모 잘 만나 남들이 탁구, 볼링에 열을 올릴 때 골프채 질질 끌고 다닐 정도였으니 똥깨나 뀌었지. 10년을 넘게 칠라닥팔라닥 돌아다니는 넘이니 이제는 마눌도 시킬 만한데 그넘은 끄떡도 않더라고… 키운 새끼 모두 보내고 나면 소일거리라도 줘야는데 그 자슥! "여자가 골프하고 돌아다니면 바람난다" 나~! 열 경찰 한 도둑 못 잡는다고 몽둥이 들고 대문을 지켜봐라. 그래도 바람날 여자라면 할 짓 못할 짓 다하는데 뭔 조꺼튼 소리야!

그런데 어느 날 부부모임에 그넘의 마눌이 나타난 것이 아닌가? 허걱~! 분명 그넘의 마눌은 골프를 안 한다고 했고 세상이 뒤집어져도 저넘만은 아니라고 생각했는데… 그넘의 말을 빌리면 분위기가 워낙 그래서 어쩔 수 없더란다. 옆집 아줌마 전화질에… 뒷집 아줌마가 찾아오고… 속은 치밀지만 눈 질끈 감고 중고 채 하나에 서너 달 가르쳐 머리 한번 올려주고는 알아서 하라며 내버려 뒀단다.

어쨌든 울 마눌과 한 조가 된 그 아줌마! 딸랑딸랑 뽑기에 1번을 뽑고는 못 쳐도 기죽지 말라는 서방의 격려(?) 때문인지 그래도 씩씩하고 용감하더란다. 무식하면 용감하다지만 몰라도 너무 모른다. 벙커에 클럽을 대는 건 보통이고 그린에 마크도 없이 그것도 너무나 태연하고 자연스럽게… 울 마눌이 기본이라도 가르칠 수 있었지만 남편 못지않은 성격이라 말을 꺼내지도 않았단다.

매홀, 한번 치고는 "언냐~ 몇 메타 남았노?" "손님 300미터 남았어요~!" "300메타라꼬? 7번 줄래?" 대가리를 친 공이 날아서 절반가고 굴러서 절반가고… 다시 "언냐~ 이제는 얼마 남았노?" "220미터 이상 남았거든요!" "그래? 그러면 7번 쳐야지~!" 어차피 7번을 칠거면 거리는 뭐하려고 물으며 쳤던 7번을 언니한테 주기는 왜 주는지 모르겠다. 그린 위에서… 멀고 가까운 것의 구분도 없으니 공끼리 박치기는 보통이다. 그러면서도 어디서 배웠는지 기브를 줘도 홀아웃은 필수란다. 컵 앞뒤를 10m씩 왔다 갔다 하면서 칠 때마다 "언냐~ 몇 메타고?" 치고 나면 또 "언냐~ 이제는 얼마고?" 요즘 언냐들은 줄자라도 갖고 다녀야 할 것 같다.

앞서가는 서방은 신경이 쓰이는지 매홀 힐끔거리며 뒷팀으로 따라오는 마눌을 지켜보는데 아무래도 이상하다. 90대 아줌마랑 치면서도 자기 마눌이 매홀 오너를 하거든! 못 본 사이에 마눌이 얼마나 칼을 갈았으면… 그넘은 전반이 끝나고 마눌을 기다려 "당신 우짠 일이고?" "?????" "몇 개 쳤는데?" "으응~ 62개." "그런데 왜 매 홀마다 당신이 오너를 하는 거야?"며 묻는다. 그 마눌은 당연한 걸 왜 묻느냐는 듯 "첫 홀에서 1번 뽑았으니까!" 모두들 배를 잡고 뒤집어진 건 당연한 일! 그런데 서방이라는 넘이 더 웃으니… 쪽팔리는 줄 알아야지.

자식 교육 잘못 되면 부모 탓이고 마눌 골프 개판이면 서방 탓이거늘. 티샷이고 퍼터고 순서도 모르는 아줌마! 그러나 홀아웃은 고집하는 아줌마! 첫 홀 1번을 뽑으면 18홀 내내 첫 번째 치는 줄만 아는 그 아줌마! 고집불통 서방과 기센 아줌마 앞에서 우리는 단지 허탈한 구경꾼이었을 뿐이었다.

낮짝에
깔린
철판

난, 보기플레이어 될 때까지 쪼인을 해본 적이 없다. 그렇게 미치도록 골프가 그리웠을 때도… 무작정 둘러메고 떠나고 싶은 욕구가 화장실가기 보다 더 컸어도…

몇 달 전 퍼브릭에서 3명이 도우미 한 명과 라운드를 했다. 주거니 받거니 희희낙락 붉으락푸르락 하며 갖은 욕지거리를 다하며 때로는 배꼽이 빠지도록 웃어가며… 9홀을 돌고 식사를 하면서도 밥알이 튀어나올 정도였으니! 모처럼 재미를 느끼는데 언냐가 오더니 진행실에서 쪼인을 하랜단다. 순간 세 넘이 동시에 서로의 눈을 쳐다보는데 하나같이 실망의 표정이다. 우리의 재미있는 영역에 감히 어느 넘이 침범을… 이잉~!

식사를 하고 나오니 모택동 같이 짤따란 넘 하나가 인사를 한다. "같이 치겠슴다, 방해는 안 될는지요?" 하며 모자를 벗어 인사를 하는데

NO털이다. 씨바~ 방해가 안 되긴 왜 안 돼? 뻔히 알면서 조꺼치!

그렇지만 "흐~흐 방해는 뭔 방해래요! 즐겁게 칩시당." 세 넘의 눈치가 예사롭지 않은데 그넘이 하는 말 "저는 워낙에 숙달이 되어서 그냥 카트를 끌겠슴다." 써벌넘~ 끌든가 땡기든가 그건 니가 알아서 할 일이고… 여기까지는 우리의 영역을 침범한 게 약간은 미워서다. 한 넘이 끼고 나니 도우미가 대소변을 못 가린다. 그넘 것은 안 해 줘도 그만인데 언냐는 자기 일같이 열심히 뛰어다니니 그럴 수밖에……

2번째 홀 그린, 그넘의 NO털 자슥! "언냐! 공 좀 닦어!" 어라~? 이 자식이 싫었는데… 이번엔 "언냐! 깃대는 왜 안 잡아 줘?" 흐~흐~ 이걸 싸워야 되나? 말어야 되나?

그러고는 먼 거리인데 쑥~집어 넣어버리네. 미우나 고우나 버디인데 나이스 버디를 외치는데도 대꾸 한 마디 없이 저벅저벅 가버린다. 이 자슥! 귓구멍에 말뚝을 박았나? 개 물건을 박았나? 기분이 꿀꿀하네. 전반을 뱃가죽이 당기도록 웃다가 이웃 잘못 만나 분위기는 엉망인데… 이 자슥! 이곳을 얼마나 다녔는지 비탈길에 카트를 끄는 솜씨며 더럽게 생긴 포대그린을 읽는 눈은 귀신도 자빠질 지경이다.

허우적거리는 우리를 두고 매홀 오너를 하며 과시하는데 이런 넘이 있나 싶다. 원래 쪼인을 하면 나중에 치겠으니 먼저 치라며 양보하는데 말 한 마디 없이… 굴러온 돌이 박힌 돌을 뺀다더니… 우쉬~!

그늘 집! 미워도 다시 한 번~ 들어가자니 많이 먹었단다. 그래도 우째! 음식 끝에 마음 상한다고 언냐를 시켜 캔을 하나 보내니 웬 떡인가 싶어 벌컥벌컥 트림까지 하며 잘도 처먹더만! 그래도 잘 먹었단 말 한 마디 없다. 이 새끼!… 철판 대리점 하는 넘 아닌가 몰라?

그러고는 또 씩씩하게 간다. 숏다리지만 지네발같이 얼마나 재빠르게 움직이는지! 덕분에 진행은 빨랐지만 우리는 따라가느라 똥개같이 허걱대고. 완전히 망가진 후반… 어떻게 끝났는지 모르겠다.

그 자슥! 끝나고도 인사 한 마디 없이 가버린다. 그것만이라면 말도 안 하지. 언니를 우리보다 더 시키고도 고생했다든가 수고비라며 쥐어주면 다행인데 그것도 없다. 세상에 뭐 이런 개보다 못한 넘이 있을까? 혹시, 낯짝에 철판 깔고 철판 장사하는 넘은 아닌지 모르겠다. 샤워장에서 그 넘의 대가리가 더 벗겨져 보이는 건 왜일까?

장비는 연합군 전투력은 이라크군

　사랑에 빠질 때는 세상의 모든 유행가가 나를 뜻하는 것 같고 몸이라도 찌뿌둥할 땐 신문잡지의 의약품 광고가 모두 나의 증세 같은데 이 넘의 골프도 예외는 아닌 듯싶다. 특히 평소 산같은 고통을 짊어지고 사는 골퍼라면 말야. 남의 심정을 조목조목 꿰뚫는 미사성어에다가 국어사전에도 나오지 않을 것 같은 신생 용어를 써가며 당장이라도 싱글을 만들어줄 것 같은 야릇한 광고를 본다면 한 번쯤 유혹을 받지 않을 골퍼가 있을까? 아니, 볼 때마다 바꾸고 싶은 유혹에 빠질지도 모른다.

　더 이상의 드라이브는 없다. [존나게 드라이브!]
　슬라이스가 없다. [조~빠로 아이언!]
　기적의 복합소재로 한 방에 끝낸다. [막 들어가 퍼터!]
　장갑 하나로 10야드를 더 보낸다고 하질 않나 심지어 골프 신발 하나로 엄청난 타수를 줄일 수 있다는 광고마저 나오니 이러다 오비 없는 주사약이 나오지 말라는 법 있겠나! 에이즈 치료제 개발하지 말고 이거 개발하면 돈타작 할 건데…!

환자이면 환자일수록 엉뚱한 믿음에 강한 집착이 생기듯 요즘 골프 땜에 죽을 맛인 나 또한 예외는 아니다. 슬라이스가 없다는 그 광고 한 마디에 싱글을 만들어 주고 이글을 만들어 준 정든 클럽을 팽개쳐버렸으니… 몇 번을 휘둘러보니 감이 좋을 것 같아 새 기분에 룰루랄라~ 그래 이거다 싶어 연습 한번 없이 출전했는데 그런 대로 좋았어!

히~히~ 쾌재를 부르며 딩까딩까!!! 동네방네 오만넘을 불러 모아 까짓것 붙자고 했지! 그런데 이게 모야! 방향은 술챈 넘같이 갈지(之)자고 거리는 눈 어두운 할매 칼국수 쓸 듯 들쑥날쑥! 아~! 미칠지경인데 연거푸 몇 번을 터지고 나니 만정이 뚝 떨어진다. 얼마를 주고 산 건데 싶어 또 갖고 나갔지만 결과는 뻔한 개박살에 개챙피 개털이니 미치고 자빠질 지경이다.

이제는 근본적인 샷마저 무너지니 되는 게 없다. 그럭저럭 맞아주던 드라이버며 퍼터까지. 총체적 난국이라는 게 바로 이런 거구나 싶다. 그러다 생각이 이건 안 되겠다에 머물다 보니 죄 없는 클럽마저 들기도 싫고 보기도 싫으니… 싱글한 클럽에… 이글한 클럽에 뽀뽀를 하며 오두방정을 떨더만 그것보단 이것이 훨씬 낫다고 숫개 물건 자랑하듯 할 때가 며칠이나 지났다고 어이구~ 미친자슥! 또 클럽을 바꾸네. 간사스럽게 뭘 하나 제대로 할까 싶지만 내 체형에는 맞지 않는, 마음을 떠난 클럽으로 치부하고는… 그러고는 또 싸 짊어지고 나갔건만 결과는 90대! 한순간에 골프가 미워도 그렇게 미울 수가 없다.

그렇게 고민 아닌 고민에 휩싸이는데 어느 선배가 부부 라운드를 하자는 제의가 들어 왔것다. 평소 10개가 넘는 핸디를 주는 선배지만 피할 수도 없고 해서 따라 나섰건만 결과는 대패! 마눌마저 안타깝다 못해 측은하게 보는 듯하다. 평소엔 적어도 마눌의 눈에는 빵빵하게 날아가는 드라이버 하며 디봇자국을 푹푹내며 날아가는 세컨샷! 그림같이 들어가는 퍼터가 그렇게 신기할 수가 없고 환상적이었다는데… 이게 뭐야! 아무리 금방 바꾼 클럽이라지만 못 볼 걸 보여준 것같이 부끄럽고 창피하고…

무기야 연합군 수준인데 전투력은 이라크군밖에 안 되니. <u>흐흐흐흐</u>…

클럽이 만능이 아니라는 걸 뻔히 알면서도 어리석음을 깨달았을 때는 이미 수백만 원이 날아간 상황. 새벽까지 술 처먹은 넘 같이 속은 쓰릴대로 쓰리고… 한번 빠진 웅덩이에는 두 번 빠지지 않는다는 곰보다도 못한 넘!

옛날 나무 몽둥이 들고도 세계를 제패하던 유명한 골퍼들에 비한다면 우리 아마추어들의 장비는 첨단 수준이 아닌가! 그들에게 몇 십만 원짜리 클럽을 줘봐, 싱글을 못 치겠어? 게을러터진 나에게 수 억짜리 클럽을 쥐어 준들 싱글을 치겠어? 프로가 쓰는 장비를 그대로 아마추어에게 적용하는 광고도 문제지만 그 광고에 놀아나는 내가 더 문제겠지. 숱한 광고에 현혹되고, 첨단장비, 신소재에 멍들고 신세 망친 골퍼가 한 둘이겠냐마는 클럽 탓에다가 연습은 죽기보다 싫어하면서 한 방에 끝내려는 정신 나간 내가 한심할 뿐이다.

물을
먹일 수 없는
소

한때 권투가 전성기였던 적이 있다. 요즘은 챔피언이 몇 명인지도 모르지만 홍수환 선수가 신화를 이룰 때만 해도 우리 집엔 TV가 없었다. 비록, 라디오에 의존을 했지만 손바닥이 따갑도록 박수를 치곤했는데 그러다 마지막 휴가를 나왔을 때 우리 집엔 12인치 중고 TV가 놓여 있었다. 농사일에 지친 울 엄마는 TV보는 즐거움에 밤 깊은 줄도 모르셨는데……

특히, 권투중계는 빠짐없이 보시던 어느 날! "저렇게 두들겨 패고 맞는 운동을 뭘래꼬 하는지 몰겠네" 하면서도 "너도 권투했으면 돈 많이 벌었을 텐데…" 하며 어릴 적을 회상하셨다.

경기가 불이 붙을 땐 빨려 들어 갈듯이 TV 앞에 다가 가는 걸 보면 울 엄마는 영락없는 매니아였다. 그러면서 "아이고~! 권투가 힘들긴 힘드나 보네." "저렇게 찹쌀떡을 묵아 가며 하는걸 보니말야…" 울 엄마는 매 라운드 입에 물리는 마우스보호기를 보고 찹쌀떡인 줄 알고 계셨던 모양이다.

그러면서 라운드가 종반일 때는 패든 넘이든 맞은 넘이든 숨이 가쁘다 보니 보호기를 넣어줘도 도리질을 하는 걸 보고는 "저넘들 그렇게 묵더만 이제 배가 부른가벼" 하며 웃으시니… 평생을 문화의 이면에 계셨던 분이니 그럴 만도 했다.

겨울 방학 때 손자에게 골프를 시키려고 한다니 울 엄마는 벌써 선수나 된 듯이 그렇게 반가워 하셨다. 박세리, 김미현이 때부자가 되었다는 소리를 들었는지! 권투를 몰랐듯이 골프가 어떤 건지도 모르셨던 분이지만 아들이 10년 넘게 골프 밥을 먹고 있으니 당연하게 받아들인 것이다.

그러나 정작 손자넘은 그걸 왜 하느냐며 방방뛰며 난리다. "걸어 다니며 구멍에 집어넣는 게 뭐가 재밌냐"며 차라리 하던 축구를 계속하겠다며 고집을 부린다. 갈 때마다 터지는 너의 아비가 한이 맺혀 그런다고 할 수도 없고! 아비 코피 터준 넘들에게 원수 갚으려고 시킨다고 할 수도 없고! 그렇다고 축구에 미친 넘에게 갑자기 골프 선수 시키런다고 할 수는 더욱 더 없으니 같은 운동이니 취미삼아 해보라고 했다.

언젠가는 할 건데 복 받은 줄 알아야지 시큰둥하긴! 이 자슥아! 선수는 안 될망정 가르쳐 줄 때가 좋은 줄 알아라. 나중에 열 받고 후회하지 말라는 소리가 곧 튀어 나올 듯하다. 겨우 끌려나온 넘에게 신발, 장갑을 챙겨주는데 이게 뭐야? 아비 모르게 뭘 먹었는지 발은 완전히 도둑넘 발이다. 손마디조차 쩍쩍 벌어진 것이… 어리게만 봤는데 아비도 모르게 훌쩍 커버린 넘을 보니 콧잔등이 시쿰하다.

어쨌든, 보름이 지났는데 제법 뚝딱거리는 것이 예사롭지 않으니 주변에서조차 "소질이 있는데 시켜보라"며 부추긴다. 그런데 이 넘이 말을 들어야지 게을러터진 게 꼭 제 아비 꼴이니… 치는 시간보다 쉬는 시간이 많고 게을러터진 넘 밭고랑 헤아리듯 시간만 때운다. 지켜보자니 답답한 노릇에 쥐어박고 싶지만 억지로 시키는 마당인데 마눌이 배울 때도 열받을까싶어 근처는 얼씬도 않았는데 아들넘마저 이러니…

그러다 한 달이 지나 오랜만에 치는 걸 보니 드라이버도 치며 폼도 잡히는 듯하여 몇 가지 주문을 했더니 그러면 아빠가 함 쳐보란다. "이 자식이 애비 쪽팔리게 할 일이 있나?" 아비 치는 꼴을 한참 동안 쳐다보던 넘이 "아빠는 왜 피니쉬를 안 해?" 엥? "그리고 폼이 왜 그런데? 곧 넘어질 듯해 불안해서 못 보겠네!" 으잉? 아빠가 배울 때는 피니쉬가 없었다고 할 수도 없고! 이것이 세월이라고 변명할 수도 없으니 미치겠네! 아비는 기왕 쪽팔린 거니 어쨌든 좋다. "재미만 붙여다오" 했지만 방학이 끝났으니 그만 하겠다는 것이다. 주변에서 아까워하지만 자기가 싫다는 데는 방법이 있어야지. 아들이 골프를 그만둔 지 보름이 지나도 허탈한 걸 보니 나 스스로도 보이지 않는 욕심이 있었나 보다.

요즘 연습장마다 쥬니어 골퍼들로 북적거린다. 물론 취미삼아 운동삼아 시키는 것이 태반이겠지만 그들의 뜻을 알고 시키며 그들 또한 부모의 뜻을 따르고 있을까? 냇가에 소를 몰고 갈 수는 있어도 물은 먹일 수 없다는 사실을 실감한다.

입으로 버티는 골퍼

골프가 사치인 양 눈치인 양 관심은 있지만 숨어 보고 숨어 듣고 그렇게 즐기는 친구가 있다. 식당 개 3년이면 라면도 끓인다더만 이제는 제법 골프에 관한한 똥오줌을 가릴 줄 아는 수준이 된 듯하다. 버디도 알고 이글도 알더니 알콩달콩 골프의 재미와 살벌하고 피가 튀는 내기판의 분위기도 읽어 낸다.

언젠가 그 친구가 시골로 발령을 받았는데 허허벌판 시골에 종일 돌아다녀도 할 일이 있어야지! 여기저길 기웃거려 봐도 죽이 맞는 친구도 없고…… 그 차에 동병상련의 인근 교회 목사를 알게 되었는데 죽이 맞으려니 두 사람의 유일한 취미는 탁구였다. 뜻이 통한 두 사람은 매일같이 탁구를 즐겼는데 목사의 실력이 선수급이었는지 몸치였던 친구의 실력이 조~또 아니었는지는 모르지만 그 친구는 100전 100패였다. 허구한 날 개털이 되니 실력 탓 이전에 뚜껑이 열렸다.

목사는 재밌어 찾아오는지 모르지만 친구는 열 받아 찾아가고! 심심찮게 점심 값을 대고 매일같이 커피를 날랐으니 열 받지… 오기로 찾아가고 열 받아 두들기는데 탁구인들 될라고!

어느 날 또 터진 친구는 홧김에 "당신 너무한 것 아니냐"고 따졌단다. "이웃을 사랑하고 베풀어야 할 목사가 한 번쯤은 양보를 해주는 미덕도 있어야지 어떻게 이럴 수 있느냐?"고…… 황당해진 목사는 허허 웃기만 하니 친구는 더 열 받아 "아니~ 매일 어린 양들에게 베풀어달라고 기도하는 목사가 앞에 있는 양에게조차 베풀지 못한다면 당신은 목사가 아니라 이리일 뿐이라"고 쏘아붙였단다. 한참을 생각하던 목사는 빙긋 웃으며 "난, 당신이 사랑하는 이웃이기에 찾아 왔고 목사이기 전에 정정당당한 스포츠를 즐겼으며 승부가 존재하느니만큼 최선을 다한 것뿐이고 또 그것이 당연한 것 아니냐"는 것이다. 그 말을 이해 못할 친구도 아니니 순간 자신의 옹졸함에 머리가 띵~할 수밖에… 승부에 집착하고 양보라도 얻어서 이겨보겠다는 알량한 자존심에 칼을 맞은 것이다.

입문 10년 차의 몸치 골퍼가 한 넘 있다.

강호동 같은 덩치에 자신의 몸무게와 같은 스코어를 유지하며 몸무게가 늘어나는 만큼 스코어도 늘어나는 이상한 조화에 미련스런 곰탱이 같이 느낌마저 없는 웃기지도 않는 넘! 그러고도 연습이라고는 상대를 긁어대는 주둥아리 놀림이 전부인데… 그러니 입문 6개월의 초보자에게도 밥이 되고 허우적거리며 언젠가는 머리 올려주러 가서는 그넘한테 맞아 터지고 오니 답답하다 못해 가끔은 불쌍하고 안타깝지만 개뼈다귀 자존심 하나만은 하늘을 찌르니…

71

썩어도 준치라고 터져도 고수한테 터지겠다며 기어코 고수들과 조편성을 해달라고 빡빡 우기고는 18홀 내내 입으로 골프를 하는 그런 넘이다. 그래서 상대의 실수를 바라고 가뭄에 콩 나듯 나오는 고수의 실수를 즐기지만 어디 고수가 하수의 야지에 쉽게 넘어갈 리도 없잖은가! 그러다 제풀에 자빠지고 터지면 고수들이 봐주지도 않는다며 "골프를 끊겠다"고 말도 안 되는 노래를 10년째 부르고 있다. "인간 덜 된 게 촌수만 높다"고 10년 경력이라고 떠들고 다니지만 안 해도 동정이 갈 텐데 말야! 그러고도 날이 밝으면 또다시 엉겨붙는 이상한 그넘!

치열한 삶이 약속된 경쟁의 사회에서는 당당히 살아가면서 그와 다를 바 없는 정정당당한 스포츠에서는 노력 없이 양보와 상대의 희생을 요구하는 심보를 모를 일이다. 조또~ 볼일 없는 경력과 거품 같은 핸디캡에 자만하고 거기에 희꿈한 자존심마저 보탠다면 탁구고 골프고 날 샌 것 아닌가! 누워서 밥 얻어먹는 인생이 없듯이 노력 없고 생각 없는 골프엔 미래가 없는 법이다.

정지선

언제부턴가 만들어 놓고도 써 먹지 않았고 지키지도 않았던 도로의 정지선이 시행되었다. 당연히 지켜야 함에도 방관으로 묻히고 잊혀졌지만 어느 날 벌금이라는 제도가 시행되면서 달라지고 있다.

무심코 지나쳤다 후진을 하는가 하면 "선이 물렸나?"며 내려와서는 이리저리 살피는 아줌마 운전자도 있다. 신호를 받고 나가다 불이 바뀌니 어쩔 수 없이 섰다며 로타리 이 순경 앞에 거품을 무는 운전자도 간간이 보이니 때로는 물러빠진 법이지만 무섭긴 무서운가 보다.

그런 정지선이 비단 도로에만 있겠는가! 멈출 때 멈출 줄 알아야 하며 지킬 일에 지켜야 하는 목숨과 같은 정지선! 나오면 큰일 나는 것이 정지선이다. 나서지 말아야 할 자리에 입이 먼저 나오면 설화에 휘말리고 더러운 성질 땜에 주먹이 먼저 나오면 감방을 들락거려야 하며 절제하지 못해 그 시기가 먼저 나오면 간통 강간에 개쪽을 당한다. 티 박스에서 배꼽이 나와도 컁~ 치고 가면 벌타를 먹어야 하고 구멍 가까이 한 뼘이라도 더 가려고 동전치기 하면 이것도 벌타이며 더 멀리 더 강하게… 욕심이 비집고 나오면 정지선을 벗어난 오비가 된다.

하지만 정지해서는 안 될 선도 있다. 세상이 조꺼치 굴러가도 바람 들어 올까 입을 닫아버리고 비리와 부정을 보고도 다칠까 나서지 않고 정지하면 지탄을 받으며 공격 앞으로 군인이 겁먹고 정지해 버린다면 군대와 나라는 개판이 된다.

마음에 드는 여자 앞에 정지하면 총각신세 면치 못하고 비아그라를 통째로 먹는 한이 있어도 나올 때 나오지 않으면 마눌로부터 외면당하고 때론 가정법원을 들락거려야 한다.

초보자나 동반자가 공을 건드리며 타수를 왜곡하고 룰을 어겨도 못 본 체 하며 나서지 않고 컁~ 둔다면 그것은 또 다른 버릇이 되며 불법을 양산하는 것이다.

순간, 인심(?)을 얻고 때로는 그것이 편할지 모르지만 뺨을 얻어맞고 적이 되는 한이 있어도 나서야 한다. 골프가 자연임을 거부하고 썩은 양심에 동조한다면 스스로의 무덤을 위해 삽질하는 꼴이 되는 것이다. 인생살이엔 금하여야 할 선도 있고 지켜야 할 선도 있다. 눈에 보이는 법이 있는가 하면 때에 따라서는 양심에 맡기고 호소하는 보이지 않는 선도 있다.

답답했던 안전띠가 이젠, 매지 않으면 이상하듯이 길들여지지 않은 것들도 하다 보면 익숙해질 것 아닌가! 그래서 사회도 골프장도 양심적이고 정직한 사람이 나서면 법과 룰이 정착되어 질서 있고 반듯하게 될 것이다. 스스로 지키고 지키자는 사람을 미워하지 말아야 하며 정지할 곳에 정지할 줄 알고 나서야 할 때 나설 줄 아는 그런 사람 그런 골퍼들이 많은 세상이었으면 좋겠다.

74

가재의
지혜

골프도 어느 정도 맞아 줘야 나갈 맛도 나고 흥도 생기며 즐거운거지 더럽게 맞지 않을 땐 미친다. 배운 도둑질인데 안 할 수는 없고 돈 주고 열 받으니 말야! 하지만 이넘의 운동은 도박과 같아서 오늘은 꼭 될 것만 같고 잘 쳐봐야지 하는 마음에 가지만 기대와는 다른 답일 땐 또 실망에 좌절에 빠지다 보면 연습은 고사하더라도 보기도 싫게 된다.

알다가도 모를 운동인데 이럴 땐 잊어버리고 잠시 쉰다면? 스코어는 늘어날지 모르지만 마음은 절간 스님같이 편해진다. 이런 유혹 저런 유혹 뿌리치고 미움이 그리움으로 변할 때까지~! 원수가 될 일이 아니라면 미움은 언젠가 또 그리움으로 변한다. 돌아서서 곧 미움으로 바뀔지라도 비우는 것도 연습이 아닐는지!

지난 주 피할 수 없는 서클에 다녀왔는데 그런 마음을 먹고 나니 열은 덜 받더라구! 일년 선배, 밉깔스런 동기, 후배 한넘. 그냥 넘어가는 법이 없는 넘들인데 뜨겁게 붙잔다. 그렇잖아도 날씨는 뜨거운데 지랄났네. 하지만 아직은 어설픈 후배넘이 있으니 그 넘을 재물삼아 세 넘 스크라치… 후배 넘 4알씩 주고 게임은 시작된다.

첫홀 드라이버 졸라 멀리 갔건만 3온 3빠따(따블), 2홀 드라이버 쪼루 4온 3빠따(따블), 3홀 아이언 쌩크 2온 3빠따(따블), 핸디 받은 후배는 파 행진을 하고 있고… 어제까지 비우는 골프니 겸손이니를 외쳤건만 뚜껑이 실실 열리려는데…

7홀까지 내리 따블플레이를 하고 오니 캐디마저 한숨을 푹푹 쉰다. 평소 그런 공이 아니었잖냐고? <u>흐흐</u> 공? 그럴 수도 있지 뭐! 개박살에 허걱대며 따라오니 불쌍했나 보다.

8홀! 토핑성 드라이버였는데 세컨샷이 깃대에 붙어 버린다. 카트가 넘어지는 줄도 모르고 언니가 방방 뛰며 난리다. 3m정도의 거리! 이걸 못 넣으면 저넘이 얼마나 실망할까 싶다. 이제는 캐디마저 의식하며 골프를 해야 하니… 그걸 넣자 "나이스 뻐~디"를 외치는 캐디! 머리 올리러 온 넘도 아니고… 어이구~ 쪽팔려!

인코스를 들어갔지만 허걱대는 건 마찬가지. 반포기 상태로 시간만 때우며 끌려가는데 16번 홀, 내 공은 해저드, 후배 넘은 깊은 산 속으로, 동기넘도 산으로… 잠정구를 치고 볼을 찾으러 가는데 후배넘은 아예 포기를 하고 잠정구를 치려는 찰나에 허리까지 차오른 러프를 헤메이던 밉깔스런 동기넘이 후배의 공을 찾았다고 고함을 친다.
"야~ 니공 여기 있따~! 볼펜으로 칠해 논 거 맞제?"
이런 써벌! 후배의 인상이 찌그러진다. 그 볼을 찾아 봐야 허리까지 오는 러프를 어떻게 탈출해! 그래서 아예 포기했을지 모를 후배지만 공

76

이 있다는데 우쩔거냐. 결과는 뻔한 일, 산속에서 양파를 해버렸으니…얼굴은 붉으락푸르락 씩씩거리는데…… 선배가 찾았으니 망정이지 친구나 후배가 찾았다면 그 새끼 맞아 뒤졌을 거야!

자기 공이나 찾지 왜 남의 공까지 찾고 지랄이냐고… 그러고는 밉깔스런 넘은 잠정구를 쳐, 보기를 했으니 그 후배 얼마나 열 받겠어! 그런데 그넘도 분명히 볼을 찾았을 건데 후배가 러프에서 허걱대니까 엇~ 뜨거워라! 싶어 발로 밟아 버리고 잠정구를 쳤을지도 몰라! 평소 그러고도 남을 넘이라서 캐디한테 물어도 확인을 안 해 주니! 나도 의심병이 많아 탈이야 탈!

17번홀(숏홀) 후배넘 벙커, 밉깔스런 넘도 벙커. 두 번이나 털썩거리며 겨우 탈출한 후배 "난 빵카는 쥐약이야" 하며 채를 내리치니 밉깔스런 넘이 "야~ 빵카샷이 얼마나 재미있고 편안한데" 하며 연습 스윙을 몇 번 하더니 푸하하하하~! 그린을 넘기는 막창을 내버린다.

웃다가 뒤비지는 줄 알았네여! 캐디언니마저 돌아서서 키득키득 웃는데… 후배넘 한 마디 하기를 "형! 진짜 방카샷 재밌게 하네… 재밌으면 하나 더 쳐봐여." 벙커샷이 재밌다고 말한 지가 30초도 안 지났는데 건방을 떨었으니…

아무튼 스코어에 연연하지 않고 웃고 즐기는 사이 18홀은 끝났지만 마음을 삭이면 동반자의 골프에도 즐거움이 있다는 사실을 왜 몰랐을까? 평소 같으면 속이 뒤비지고 열불을 수없이 피웠을 스코어인데 말야.

큰바위가 부담스러우면 가재는 못 사는 법. 하지만 바위 때문에 가재는 편히 쉬며 살 수 있으니 얼마나 다행인가! 바위를 이기려 하지 않는 가재의 지혜에서 골프를 다시 생각한다.

2 이런 골프 저런 골퍼

남자들이 술이라도 걸치고 오는 날엔 어디서 뭘 봤는지
밤새 껄떡거릴 때 면박 주며 귀찮다고 떠밀기라도 하고 아니면 대충
대충 기브라도 줘버린다면 기분이 어떻겠어? 존나게 더럽고 엿 같다는
걸 남자들도 알잖아! 그럼에도 여자들이 퍼터도 못하고 걸리적거린다고
깃대거리마저 기브를 줘버리고 툭툭 쳐 내버릴 때 여자들의 기분이
꿀꿀하고 개떡이 되는 걸 몰라? 낮이고 밤이고 그 넘의 횟수가 뭐
중요해? 마지막 한번 땡그랑~! 그 맛에 즐기는데 이게 뭐야!
"당신! 한 번만 더 기준도 없이 기브 주고 그러면 나도 이제부터
벗자말자 바로 기브 줘 버릴꼬야!"

홀인원이
두려워

골프대중화라며 고함을 치지만 현실은 그렇게 되질 않고 있다. 하지만 그 덕분인지는 몰라도 골프를 접하지 않는 또 다른 대중들도 골프가 뭔가쯤은 익히 알고 있는 듯하다.

번쩍이는 네온의 '홀인원장 여관' 하며 '이글 카페' '버디 레스토랑'에 먹는 양파인지 존나게 터질 양파인지는 모를 '양파 룸살롱까지 골프 용어가 이런 곳에까지 파고들었으니 대중화는 대중화인가 본데! 아마추어 골퍼의 꽃이 이븐파라면 모든 골퍼의 마음을 설레게 하는 것은 단연 홀인원이 아닐까?

그렇지만 요즘의 경제사정과 풍습이라면 생각만 해도 끔찍스럽고 들어간 공도 집어내고픈 심정이니… 골프를 했다고 한 번쯤은 기대하는 홀인원이지만 하고 싶다고 되고 하기 싫다고 안 되는 것도 아닌 그 홀인원!

아직은 골프를 얘기할 때가 아닌 후배 한 넘이 선배로부터 구닥다리 클럽을 얻는 바람에 등록을 했다. 풀스윙은 고사하고 하프스윙도 마치지 않은 마당에 주변에서 들은 바는 많아 필드를 밟고픈 맘이 굴뚝같았는데… 그렇다고 어느 넘이 데리고 가야 말이지! 선배들에게 구경 시켜달라고 애걸했건만 들어줄 리 없는데 어느 날! 선배들의 라운드에 한 넘이 펑크를 내는 통에 머리 올리는 행운(?)을 얻어 허겁지겁 따라나선 그넘!

이 자슥! 웃기는 것이 연습장에 가면 마음대로 칠 공이 있듯이 골프장에도 그냥 치는 공을 무조건 주는 줄 알았단다. 그런데 자기 공을 갖고 간다는 것조차 모르는 그 넘이 사고를 치는데… 비몽사몽에 아홉 홀을 헛스윙에 대갈통만 때리다가 인코스라고 다를 건 없지만 배짱 하나는 좋은 넘이니 200m 숏홀에서 잡아 보지도 않은 드라이버를 들고는 강~ 휘두르는데 떼굴떼굴!!! 날아가는 것보다 굴러가는 것이 더 많은 그 넘의 공이 설마설마 했는데 아뿔사! 홀컵으로 사라지는 것이 아닌가!

그 넘의 실력을 알 리 없는 그린 뒤의 앞팀은 자기들 일인 양 뛰고 난리인데 정작 그 넘은 뭔 일이냐며 되묻고 있으니… 하지만 고수라는 선배들이 가만히 있을 리 없지! 평생에 한번 올까 말까 한 행운이라며 그날 비용 몽창 뒤집어씌우고 그것도 부족해 며칠 후 기념패를 해주고는 기념라운드와 술을 사라고 했으니…

또 한 번은 20년을 골프밖에 모르는 선배가 있었는데 "내가 홀인원을 하는 날엔 누군지 몰라도 동반자는 술독에 빠뜨려주겠다"며 큰소리치며 골프보험까지 들었단다. "신이 준 한 번의 기회"라는데 맘대로 되는 건 아니지만 내일일까 모레일까 하며 20년 경력을 쪽팔리게 생각하는데 어느 날 덜커덩~ 하고 들어가 버린 것이다. 올 것이 왔다며 캐디에게 두둑한 팁은 물론 골프장에도 인사를 하고 그날 코가 삐뚤어지도록 퍼먹었는데… 다음 날 개 같은 일이 벌어진 것이다.

보험회사에 홀인원 사실을 접보하니 만기가 지났다는데 속은 뒤집어지지만 자신의 불찰이니 어쩔 수 없잖은가! 씨벌! 재수도 존나게 없다며 상품이나 타자며 골프장에 전화를 했는데 이건 또 뭐야? 12월엔 스폰서 교체기간이라서 상품이 없다며 "티박스에 스폰서 표시판이 떼진 걸 못 봤느냐"는 것이 아닌가!
조또! 재수가 없으려니… 그걸 믿고 날이 새도록 퍼 먹었는데 이렇게 황당할 수가? 그런데 그 선배를 더 열 받게 한 것은 그날 술을 얻어먹은 친구가 일주일 후 똑같은 홀에서 홀인원을 한 것이다. 보험금 200만 원을 받고 200만 원짜리 아이언을 상품으로 받았으니 배가 아프다 못해 속병마저 생길 지경이었다니 이 일을 어쩌랴!

몇 십 년 경력의 프로마저 해본 적이 없는가 하면 팔순 노인이 한 라운드에 두 번씩이나 하는 홀인원! 그것은 난공불락의 성도 아니고 신비의 구멍도 아니며 또한 진탕하게 퍼마셔 남에게 부담을 줄 일도 아니다. 어떻게 보면 단순히 스코어를 줄여 주는 행운일 뿐인데 우리는 너무 큰 의미를 부여하는 것은 아닐까? 홀인원! 남이 하면 부럽고 막상 내가 하면 두려움으로 다가오는 그런 존재로 남을 것인가?

막을 수도
찢을 수도
없는
구멍

나의 약점은 퍼터이다. 모든 것이 오십 보 백보겠지만 굳이 구분을 한다면 말야 한 타 한 타 어렵게 몰고 와서는 문 앞에서 고꾸라지는 이 절망과 아픔!

한국 축구의 고질병인 문전처리 미숙을 예로 들지 않더라도 결정적일 때 시들어 버리는 허탈함과 무엇이 다르랴! 시원시원한 드라이버면 뭐 하며 칼 같은 아이언이면 뭐해? 올려놓고 허부적거리면 모든 게 허사인데⋯ 흔히들, 한 라운드 내내 14번밖에 사용 않는 드라이버는 100여만 원을 들여가며 잘도 바꾸고 손바닥이 터지도록 연습을 하면서 마흔 번도 더 쓸 퍼터에는 돈은 물론 시간마저 투자를 않으니⋯ 홀컵이 거부하는 건 당연하고 바늘구멍일 수밖에 더 있겠나?

그러고는 클럽 중 가장 많이 던지는 게 퍼터요, 가장 많이 부러뜨리는 게 퍼터라! 가장 중요한 것이 가장 설움을 받는다면⋯ 드라이버야 꼭 가운데 떨어지지 않으면 어때? 아이언이야 굳이 깃대에 붙지 않으면 어때? 그러나 원할 때 떨어지지 않으면 안 되는 퍼팅! 말썽부리는 자식 죽일 수도 살릴 수도 없듯이 퍼터 안 된다고 보따리 싸서 창고에 집어넣자니 배운 도둑이 아깝고 그래도 하자니 열불이 나고… 그러면서도 연습은 죽기보다 하기 싫으니 미치지. 허긴, 골프 중에 가장 재미없는 연습이 퍼터라는데…

프로대회라도 볼지라면 그 자식들은 어찌 그리 쉽게 집어넣는지! 그렇다고 그 넘들의 홀컵은 맨홀 뚜껑같이 큰 것도 아닐 테고 우리네 홀컵은 맥주병 주둥아리같이 적은 것도 아닐 텐데 말야.

오늘 라운드 중 70대중반을 치는 소새끼 같은 친구넘이 있는데 드라이버 거리는 타의 추종을 불허하고 아이언 또한 정교하기로 소문났고 퍼터도 기가 막히게 하는 넘이다. 그런데 첫 구멍이 거부하면 하루를 망친다는 그 정설을 이 친구가 겪은 것인데… 이름하여 4&4사건!

첫 홀에서 세컷샷을 깃대 3m에 붙여놓고 3퍼팅을 하더니만 다음 홀에서는 내리막 80cm 버디퍼팅을 네 번이나 치는 게 아닌가! 치고 나니 20cm가 겨우 가고… 나머지 60cm를 치니 이자가 많아 홀컵을 2m나 벗어나니 100kg에 가까운 그 친구 숨소리마저 거칠어졌는데 그것마저도 짧아 기브도 안 되는 상황!

결국 4퍼팅을 하고는 달라진 안색에 말을 걸 수가 있어야지! 투온도 못한 쪽제비 같은 한 넘은 어프로치로 붙여 기브를 받고는 그늘 밑에 앉아 찢어지는 입을 다물지 못하고 그 친구는 18홀 내내 똑같은 4퍼팅을 4번이나 하고는 결국 무너졌으니… 얼마나 속이 뒤집어지고 자신이 미웠을까? 아니 골프 배운 것을 그 당시만은 얼마나 후회했을까?

씨벌! 골프 아니면 즐길 게 없나 하고 당장 때려치운다고 맘먹지만 내일이면 또 싸 짊어지고 나가는 게 우리의 현실이니…

어느 골프선수가 이런 말을 했다. "티업 한 시간 전에 도착해서 100개의 퍼터연습을 하고 매일 연속으로 300개씩, 3년을 연습 않고는 퍼터를 장담하지 말라"고! 2시간 이상이 소요되는 300개의 연습! 과연 해본 적이 있는가?

연습을 하든 말든 한 시간 전 도착은 고사하고 헐레벌떡 턱까지 차오르는 숨을 몰아쉬며 첫 홀을 어떻게 보내는지 모르는 현실에 퍼터가 잘되길 바라는 건 역시 무리가 아닐까! 단순히 요행을 바라는 도박같은 퍼터에 목숨만 걸었지 연습은 죽어라 않는데…

그 무수한 넘들을 울리고 웃기며 농락하는 희한한 구멍! 한번 주눅이 들면 근처에 가기도 쳐다보기도 싫고 때론 확~ 찢어버리고 싶고 때론 한 주먹 흙으로 막아 버리고 싶은 구멍! 그렇다고 어느 날 갑자기 어딘가에 있어야 할 그 구멍이 없다면 목적 없는 항해와 뭐가 다르며 우리 무슨 낙으로 뭔 재미로 살까? 올 여름 비지땀을 흘리며 구멍과의 전쟁이라도 치뤄야 할까 보다!

말에 찔린 상처는 낫기도 어려워

그저께도 갔다 왔는데 구정 연휴가 이어지니 또 엉덩이가 들썩거린다. 모두들 고향 생각에 들떠 있지만 남은 사람들은 누구와 한 라운드를 즐길까로 들떠 있다. 어느 넘이 데려가지 않나… 불러주지 않나 싶은데… 날은 잡히고 날씨마저 포근하니 이게 웬 떡이냐 싶다. 공이라면 환장을 하고 미쳐도 보통 미친 게 아니라는 마눌의 잔소리에 아침부터 주눅이 들고 허탈하지만 어차피 가는 거… 기쁜 맘으로 룰루랄라~ ~ ~!

이렇게 나온다는 것만으로 잠을 설치고 흥분이 되니… 대목 장날 시장 바닥같이 인간 사태가 났네! 락카가 부족해 씻고 나오는 넘을 기다리기까지 하니 이 자식들은 조상도 없고 고향도 없나 싶다.

아직도 그린은 꽝꽝 얼어 있다. 이리 튀고 저리 튀니 조심조심! 2번째 홀. 롱홀로써 투온도 가능하지만 만만하지만은 않은데 스스로 생각해도 드라이버가 기차게 맞은 듯하다. 그린 앞에 벙커가 도사리고 있는 남은 거리 220m! 그린 위엔 홀아웃을 하지 않은 50대중반의 팀이 있고 한 넘이 그린 주변에서 어프로치 연습을 하고 있다.

칠까말까? 홀쩍~ 넘기라도 한다면 어쩔꺼나? 한참의 망설임 끝에 벙커 앞에 갖다 놓으면 되겠다 싶어 아이언으로 때렸는데 이것이 엄청 잘 맞아버리는 것이 아닌가! 이게 아닌데 싶지만 이미 화살은 시위를 떠나 당혹해 하는데 아니나 다를까 어프로치를 하는 넘 뒤쪽 10여m 지점에 툭~ 떨어지더만 그린의 반대편으로 바운드가 되어버린다.

그래도 다행이라는 생각에 손을 들고 머릴 숙여 사과를 했다. 근데, 어프로치 연습을 하던 넘의 꼬나보는 폼이 예사롭지 않아 다시 사과를 할겸 뛰어갔다. 여태껏 퍼팅 중에 그린으로 날아드는 공을 숱하게 경험했지만 상대들은 손을 들어 사과했을 뿐이고 아니면 캐디를 시켰을 뿐 원치도 않지만 뛰어와서 머리 숙이는 사과를 받아본 적도 없다.

그래도 나는 뛰어야 했다. 그런 실수를 한 것이 처음이었고 상대에 대한 예의며 반성이니… 그 때까지도 꼬나보는 그 넘의 꼿꼿한 자세는 변함이 없다. 아~ 시빗거리가 되겠구나! 어떻게 하면 정중한 사과가 될까? 뛰어가는 짧은 시간 동안 많은 생각을 했다. 고개를 숙이며 "놀라게 해서 죄송합니다"며 사과를 했다. 나머지 일행 3명은 아무렇지도 않은 듯 진행을 하는데 그 넘은 아직도 변함없는 자세이니 다시 한 번 죄송하다고 머릴 숙였다. 이제는 받아 줄만도 한데 눈깔을 치켜 뜨더만 한 마디가 날아온다.

"그기서 치면 투온 못 시키는 사람이 어딨어? 매너 없게 말야!" 또 숙였다. 몇 번을 죄송하다고 정중히 사과했건만 받기는 고사하고 "골프를 어떻게 배웠기에 그 모양이냐?"며 이젠 훈계마저 한다. "그러니 이렇게 뛰어와서 사과를 드리는 겁니다." 하고 다시 숙였다. 기고만장한 그 자슥이 또 뱉는 말. "그런 매너로 골프는 왜하며 골프장엔 왜 왔냐"는 것이다. 그러고는 그린을 향해 횡~ 하니 가버린다. 부모 앞에 죽을 죄를 지었다한들 이렇게 머릴 조아리고 사과했을까?

그렇다고 사람을 맞힌 것도 아니고 그린에 떨어진 것도 아니고 결코 잘했다는 건 아니지만 그만큼 했으면 받아 줄만도 하지 않은가? 그러고는 끝내 사과도 받아주지 않고 동반자들끼리 내려가면서 그 넘이 하는 말! "저런 매너 없는 새끼는 존나게 욕을 해야 버릇을 고친다"는 것이 아닌가. 어이가 없고 기가 막히지만 내 잘못인데 참아야지 어쩌겠나! 그 상황을 뻔~히 본 동반자들도 분통을 터뜨리지만 오늘 따라 동반자들이 색시 같은 넘들이라 싸움이라도 나지 않은 게 다행이다.

뒤통수를 보고 가자니 역겹지만 할 수 없는 일! 그늘 집에 들어서면서 혹시나 해서 장갑을 벗지 않았다. 이젠, 은근히 시비를 걸어 주길 바랐기에 이러면 안 된다면서도 솔직히 끓어오르는 분노(?)는 어쩔 수 없었으니… 그러고는 한 홀을 지났는데 앞서가던 그 넘이 홀 이동로에서 캐디가 따라 오는데도 바지를 내리더만 칠~칠~칠~ 오줌을 깔긴다. 이런 개쌔끼! 한 홀 전에 그늘 집이었는데 그땐 뭐하고…!
입만 살아서 매너를 씨부릴 줄은 알아도 지킬 줄은 모르는구나 싶다.

북적거리는 샤워장! 그 넘이 옆에서 비눗물을 뒤집어쓰고 있다. 여러 사람에게 깐작깐작 거릴 인상에 재수 없게 생겼다. 아직도 매너 없는 넘으로 생각하는지 힐끔힐끔 쳐다본다. "밉다니 업자고 한다"고 주차장에서 또 만난다. 이런 소릴 들으려고 마눌의 성화도 뿌리치고 나왔단 말인가! 예를 갖출 만큼 갖추었고 나름대로 사과도 할 만큼 했는데… 하루의 인연치고는 더럽게 재수 없다는 생각밖에 나질 않는다. 칼에 찔린 상처는 쉽게 나을 수 있어도 말에 찔린 상처는 낫기도 어렵다는데…!!!

닭장 프로

우리나라만큼 싱글골퍼가 많은 나라도 드물 것이다. 한 번의 싱글로서 싱글 대접을 해서일까? 내기 골프 천국이라 스코어에만 집착해서일까? 아무튼 우리나라 좋은 나라 싱글 많아 우스운 나라! 참말로 골프에 관한 한 묘한 나라임에는 틀림없다.

1년이 넘어도 100파도 못하는 넘이 있는가 하면 입문 몇 개월에 싱글 스코어를 기록하는 신동도 있다. 남다른 노력과 타고난 기질이 있기 때문이 아닐까!

우리는 싱글 스코어를 기록하면 난리가 난다. 연습장에 커피를 돌리고 시의원 출마한 넘보다도 더 많은 악수와 축하를 받으며 그 기분은 며칠을 간다. 동반자는 몇 십만 원짜리 기념패를 만들어 주고 기념 라운드를 하며 저녁엔 술독에 빠지게 된다. 그러고는 몇 백만 원이나 먹힌 트로피를 들고 집에 가면 골프를 모르는 마눌과 애새끼들은 마치 서방과 아비가 타이거우즈같이 보일 뿐이니 가장 좋은 위치에 놓고 오가는 사람을 붙들고 자랑을 한다.

그렇게 골프에 맛을 들이고 나면 그 때부터는 연습장에 하루 종일 죽치고 살면서 자장면을 시켜 먹어가며 오는 넘, 가는 넘 간섭에 흔히 말하는 닭장 프로로 서서히 변형되어 가는 것이다.

어느 연습장이든 이런 넘은 꼭 한두 명 있기 마련인데 조금이라도 안면이 있는 초보라면 거들고 싶고 이쁜 아줌마라도 오면 쓸데없이 "폼 좋네요." 하며 말을 걸지 않으면 주둥아리가 가려워진다. 이제는 연습장 주인과 출퇴근을 같이 할 정도이니 놀아도 연습장… 손님을 만나도 연습장! 심지어 연습장에서 결재까지 하는 넘이 있다니… 허긴, 일 년에 몇 십만 원 주고 대접받는 놀이터가 어디 있겠나?

머리 올리는 팀에 따라 다니며 공짜로 놀고 아니면 만만한 어린 양들 데리고 가서 내기를 한다. 자기는 아무 데서나 드롭하고 그린에서 동전 치기 해서 버디 만들고 양들에게는 룰 지키라고 난리치고는 오늘도 7짜 쳤다고 동네방네 소문내는 닭장 프로들! 어느 날 그런 부류의 어떤 넘이 일년 전 머리를 올려준 우리 후배와 오랜만에 만나 라운드를 하게 되었는데 옛날 생각에 푸짐하게 핸디를 줬겠지.

그런데 그 후배가 몇 홀을 파로 나가니 당황한 닭장 프로가 이게 아니다 싶었는지 야지가 들어오고 긁기 시작하는데 감당을 못하겠더란다. 뻔한 드롭을 아니라고 우기고 기브 거리인데도 "마크"라고 고함치면서 자기는 기브 거리도 아닌데 툭~ 굴려가며 '파'라고 하니… 속으로 "뭐~ 이런 개거튼 넘이 있나"싶었지만 그래도 미우나 고우나 옛날의 사부이니 참았단다.

후반, 2홀을 남겨두고 문제가 생긴 것이다. 후배의 볼이 감기는가 했더니 오비 같은 느낌에 잠정구를 쳤는데 이것 역시 100m 앞에 떨어지는 쪼루. 미친 개 같이 워낙 짖어대니 주눅이 들었나? 룰엔 오비 볼을 먼저 확인하고 오비일 경우 잠정구를 쳐야 하지만 경기 진행상 양해를 구하고 앞에 떨어진 잠정구를 먼저 치고 나가면서 오비 볼을 찾는 게 통례인지라 그렇게 하고 오비 볼을 찾으러가니 오비가 아니었다. 그런데 이 자슥! 오비라며 빡빡 우기며 거품을 물고 난리를 치니…

　캐디를 부르고 앞서간 동반자까지 불러보니 오비가 아니라고 결론이 났는데… 이제 넘어가나 했지! 그런데 이번엔 초구를 확인 않고 잠정구를 먼저 쳤으니 오비를 인정한 것이라며 죽기 살기로 달려드니 미칠 노릇 아닌가! 결국 대판 싸움을 하고 돌아왔는데 그 사건이 조용할 리 있나?
　하루만에 소문이 쫙~ 퍼지니 닭장 프로는 개 창피를 당하고 쪽팔려 연습장에도 나오지 못할 지경이 된 것이다. 나중에 알고 보니 이 자슥, 누굴 시켜 락카에 짐 챙겨서 다른 연습장으로 야반도주 했다는군.

　세상에는 영원한 승자도 없고 패자도 없는 법! 비록 옛날에는 사부였지만 세월이 흘렀으니 제자한테 질 수도 있는 것이 스포츠이며 한치 앞을 못 읽는 게 골프 아닌가! 제자의 커가는 모습에 흡족해 하며 즐겼다면 대접받고 환영 받을 텐데 이게 뭔 개망신인가~!

칭찬인지
비아냥인지

겨울 동안 골프장들은 봄을 준비했고 봄기운이 돌면서 골퍼들도 부지런히 칼을 간다. 어느 넘은 칼을 너무 갈아서 송곳이 되었다는 얘기도 들리는데… 이제, 골프장도 북적일 테고 꾼들의 내기판도 뜨거워질 것이다. 언제 어느 순간에 또 대가리가 돌아버릴지 모르지만 입도 손도 건질건질하는 건 두말하면 잔소리인데 요즘 따라 입으로 골프를 하는 넘들이 워낙에 많으니…

일명, 오랄 해저드라고 해서 초보가 긁기부터 배우고 중수가 되면 그 도는 극에 달하며 고수가 되면 지능적이 된다. 그래서 요즘 골프는 입칠기삼이라고 해도 과언이 아닐 정도다.

골프는 약속부터 이미 게임은 시작된다. "핸디는 몇 개나 줄 껀데?"로부터 "소문에 도라이바 쥑인다든데~!" "요즘 연습장에서 자장면 시켜놓고 연습한다며!" 하며 칭찬인지 비아냥인지 모를 소리를 5일장 장터같이 늘어놓는다.

동네 개가 짖는다고 흘려야 되는데 그게 사실 힘들거든! 심리전에 약한 골퍼들은 시작도 전에 기선을 빼앗겨 버리니… 걍~두자니 거슬리고 대꾸하자니 반격이 두렵고 그렇다고 귀마개를 갖고 다닐 수도 없는 긁기의 유형들!

초보는 장소 위치 불문이다. 상대가 티박스에 올라가든 어드레스에 들어가든 상관없이 되고 말고 가마솥에 누룽지인 양 긁어 댄다. 또한, 직선적으로 한 사람을 지목하여 긁는다는 것이다. "야~! 그저께 후배 넘하고 개똥cc에 갔었는데… 그 새끼! 드라이버 존나게 보내데… 너, 거리는 조또~ 아니더라구!" 아니라고 하지만 듣고 나면 자존심이 상하고 힘들어 갈 수밖에… 티박스에 올라선 동반자에게 시비 아닌 시비를 걸고 그린에서도 쿵쿵거리며 숫개 불알 긁는 소리를 내는가 하면 심지어 옆에 붙어 다니며 상대의 심기를 건드린다.

중수급이면 조금 달리한다. 누구를 지목하지 않고 공통 주제를 갖고 나온다는 것이다.

"야~ 씨바! 오늘은 페어웨이가 왜 이렇게 좁게 보이냐!"

"앞바람이야? 뒷바람이야? 7번도 짧네~ 씨바!"

"언냐~! 거리목이 잘못 된 거 아냐? 5미터는 길어 보이는데…"

그렇게 혼자서 씨불렁거리는 특징이 있다. 어떤 넘들은 칭찬과 격려, 비아냥을 번갈아 한다.

"장형! 오랜만에 보니 거리 많이 늘었네~ 숏게임만 좀 되면 죽이겠는데…!"

오비라도 한방내면… "그래! 나올 때가 됐는데 오늘은 좀 늦게 나오네." 그러고는 "그거 한 방쯤이야 뭐~ 버디 하나면 해결되는데…" 듣기에 따라서는 별것 아니지만 존나게 열 받는 소리다. 동반자가… "야~ 장애물인데 드롭한다?" 하면 뻔히 알면서 "언냐한테 물어봐라" 며 먼 산 쳐다보고 딴청을 부리는 부류도 있다. 괘씸하다는 생각에 담 홀까지 영향이 미칠 건 뻔하고… "야~ 어드레스 들어가면 숨을 내 쉬냐 들이 쉬냐 아님, 멈추냐?"

여태껏, 생각 없이 쳤는데 멀쩡한 넘 바보 만드는 질문이잖아!! 평소에 숨을 들이켰는가? 뱉었든가? 존나게~ 헷갈리지! 고수가 되면 은근히 기술적인 측면을 내세우는 경우다. 혼인빙자 간음(?)과 같이 레슨을 빙자한 긁기라는 것이다. 핸디 받은 하수가 앞서기라도 하면……
"백스윙 때 왼발이 너무 많이 떨어지는 거 아냐?"
"톱에서 너무 흔들리는 것 같아~!"
멀쩡한 넘한테 한수(?)를 집어넣으니 망가질 수밖에… 누구를 지목할 수 없을 경우는 전화기 들고는 헛 전화를 때린다.
"어이~ 김 프로! 난데~ 아이언이 자꾸 당기는데 왜 그래? 클럽이 엎어져 들어온다고? 허리를 더 쓰라구?"
옆에서 듣고 있던 넘이 알고 보니 자기 얘기거든!
"허리를 써라? 허리를 써라~! 그런가???"

프로와 통화 했는 줄만 믿고 따라해 보지만 연습장도 아니고 씨펄~! 그게 갑자기 되냐? 대가리에 뒷땅에 슬라이스에 남은 홀은 죽을 쑤는 거지. 원래, 긁기가 심한 넘들이 오랄 해저드엔 엄청 약하다. 왜냐면 자신이 약하기 땜에 선수를 치는 경우이기 때문에 제풀에 자빠지도록 내버려 두고 무시하는 수밖엔 없는데 감정이라는 것이 수도꼭지같이 조절이 되어야 말이지! 그런 소리 듣고 기분 좋은 넘 없으니 가끔은 얼굴 붉히고 모처럼의 라운드가 얼마나 짜증스럽고 찝찝하겠나!

94

골프의 대화는 서로가 편하고 가벼워야 한다. 기준도 없이 매너도 없이 닥치는 대로 지껄인다면 어느 날 동반자로서의 살생부에 오를지도 모른다. 심심찮게 당해도 보고 열 받아 긁기도 해봤지만 언젠가 칠순 골퍼들의 대화를 엿듣고 많은 반성을 했다. 욕 같지만 욕이 아니고 흉 같지만 칭찬이 듬뿍인 대화들!

거리를 많이 내는 친구보고

"야이~! 오줌줄기 센 넘아~!"

퍼터를 잘하는 친구에겐

"에라이~ 증손자 친구 만들 넘아~!"

너무 장난스럽고 의미가 담긴 죠크가 아닌가!

누굴 위해
뛰는가?

언젠가 우리나라 최고의 프로 선수가 퍼블릭 골프장 9홀을 돌면서 무려 8언더를 치는 걸 봤다. 처음인데다 그렇게 만만하지도 않은 코스인데 8언더라면? 첫 홀을 빼고는 매 홀 버디를 잡은 것인데 역시 프로다웠고 프로가 걍~ 되는 것이 아니라는 걸 느꼈다.

공 꽤나 친다는 넘들도 언더를 하려면 식은땀을 흘려야 하는데 그 선수는 겉보기엔 처삼촌 벌초하듯 씨부적씨부적거려도 버디니… 그러니 유명 대회를 치르는 골프장은 없던 나무도 심고 벙커도 만들며 길이도 존나게 늘려가며 개조를 한다. 기존 골프장의 한계를 식은 죽 먹듯 넘나드니 어쩔 수가 없고 흥미 또한 더해야 하니 당연하다고 본다.

또한, 함락이 두려워 그린 주변엔 벙커라는 기동대를 배치하고 철옹성 같은 구멍은 검은 갈매기 집같이 비탈에다가 뚫어 놓는다. 그래서 말 못

하는 짐승의 알집도 골프장의 구멍도 어려운 곳에 위치한다. 허긴, 나 잡아먹으라며 아무 데나 둥지를 틀든가 구멍이 맨날 벌리고 설치면 훔쳐 먹는 넘이나 집어넣는 넘은 존나게 재미가 없겠지! 간간이 벼랑에서 떨어지기도 하고 열도 받아야 되니 말이다.

그런 프로 대회를 표방하듯 요즘 골프장들이 깃대 하나만큼은 존나게 웃기는 곳에 뚫어댄다. 주말이든 평일이든 꼴리는 대로 그렇게 꽂아대니 주말 골퍼와 보통의 골퍼들이 조지나~ 적응이 되어야 말이지! 개중엔 너무 밋밋하다니 쉽다니 하는 골퍼도 많겠지만 통계를 보면 주말 골퍼의 90%는 보기플레이어들이다. 최근의 보도엔 한국인들이 엄청 골프를 잘 하는 걸로 나왔지만 그건 빛 좋은 개살구며 우리 현실을 조~또 모르는 수판이다. 담배 인심같이 흔해 빠진 기브라는 거품이 한몫을 했을 뿐인데…!

그러고는 70대를 쳤니 80대 초를 쳤니 침을 튀기니 우습잖아! 하지만 뒷팀은 코밑에 따라오고 언냐는 스카이 콩콩을 타는데 씨펄~ 어찌 기브를 안 주고 죽은 넘 무릎팍 같이 버티냐 말이다.

어떤 넘은 18홀 내내 구멍 주변만 서성거리다가 어떻게 우는지 소리 한번 못 듣고 보따리를 샀다는데… 씨바! 줄 돈 주고도 반머리 깎은 꼴이잖아! 그렇지 않아도 오비에 버벅거리며 갈 길이 천리인데 깃대마저 조꺼튼데 꽂히는 날엔 기분 참 꿀꿀하지!

오죽했으면 인터넷 골프 사이트에… "그린키퍼 사모님께! 사모님! 부탁드리건데 제발 아저씨께 잘 해드리세요. 아저씨 화나게 하시면 우리가 열 받잖아요. 제발!"이라는 이런 애교(?)어린 글이 올라 왔겠나!

흔히들 깃대가 못 된 곳에 꽂히는 날엔 그린키퍼의 부부 싸움 때문이라고 한다. 그들도 나름대로 그린 관리를 위해 당연히 옮겨 다녀야지만 어떻게든 주말만큼이라도 편한 곳에 꽂아야 한다. 코앞에 꽂아둔 깃대, 숨이 멎을 듯한 둔덕에 뚫은 구멍! 그렇지 않아도 밀리고 낯설어 외면하고 거부하는 마당에 구멍마저 더러운 곳에 뚫으면 어떻게 쏘란 말인가? 몇 날 며칠을 벼르고 별러 왔으니 시원하게 쏴야는데 이리저리 피해 다니는 구멍이라면 존나게 열 받지!

어느 골프장은 "이 홀은 3퍼터 이상 하지 마십시오."라는 존나게 말도 안 되는 조꺼튼 로컬룰도 있다. 2퍼터 이상은 기브를 주라는 말인데 어느 넘이 하구 싶어 하나! 참~ 어처구니가 없고 개가 공을 친다고 해도 개소리라고 할 텐데. 그런 쇠대가리 같은 로컬룰 만들지 말고 조금 쉽게 하면 되잖아!

그렇게 진행이 목적이라면 미들 홀을 반토막을 내든가 시간 늘리고 이넘저넘 끼워 넣기를 하지 말든가 아니면 홀컵 대신 주둥아리 큰 김치독을 묻어두면 될 텐데… 그럼, 코스의 코드는 누구한테 맞춰야 하나? 프로? 싱글 골퍼? 아니면 골프장 오너? 물론 아닐 것이다. 비행장의 골프장같이 조건 없이 받아들여야 하는 코스라면 어쩔 수 없겠지만 고객을 이해한다면 기준은 있어야 한다. 되고 말고 뚫어대는 구멍 때문에 진행이 더딘 걸 고객 탓으로 돌리고 3퍼터를 하는 고객이 쫓겨 다녀야 한다면 분명 문제일 것이다.

대부분의 골퍼가 보기플레이어라는 사실을 감안한다면 어느 부분까지는 코드를 맞춰줘야 할 것이다. 컵인 소리 한번 듣지 못하고 허겁지겁한다면 비싼 돈에 오랜만의 라운드가 너무 억울하지 않은가? 솔직히 보통의 골퍼들이야 그게 법인 양 기브를 주면 얼씨구 하며 받고 언니들이 뛰라면 세컨샷에 대가리를 때리는 한이 있어도 존나게 뛴다.

초보 때는 개 코도 모르니 뛰라니까 뛰었지만 이젠 뛰다가 보면 존나게 열이 받는 게 사실 아닌가. 우리가 뭣 때문에 누굴 위해 뛰느냐고? 완전한 사랑도 없고 완벽한 골프장도 없다. 더구나 완벽한 골퍼는 더더욱 없다. 사랑이 아무리 흔해도 쉬운 사랑 없고 골프장이 아무리 쉬워도 그 넘의 par가 어디 쉬우며 홀이 밋밋하다고 버디를 밥 먹듯 쉽게 할 수 있는가?

골프장 관리자들은 허구한 날 고객 탓에 앞서 무엇이 문제인지를 입장 바꿔 생각해 줬으면 좋겠다. 코스가 어려운 것만이 능사가 아니며 쉽다고 해서 명문이 아닌 건 아니잖은가!

알은
아무나
까나

　잔디 끝이 붉은 색을 띠는 걸 보니 푸른 잔디도 얼마 남지 않은 듯하다. 또 얼마나 맨땅에 굴러야 푸른 잔디를 구경할지! 올해 목표인 69타에는 근접도 못하고 세월만 간다. 주제파악도 못하고 꿈만 야무졌으니… 69타가 똥개 이름도 아니고 지나가는 개도 웃겠네.

추석 마지막 연휴! 얼마나 받아놨는지 인간 사태가 났다.
　라이트 경기도 좋다는 넘들에 비하면, 그나마 시간 하나 꿰찬 넘은 행운이지! 휴일엔 돈도 비싼데 왜 이렇게 받는지 모르겠다. 아직도 이해할 수 없는 것은 평일이든 휴일이든 똑같은데 휴일이라고 더 받는 이유가 뭔지! 그렇다고 서비스가 달라지나 골프장이 달라지나? 개 코나 달라지는 것은 눈꼽만큼도 없으면서 말야. 더 받으면 더 받는 만큼 편하게 치게나 하든가! 조또~! 더 준 날에는 더 밀리니 어찌된 건지.

허긴, 법이라는 것이 인허가라는 것이 장기판의 졸보다 못한 우리의 편이겠나! 큰 인심 쓰듯 휴일엔 너희들 주머니라도 아끼라는 배려라면 할 말도 없지. 어설프게 씨불랑거리다가 어느 날 [연간 수입이 1억 미만이면 골프채를 잡지 마시오]라며 대문짝 같은 공고라도 붙을지 모르니 주둥아리 뚝~!!!!!

홀당 20분은 보통인데 앞팀이 얼마나 허둥대는지… 첫 홀부터 배불뚝이 네 넘이 하나같이 산으로 쳐댄다. 죽은 애인 무덤에 성묘 가는 것도 아니고… 허허허!

오늘 따라 오비티가 피칭거리에 있으니 그나마 이동은 빠른데 이것들이 그린에 올라서면 내려올 생각을 않으니… 3퍼터 4퍼터는 기본인데 그 동네는 기브도 없나 보네. 세컨 지점에서 5분을 기다리고 6분을 기다리고… 퍼질고 앉은 넘, 개거품을 물고 욕을 하는 넘! 그 넘들이 지나간 자리는 너덜너덜한 것이… 미친년 속치마가 따로 없다. 네 넘 중에 배가 젤 큰넘! 말구인 주제에 티 꼽는데 1분, 빈 스윙 5번에 째려보기 1분! 그런 넘은 통계상으로 98% 오비인데 30m도 못가고 당기는 오비를 낸다. 그러고는 뒤를 돌아보더니 "역쉬 난 관중에 약해!"

처음부터 밉상을 보일대로 보였으니 언니인들 가만 있을라고!

"아까는 관중이 많아서 오비를 냈습니까? 오비티로 빨리 가소 마!" 언니 말은 들은 척도 않고 어슬렁어슬렁거리며 오비가 난 공을 찾으러 가나 보다. 개골창으로 내려간 넘이 한참을 지났는데 나올 생각을 않는다. 이런 씨벌 넘이 뒤비졌나 엎어졌나! 한참 후 꺼먼 대가리가 보이더니 공 하나가 휙 넘어온다. 그러고는 엉금엉금 올라오는데 곰새낀 줄 알았네. 곰새끼가 아니고서야 그렇게 무식하게 알을 까겠나! 그러고는 "공 사라따~!"며 반가운 듯이 외쳐댄다. 그리고는 언냐는 벌써 그린 쪽에 갔는데 3번 우드를 갖다 달라며 고함을 친다. 30m 앞에서 벌어지는 웃기지도 않는 광경이다.

　그런 공이 잘 맞을 리가 있나! 퍼드덕퍼드덕!!! 약은 고양이 밤눈 어둡다고 오비티에 가면 그린이 코 앞인데 닭대가리 같은 자슥! 그린은 구경도 못하고 양파를 하는 듯 하다.

병신! 알은 아무나 까는 줄 아나보지.
일찍이 그 방면에 두루 섭렵을 했다만
당신같이 그렇게 어설프게는 안했다네.

당신은 공 찾을 욕심에 내려갔겠지만
공 찾고 나니 또 다른 욕심이 똥마렵듯 했고
뒤에서 그렇게 많이 지켜 볼 줄은 몰랐겠지.

그렇게 깐 알은 모두가 무정란이라네.
도둑넘 제 발 저린다고 털썩은 기본이니…
모두가 부질없는 짓이라는 걸 왜 모르나!

허긴, 당신도 선량하게 태어났겠지만
지갑이 거덜나니 어쩔 수 없었겠지.
하지만 그런 짓은 한번으로 끝내게나!

역 앞 빨간 불에 꿀이라도 나올 것 같지만
시원한 방귀보다 못하니 돌아서면 조또 아냐.
그런 유혹이 뿔뚝~ 뿔뚝 새벽 팬티 속 같아도

그 버릇 못 고치면 평생 도둑질이라네.

102

비싼 돈 들여 훔칠게 없어 양심을 훔치나!
가끔, 욕심이 넘쳐도 하늘이 본다면 편할걸세!

잠 못 드는
여인의
푸념

벚꽃인가 뭔가 땜에 골프장마다 온통 난리이다. 메뚜기도 한철이라고 예약을 얼마나 받아놨는지 연일 주차장이 만원인 걸 보면 어렵다는 것도 빈말이다. 코스마다 화물 대기소같이 리어카가 줄줄이~ 서고 겨우내 굶주린 골퍼가 한꺼번에 쏟아진 듯 홀마다 북적북적하니 언니들은 맨날 36홀 뺑뺑이에 혀가 빠질 지경이다.

낙엽 밟는 연인이야 좋을지 몰라도 청소하는 아저씨는 열불이 난다더니만 요즘 언냐들이 바로 그 꼴이라는데… 피곤에 축~축~ 늘어진 어느 언냐의 이야기! 빨리 가서 눕고 싶지만 누워도 몸은 천길 만길 가라앉는데 도통 잠이 오질 않아 이럴 땐 가끔씩 소주 한 잔이 최고라는데 마시면 취하고 그러고 나면 또 하루를 잊는다니……

요즘 같으면 차라리 여군에라도 입대하고픈 심정이라며 하루도 빠짐

없는 새벽탕에 쉬는 날마저 없으니 돈도 귀찮고 하루쯤 푸~욱 잠이나 자 보는 게 소원이라는 그들! 언제쯤 배치가 될 거라는 예상시간도 있을 텐데 맨 날 꼭두새벽에 불러내서는 취조실 같은 나무의자에 앉혀 놓으니 할 짓이 아니란다. 쉬운 게 없다지만 새벽부터 대기실에 앉아 있는 꼴이 서글프다며 "애인이라도 기다린다면 차라리 맘이라도 편하지." 하며 한숨을 내쉰다.

아침 일찍 아줌마 팀을 배당받은 언냐! 지천을 하얗게 물들인 벚꽃에 도취된 듯 공은 뒷전이고 사진박기에 바쁘다. 티샷한 공은 코앞에 있는데도 꽃만 따라간다. "사모님! 사모님!" 불러도 들었는가 말았는가? 정신없이 한참을 가더니 남자 거리쯤에 가서는

"언냐! 내 공 어딨어?"

"사모님 공 여기 있어여!"

"내가 넘 많이 지나왔나? 걍~들고와."

"이~잉?"

그럴 바엔 뭐 하러 돈 주고 벚꽃구경하나 싶다. 도로에 벚꽃이 더 만개하고 이쁜데… 그러고는 매홀 매홀 사진을 박아 달라는데 사진기는 만져보지도 않았는데 이 일을 어쩌겠노? 시키는 대로 했건만 다리가 잘렸는지 팔이 잘렸는지! 시간은 시간대로 잡아먹고 진행은 안 되고 몸은 타는데 빌어먹을~! 깃대는 맨날 벙커 뒤 아니면 바가지 같은 곳에 꽂아 놨으니 욕보일려고 작정을 했나?

이렇게 북적거릴 땐 쉬운 곳에 박아두면 누가 잡아가나? 어이구~ 닭대가리 같은 것들! 무슨 PGA대회도 아니고 초보라도 만나면 3퍼터는 기본인데 진행이 될 턱이 없지. 그러면서 늦다고 맨날 시간 체크나 하고… 우쒸! 간혹, 떨어지지 않는 입으로 조금 빨리 진행하자고 하면 이

해해 주는 골퍼가 몇 명이나 있다고? "내 돈 주고 훈련 받으러 왔냐?"니 "똥개 홀리듯 하지 말라!"며 화를 내니 이러지도 저러지도 못하고 "앓느 니 죽는다" 지만 목구멍이 포도청이니 하소연 할 데도 없고!!

　다시 그 언냐가 받은 오후 손님! 멋스런 폼에 품위 있는 말투하며 세계 유명 골퍼들을 꿰뚫는 박식함까지! 오! 신이여 나에게도 이런 손님을 배당시켜 주시다니 이렇게 고마울 수가… 그래! 오전엔 힘들었으니 오후는 그나마 즐겁고 편하게… 감사합니당! 그런데 기분도 잠시 잠깐, 가방을 열어보니 이게 뭐야! 한 사람은 드라이버가 2개… 합이 16개! 또 한 사람은 퍼터가 2개… 합이 17개!

　겨울 내내 꽃 피는 봄을 기다렸다는 왕초보 팀이라니 환장할 노릇이다. 프로도 없고 하다못해 고수도 없는 왕초보 네 명이 머릴 올려? 신이여! 더러운 성질 테스트하는 것도 아니시고 이게 뭡니까? 오전에 그렇게 진을 빼고 왔는데… 이건 죽음이야 죽음! 각설하고 드라이버가 왜 두 개냐고 물어보니 대답이 괴짜다. "아직 드라이버가 없는데 어떤 게 좋은지 실험하려고 빌려왔다."니… 머리 올리는 날 드라이버 테스트한다고? 할 말이 없네여!

　또 한 사람! 왜 퍼터가 2개 있냐고 물었다. 흐~미~! 롱퍼터는 이걸로 하고 숏퍼터는 저걸로 한단다. 하마터면 뒤집어지다 못해 까물아쳐 다시는 세상구경 못할 뻔 했단다. 오르막을 파김치가 되어 끄는 데도 본 체 만 체 하고 아니, 도와주는 그 자체를 모르더라는 것이다. 그러고는 페어웨이를 얼마나 넓게 사용하는지 나중엔 걸음마저 걸리지 않아 어떻게 마쳤는지 기억도 없는데 캐디피가 뭐~그렇게 비싸냐며 투덜거리기까지 하더란다.

회사엔 안 된 일이지만 우리도 인간인 이상 어쩔 수 없다며 차라리 며칠 동안 장대비라도 푸~욱 내리길 바라는… 그들의 솔직한 심정을 이해할 것 같다. 찬란한 봄날도 비껴가는 그들의 땀방울… 때로는 무심하게, 때로는 당연하게 받아들이지는 않았는지!

골퍼
자격증도
있어야
한다

　비단, 요즘만은 아니지만 대통령의 자식 때문에 시끄러운 나라가 얼마가 되는지는 몰라도 세상 돌아가는 꼴을 보면 모든 게 실망이다. 그럼에도 대통령이 되겠다고 좁은 땅덩어리가 온통 먹물을 쏟아 놓은 듯하다.

　나 잘났네~ 너 잘났네~! 똑똑이도 많고… 걸고 자빠지는 유도선수에 치고 빠지는 아웃복서까지 적지 않은 연세임에도 운동 잘하는 정치인이 이렇게 많은 줄도 처음 알았다.

　자식이 뭔지 머리가 클 대로 큰 자식을 아비인들 어쩌겠냐만 그래도 한 나라의 책임자라면 자식 책임은 필수인데… 그래서 요즘 따라 "무자식이 상팔자"라고 자식 없는 후보가 한국형 대통령으로는 적격이라는 말이 나온다.

　세상 모든 것이 자격증 시대라면서 정치인은 검증도 없이 자격증도 없이 왜들 그렇게 마구 쏟아져 나오는지 모르겠다. 요즘의 정치를 생각하면서 골퍼도 운전면허같이 자격증을 발급하면 어떨까 하는 맞아 뒤비질 엉뚱한 생각을 한다. "씨벌~ 나라 다스리는 정치인도 자격증이 필요 없는데 뭔 자격증이냐."며 조꺼튼 소리는 이불 속에서나 하라고 할지 모르지만 어프로치가 뒷땅이라고 채를 집어 던지고 퍼터를 미스했다고 공을 내리치며 소위, 싱글 골퍼라는 넘이 알까기를 자행하는 개 같은 경우 때문이라면 이해할는지 모르겠다.

매너의 중요성보다 몇 타를 중시하는 왜곡된 골프 문화에서 기인된 일그러진 일부의 현실 때문에 이 넘의 골프가 말도 많고 탈도 많은가 보다. 그저께 어떤 모임에서의 일이다. 평소 연배로서 사회생활도 잘하고 양반소릴 들을 정도의 예의와 누구에게나 함부로 대하지 않는 매너를 갖고 있는 분이다.

문제는 골프장에서만은 80대 후반의 공임에도 핸디 땜에 늘~ 인상을 쥐락펴락 하니 동반자들의 심기가 편할 리 없다. 그 날도 한 움큼의 핸디를 받고 자신의 핸디보다도 훨~ 잘 치는 상황임에도 어프로치 실수를 몇 번 했다고 급기야 채를 집어 던지는 것이다. 채를 받으려는 캐디는 황당할 수밖에 없고, 오히려 터지고도 헐떡거리며 따라 다니는 동반자는 더 황당했으니!

다음 홀, 조심스러워 그린을 벗어나 멀찌감치 기다리는데 1m 남짓 퍼터를 또 미스한다. 짐작은 했건만 아니나 다를까 미스한 공을 내리치는 것이 아닌가? 그린은 우물같이 패이고 공은 십리나 굴러가고… 이게 뭔 꼴이며 아무리 연배라도 나이를 거꾸로 처먹은 것이 아닌가! 쪽팔리고 캐디보기 민망하고 뒷팀이 볼새라 화도 두렵고… 예비군복을 입혀 놓으면 멀쩡한 넘도 개판이 된다더만 그렇게 달라지는지.

그 뒤론 불안해서 제대로 칠 수가 없다. 젠장 접대 나온 것도 아닌데 뻔히 알고도 터져줘야 하니 뭔 골프란 말인가! 죽는 것 보다 골프가 힘들 때는 뭐 할라고 배웠냐 싶었는데 상대를 불안하게 만드는 이런 걸 볼 때는 정말 골프 배운 걸 후회한다.

그날 저녁 소주 한 잔을 하면서 모처럼 만난 선배에게 이런 얘기를 주절주절 했더니만 그 선배도 같은 생각을 하고 있었다. 골프도 라운드 자격증이 꼭~ 있어야 되겠더라며…

납품업체를 운영하며 경우 바르게 사는 선배이다. 자신도 골프를 엄청 좋아하지만 골프를 무엇보다 좋아하는 거래처 때문에 회원권도 구입하여 가끔씩 주말 접대를 한단다. 오늘 접대 손님은 싱글 골퍼로서 최근엔 70대를 놓쳐본 적이 없었는데 그러면서도 골프 3년 하면 전부 스크라치라며 핸디는 국물도 없단다.

평소 매너가 똥이라는 걸 알지만 먹고 살려니 어쩔 수 없는데 그 날도 갑과 을의 동반자 1명씩을 포함하여 라운드를 하던 중 한 홀을 남기고 롱홀에서 거래처 사장의 티샷이 슬라이스가 난다. 위험한 상태이니 잠정구를 쳐야겠다는 캐디의 말에 살아 있는데 무슨 소리냐며 가면 있다는 것이 아닌! 골프장 회원으로 코스를 꽤 뚫고 있는 선배로서는 찝찝한 생각이 들었지만 강~ 가자는데 어찌하겠어.

그러고는 낙하지점으로 헐레벌떡 뛰어가는 거래처 사장! 씨벌넘! 평소엔 느릿느릿 한데 괜찮다면서 뛰기는 왜 뛰냐? 대충 낙하지점 부근을 서성이던 그 넘은 곧바로 손을 흔들고 난리다. 볼을 찾았다는 신호인 듯하다. 찾았으면 그만이지 그렇게 손을 흔들며 난리를 피울 일은 뭔가! 그러려니 생각하고 네 명이 세컨샷을 끝내고 이동을 하는데 써드 지점에 또 하나의 공이 있는 것이 아닌가!

쪼르르~ 달려간 언냐! "어? 이거 박 사장님 치신 건데?" 그 자슥이 평소 즐겨 치는 D브랜드 7번이다. 볼 선물도 맨날 7번만 골라 오라는 통에 몇 박스를 뒤져야 한 박스를 맞추니 당연히 그 넘의 공이라는 걸 잘 알고 있는 터였다. 티샷한 공이 슬라이스가 나면서 카트 도로를 맞고 튕겨 온 듯한데… 갑자기 캐디를 째려보는 그 자슥! 얼굴이 붉으락푸르락 들고 있던 채를 들었다 났다 하면서 "니가 뭘 안다고… 뭘 알아?" 당장이라도 칠 기세다.

뻔히 알지만 싸울 상황도 아니고 나머지 홀을 치는 둥 마는 둥 코스를 빠져 나온 선배는 머리에 쥐가 날 것 같더란다. 어차피 접대인데 알고도 속고 모르고도 속았지만 참으려니 인간성이 더럽고 싸우자니 몇 년간 공들인 거래가 아깝고 잠시 갈등은 있었지만 "당신같이 비겁한 업체와는 거래하기 싫다"는 한 마디를 남기고 과감하게 정리를 해버렸단다. 기세등등하던 갑인데 보기 좋게 한 방을 먹었으니 기분이 어땠을까?

뭐든지 생각대로 되지 않으면 이성을 잃을 수도 있고 순간순간 포기하고도 싶지만 골프가 어디 그런가? 아마추어가 어떻게 매번 싱글 스코어를 낼 수 있으며 어느 날 100개를 쳤다고 흥 볼일도 아니며 흥일 수도 없잖은가! 신들리듯 맞아 주다가도 초보같이 허둥댈 때가 한두 번이었으며 원하는 대로 맞아주면 우즈하고 맞장 뜨러가지 뭐 하러 여기 있겠나!

정치는 어떻게든 살아야겠기에 죽기 살기로 달려들지만 그래도 골프는 연습도 있고 내일도 있는 평생 운동인데 참아도 보고 삼킬 줄도 알며 내색하지 않는 능력이야 말로 참다운 골퍼의 자격증이 아닐까 생각한다. 오늘, 나 스스로도 실천을 했는지 하고 있는지 동반자의 눈에는 어떻게 보였는지 진정 골퍼로서의 자격이 있는지를 반성을 한다.

그녀의
빨간 입술

남자가 여자의 이쁜 입술을 훔칠 때 립스틱 닦아가며 훔치는 얼빠진 넘은 없다. 물이 넘을 듯 급박한 상황인데 어느 세월에 닦아가며 훔칠 거면 도둑맞을 게 뻔 한데 닦도록 놔둘 여자가 어딨냐? 그래서 믿거나 말거나 건강한(?) 남자라면 평생에 립스틱을 10개쯤은 먹어야 제대로 즐기며 살다간 인생이라는 얘기도 있다. 호박에 줄 긋는다고 수박이 되는 건 아니지만 호박 같은 마눌한테 만큼은 집에 있든 나들이를 하든 립스틱만큼은 하늘이 무너지는 중이라도 무조건 바르도록 권한다.

그것은 여자라는 자부심을 갖게 하고 상대를 기분 좋게 하며 여자다운 행동을 하게 한다는 개똥철학 때문이다. 도우미의 입술은 어느 곳을 가나 한결같이 빨간색이다. 하긴, 처녀들이 할매 같이 비 맞은 벚꽃 색을 할 리도 없고 할매들이 동물의 왕국에 나오는 사자 입같이 뻘거면 우습잖아! 개인적으로는 빨간색의 옷을 입을 용기는 조또~ 없지만 그래도 여자들의 반듯하게 그려진 빨간 입술은 너무 좋아한다.

영문도 모르고 영문과를 졸업했다는 웃기는 넘도 있지만 미대도 다니지 않은 여자들이 한 치 오차도 없이 반듯하게 그려낸 그 모습은 벽에 걸어둘 작품이나 다름없다. 밥 먹고 맨날 똑같은 그림을 그리는데 그것도 못하나 싶지만 미대 나온 넘이 그 까짓꺼 조또~ 아니라고 생각하면 좆 되는 수가 있다. 그것은 여자들만이 가능한 창조적 예술인 것이다.

그래서 언니들을 만나면 칼라는 뭐며 반듯하게 그렸는지를 살필 때가 많다. "공치러 왔으면 공이나 열심히 칠 것이지 공도 존나게 못 치면서 남의 입술은 뭘라꼬 살피냐."고 할지 모르지만 습관같이 눈이 가는 건 어쩔 수가 없고 그렇게 관심을 두는 건 나름대로 이유가 있기 때문이다.

빨간 립스틱을 보면 투우 같은 긴장과 승부욕이 생기고 반듯하게 그려진 입술은 당차고 어딘지 모르게 신뢰가 간다. 거리를 물어도 방향을 물어도 믿음이 간다는 것이다. 밤새 잠을 잤는지 말았는지 화장 없는 푸석한 얼굴에 라운드 도중에 립스틱을 찍어 바르는 언니들을 만나면 솔직히 죽을 쑤든 밥을 태우든 질문 없이 알아서 쳐버린다. 준비가 안 되었는데 뭘 물어볼 거며 무슨 도움을 받겠는가?

느닷없이 도우미들의 화장 얘기를 하는 것은 여러 번 경험했던 일이지만 "그럴 수도 있지."라는 생각에 지나쳐 버렸는데 오늘 또 그런 일이 있었기 때문이다. 모처럼의 새벽 라운드에 앞팀은 저만치 가버렸는데 어찌된 건지 씨바~! 언니들이 나오나 클럽이 나오나! 백을 못 찾았나 했는데 그 사이 허겁지겁 뛰어 오는 언니들! 모자는 움켜쥐고 머리는 산발을 하고… 에구~ 맙소사! 오늘도 보리죽을 몇 그릇이나 끓여야 할지? 자다가 나왔는지 밤샘을 했는지 도통 알 수가 없다. 퉁퉁 부은 얼굴에 화장은 고사하고 눈썹도 없고… 오밤중에 만나지 않았길 다행이지 어이구~! 그러고는 미안한 기색은 개털만큼도 없이 그린에서 립스틱 바르고 티박스에서 눈썹 그리고…

여자의 화장은 무언의 약속이며 어쩌면 고객에 대한 예의 일수도 있다. 모르긴 해도 화장 안 한다고 쫓아낼 골프장도 없을 거며 립스틱 안 발랐다고 퇴짜 놓을 고객도 없겠지만 맨얼굴에 눈썹까지 밀어 버리고 립스틱마저 없다면 비싼 돈 주고 무슨 귀신놀이냐는 생각이 드는 건 나뿐일까?

국회에서 선서하는 의원이 라운드 티셔츠를 입고 국무의원이 노타이에 남방 하나 입고 나오는 마당에 골프장 도우미들이 화장 안 하는 게 뭔 대수이냐면 이건 국민을 무시하고 고객을 우습게 보는 처사다. 그럴 바에는 제도권에 들어오지 말고 사회 운동을 하든가 메가폰을 잡든가 아니면 마음 편한 자유직업을 택해야한다.

골프장 입구의 조경이 예쁘고 클럽 하우스가 화려한 것도 그만한 투자의 이유가 있듯이 도우미들의 부드러운 화장과 밝은 웃음 또한 신뢰와 믿음을 얻는 그 골프장의 얼굴이다. 때문에 고객도 고객다워야겠지만 그에 앞서 고객을 맞이하는 입장에서의 기본은 갖춰져야 한다. 피곤하고 가끔은 짜증도 나겠지만 근로의 대가를 받아가는 자신이 부끄럽지 않도록 직업정신에 충실했으면 좋겠다.

구멍!
그 짜릿함을
외면
할 것인가

한때는 골프가 인생살이와 흡사하다며 골퍼들 간에 회자되더니 요즘은 입심 좋은 분들의 말인지는 몰라도 골프와 섹스를 연관시키는 말들이 홍수를 이룬다. 에로소설의 한가운데 있는 듯한 기가 막히는 묘사하며 알 듯 모를 듯한 표현에 경의로움마저 느끼는데… 언젠가 난, "골프에 퍼터가 없었으면…!" "그넘의 구멍 넣기만 없다면!" 하고 푸념을 한 적이 있다. 그렇지만 골프에 구멍이 없고 세상에 여자가 없었다면 골프고 남자고 조또 아닌 물건이 되었을 것이다. 그래서 우리는 그걸 향해 조빠지게 연습을 하고 노력을 하는 것이다.

남보다 드라이버 거리 20m 더 보내놓고 1m 퍼터를 실패하는 멍청함을 당했을 때는 등줄기를 타고 흐르는 식은땀 하며 구멍이라는 구멍은 전부 열리니 미칠 지경이 아닌가! 어디에 용하다는 점쟁이라도 있으면 물어보고도 싶고 퍼터학원이라도 있다면 만사를 제켜두고 달려가고픈 심정인데… 구멍 넣기같이 예민한 것은 명기가 되도록 다듬어야 함에도 가뭄에 콩 나듯 연습장에라도 가면 뭔 원수가 졌는지 몰라도 기껏해야 14번밖에 치지 않는 드라이버만 장작 패듯 하니 될 게 뭔가!

남들은 그것이 과학이니 예술이니 하지만 골프와 섹스가 과학인지… 예술인지… 아니면 공사판에 막노동인지 난 모른다. 걍~ 국방의 의무같이 납세의 의무같이 무심하게 흘러 왔으니 그 넘의 구멍 넣기가 될 리 만무하다. 그저께는 친구 한넘이 시뻘거니해서 혈압을 올린다. "뭔 넘의 골프장이 돈은 돈대로 받아 처먹고는 그린은 모래를 뿌려 개판같이 만들어 놨고 풀은 길어 미친년 머리카락같이 널브러져 때려도 굴러가지 않더라."며 침을 튀긴다.

해마다 몇 차례씩 다져진 그린에 통기를 하느라 구멍을 뚫고 모래를 뿌리는 작업을 했나 보다. 다소 불편하지만 연례행사이며 고객에게 더 좋은 코스를 제공하기 위한 노력의 일환일 것이다. 3퍼터를 밥 먹듯 하였으니 성질도 났겠지만 그 상황에서도 버디하고 파 한 넘은 뭔가? 그들의 길엔 융단을 깔았고 이 넘의 길은 자갈밭이었는가? 그렇다고 평소에 그 넘이나 나나 퍼터를 잘 하던 넘이면 말도 안 해! 어렵게 몰고 와서는 골문 앞에서 공 밟고 넘어지는 넘들인데… 조선 천지에 죽은 넘치고 이유 없는 죽음이 없듯 할 말은 많다.

하지만 어떠한 상황이라도 어떠한 앙탈(?)을 부려도 그만큼 준비되고 넣을 넘은 꼭 넣는다. 구멍만 보면 주눅이 들어버리는 능력을 가지고 빼어난 골프장이면 뭐하며 절세미인인들 뭣하랴! 우아하고 멋스런 수중발레도 알고 보면 물 속에서의 수없는 발놀림에서 이뤄지듯 계곡과 숲이

어우러지고 온갖 향기가 만발한 곳에서 낮밤으로 무시(?)당하지 않고 또다시 좌절하지 않으려면 석공을 찾아가든… 비뇨기과를 찾아가든… 명기를 만들기 위해 부단한 노력을 해야 한다. 구멍을 정복하는 자만이 그 짜릿함을 알 수 있으니 말야!

골퍼는
봉인가?

그린피는 하늘을 찌르듯 치솟고 있으니 할 짓이 아니다. 어느 날 높은 분의 한 마디에 '골프대중화'라는 대문짝 같은 활자가 지면을 채울 때는 올 것이 왔다고 쌍수를 들었다. 의기소침해 하던 골퍼들은 얼굴 색깔부터가 달라졌고 때맞추어 대중 골프장의 특소세를 없앨 때는 그 돈 모아서 구닥다리 클럽이라도 바꿔야겠다고 농담도 했는데 이게 뭐야!

채 6개월도 되질 않아 세금이 빠진 만큼 그린피를 올리더니 이제는 모든 골프장들이 까놓고 또 올렸잖은가! 없앤 세금은 간곳없고 결국은 골프장의 배만 채운 꼴이니… 소비자가 "나 골프 치는 세금이요." 하고 나라에 바치는 세금을 나라가 면제해 줬는데 세금이 빠진 만큼 그린피는 왜 올려? 세금이 줄 든 늘 든 골프장 수입과는 전혀 관계가 없는데 세금이 준 만큼 그린피를 올리는 걸 어떻게 이해를 해야 하나? 아무리 개지랄을 틀어 봐도 계란으로 바위 치기겠지만 해도 해도 너무 하는 짓이고 분통이 터진다는 얘기이다.

이것뿐이면 골치라도 덜 아프고 열이라도 덜 받지! 요즘 언냐들 한테는 "칼 받는다." "똑이야"라는 유행어가 있다. 즉, 팁 없이 칼같이 정확히 그리고 정해진 만큼만 딱 맞게 캐디피를 준다는 뜻이며 반대의 뜻으로 "빽빽이 좋다."는 그들만의 언어도 있다.

사실 도와준 언냐들에게 더 주지 못하고 나왔을 땐 찝찝하고 다음에 볼 때는 미안함도 많다. 하지만 제대로 한 것도 없으면서 열만 채우고는 칼이니 똑이니 하며 손님을 원망하고 구분한다면 문제이다. 기왕 즐기러 온 건데 배려할 줄 몰라서 안 하는 건 아니지만 이럴 땐 암표 사서 내용 없는 영화를 본 기분이니 영~ 찝찝하다.

지난주! 오랜만에 선배들과의 라운드. 10년차이지만 아직은 짱짱한 노땅들이니 80대 초는 충분히 친다. 불과 6개월 전 행운의 홀인원을 기록한 선배를 비롯하여 장타에 이글을 밥 먹듯 하는 사람들이니…

언냐들은 뭔 불만인지 퉁퉁 부어 있는데 4명 중에 똑이라도 있는 걸까? 말을 걸까 말까? 씨벌~ 잘못 걸었다가 뒤통수라도 치면 오비보다 더 열 받는데… 걍~ 가자! 첫 홀… 뒷땅을 친 선배의 공이 쪼루루~해 저드 쪽으로 간다. 두 언냐는 해저드를 지나치며 고개 한번 돌리지 않고 앞만 보고 간다. 육군사관학교 분열하는 줄 알았네!

선배는 첫 홀부터 무슨 꼴이냐는 듯 머리를 긁적이며 두리번두리번 잠시 후 자세를 잡는 걸 보니 공이 살아 있나 보다. 삐닥~한 자세 상당히 악조건… 그런데 그 공이 깃대에 쩍~ 붙어버린다. 싱글벙글 선배! 기분이라며 언냐들에게 한 장씩을 준다. 담홀… 또 한 선배가 버디를 하며 질세라 또 한 장씩을 빼준다.

또 몇 홀을 지났는가 홀인원한 선배가 버디를 한다. 두 장씩을 챙겼으니 기분이 풀렸는지 "사장님도 버디네요?" "나도 하나는 해야 줘!" 그러고는 쩌벅~쩌벅~ 다음 홀로 가는데 뒤통수에 대고 하는 말. "그럼 축하 못하겠네!" 축하를 하든가 말든가 80대 초반을 치는 사람이 한 라운드에 버디 몇 개는 보통이고 벌써 4장을 사례했는데 또 뭘 바란다는 것인가? 그 선배는 티박스에서 버릇 잘못 들인다고 궁시렁궁시렁 말은 맞는 말이지! 이글도 아니고 버디인데 어찌 할 때마다 팁을 주나? 언냐 입은 댓발이고… 공이 산으로 갔는데도 밑에서 삐죽이 쳐다보며 고함만 친다. "뒤로 더 가보소… 큰나무 옆으로…" 뭔가 잘못 되도 한참 잘못됐다. 한 장씩 빼준 사람 외엔 퍼터 라인도 안 봐 준다. 말을 걸어도 대꾸도 없고 준 사람들하고만 말을 한다. 못된 송아지 엉덩이에 뿔난다고 못된 것만 배워 갖고는…

그럭저럭 16번… 숏홀이다. 세 명이 깃대에 쩍쩍 붙이는데 홀인원 선배가 칠 차례! 주머니는 거덜났으니 어쨌든 빨리 끝나기를 바라는 듯 대충 연습도 없이 립다~ 친 것이 대가리를 때린다. 그런데 그 공이 데굴데굴 깃대를 향해 가는데 모두들 시선은 몰리고 "간다간다 들어간다아." 젠장 그것이 쑥 들어가는 것이 아닌가!

불과 6개월 전에 잔치를 했는데 또 홀인원! 그 선배의 첫 마디 "에이~ 씨발! 재수 없네." 뭐가 재수 없다는 걸까? 불경기에 그리고 하필 오늘 같은 기분에 홀인원을 하느냐는 뜻일 거다. 선배의 기분과는 관계없이 방방 뛰는 언냐들! 초반같이 "축하 못하겠네!"라는 말도 할 법한데 웬일일까? 홀인원이 버디보다 좋아서? 아니면 버디 값보다 홀인원 값이 비싸서?

그 선배는 마음에 없는 돈을 또 썼지만 기분은 좋을 리 없다. 모든 게 마음에서 우러나오는 것인데 이런 강요를 받고서… "기분에 소 잡는다" 고 그 순간만은 뭘들 못하겠나! 보기도 가기도 싫은 골프장이지만 골라 서 다닐 수 없는 현실이 안타깝다. 이 부담 저 부담 골퍼는 정말 봉이란 말인가?

누가
친절을
강요했나

　20여 년 전 ! 아카시아 꽃향기가 천지에 녹아날 때 난, 진해 신병 훈련소에 있었다. 대가리 빡빡 밀고 짬밥에 익숙지 않은 훈련병이었으니… 교련을 배운 넘들이라고는 하지만 줄서는 것조차 뒤죽박죽 오합지졸이니 맨날 터지는 게 일이었지. 피멍이 들도록 터진 날엔 베갯잇을 흥건히 적시며 잠 못 이루는 나약한 촌넘이었어!

　그것은 부어오른 엉덩이의 통증 때문은 아니었을 거며 나, 잘못 없이 얻어터진 억울함 때문도 아니었을 거다. 어디로 가는지 모를 마지막 열차의 기적소리! 엉성한 막사 틈으로 비집고 들어온 아카시아 향! 어쩌면 이것들이 나를 더욱 서럽게 만들었는지도 모른다.

　때문에 20년이 넘게 지난 일이지만 5월이면 그 때를 기억하고 그러한 추억으로 지금도 5월 사랑에 빠져 있다. 또한, 5월 사랑엔 또 다른 이유가 있다. 금방 깎은 잔디의 풋풋한 냄새하며 뽕긋이 올라앉은 공! 쳐낼 때의 싸각거리는 소리! 그래서 5월 골프는 빚을 내서라도 친다고 하는지 모르겠다. 하지만 오늘! 그 기분마저 앗아가 버린 씁쓸한 일이 있었으니…

날씨마저 죽이는 새벽시간! 모두들 잠이 덜 깬 꺼벙한 눈으로 헐레벌떡 뛰어왔지만 상쾌함에 들뜨는데 언냐 2명은 웬일인지 뻣뻣하게 굳어 있다. 인사를 하기는커녕 먼저 인사를 해도 받지 않는다. 금방 나오는 마당에 우리가 뭐 잘못했을 리도 없고! 우쒸~ 잠을 잘못 잤나?

떨떠름한 첫 홀! 카펫 같은 수천 평 잔디를 두고 하필 산 중턱으로 날아갈 게 뭐야. 에고~에고~ 오늘도 미친년 널뛰듯 하려는지 원! 남은 거리 130이지만 나무에 가려 마음대로 할 수 없는 상황! 4번 아이언으로 낮게 쳐낸 것이 엉뚱하게 가는 것이 아닌가! 확실하게 보지는 못했지만 영~찝찝한 느낌인데…

"언냐! 어때요?"

"?????"

밑에서 공 방향을 보든 언냐는 대답도 없이 가버린다. "괜찮다는 뜻이겠지" 하며 쩔레쩔레 따라 가지만 언냐는 눈길 한번 주지 않고 그린으로 올라가 버리고 주변을 두리번두리번 한참을 헤매도 보이질 않는다. 설마 했는데 오비선을 벗어난 곳에 죽어버린 공 하나! 순간 대가리에 쥐가 날 지경이다.

이런 씨~! 이상하면 하나를 더 치라고 해야지? 굴러가는 공을 실컷 꼬나 봐 놓고는 물어도 대답도 않더니 첫 홀부터 이게 뭐야. 새벽부터 기분은 더럽지만 참자 싶어 한 마디 말없이 넘어갔다. 몇 개피의 담배를 피고 나니 한결 후련하다. 얼마 후 이 골프장에 처음인 동반자가 남은 거리를 묻는다. 거리 표시목을 씨익 둘러보더니 100보란다. 길쭉한 그린에 깃대도 앞이고 내리막에 뒷바람까지 있는데 100이라니? 아니나 다를까 그린을 훌쩍 넘어버린다.

친 넘이 잘못인지 몰라도 이렇게 생각 없이 말을 하다니… 차라리 가방만 끌고 다닐 테니 꼴리는 대로 치라든가 하지! 빈말이라도 "어쩌지요?"라는 말 한 마디 없다. 그렇지만 동반자 누구도 말을 않는다. 괜히 열 받는다고 씨불렁거렸다가는 매너 똥이라며 캐디백에 별이라도 그려지면 어쩌려고… 그 후론 언제 또 물먹을지 모르니 알아서 하자며 한 번도 거리를 물어본 적도 그린을 물어본 적도 없다.

그런데 종반에 접어들어 지들끼리 나누는 이야기에 더욱 기가 막힌다. "어제 몇 시까지 먹었냐?" "몇 시인지도 모르겠는데 눈이 퉁퉁 부어 죽겠다."며 "3차를 갔는지 4차를 갔는지 그 뒤는 기억이 없다."는 것이 아니! 어떻게 술이 덜 깬 상태에서 근무를 한단 말인가? 그러고도 손님에게 퉁명스럽고 몇 시간을 불편하게 하다니 그렇다고 누가 입속에 혀 같은 친절을 강요했나? 하지만 기본적인 할 일은 해야 할 것 아닌가! 몇몇 꼴뚜기 같은 그들을 보고 라운드를 하는 건 아니지만 공도 맞춰야 하고 도우미 비위도 맞춰야 하고 라인도 살펴야 하고 도우미 눈치도 살펴야 하다니 비싼 돈 주고 새벽같이 와서는 이게 뭔 꼴인지! 좋디 좋은 5월에 아쉬움과 씁쓸함을 감출 수가 없다.

말을
안 하면
밉지나
않지

며칠 째 찌는 듯한 날씨! 한 줄기 비라도 쭈~욱 내렸으면 좋겠다. 벌써 한 바퀴를 돌고 왔는지 언냐들은 파김치같이 늘어지고 어디가 끝인지도 모를 카트를 보니 치기도 전에 땀이 절로 나는데 언제쯤에 나가려나 깜깜하기만 하다.

시간 맞춰 보내 주지도 않으면서 손님이 조금이라도 늦으면 오토바이를 타고 돌아다니며 미친개 쫓듯 설쳐대면서… 장사도 이런 배짱 좋은 장사를 해야 하는데 조또~ 가진 게 없으니 그래도 꾸역꾸역 대가리를 들이밀고 들어오는 넘들이 불쌍하다. 하기야 어느 골프장은 주말이면 엄청 집어넣고는 손님이야 죽을 쑤든 밥을 짓든 돈 통만 챙기면 그만이라니 말 다했지 뭐!

이제는 언냐들마저도 한숨을 쉰다. 예전 같으면 36홀을 하고도 저녁이면 친구들이랑 밥 한 끼라도 했는데 요즘은 커피 한잔 마실 시간이 없단다. 18홀에 1~2시간 오버는 보통이니… 그러고도 타임체크기인가 뭔가 요상스런 기계를 설치해 놓고는 콩 볶듯 볶아대니 할 짓이 아니란다. 그래도 어떤 이유든 택한 직업이니 충실해야지!

손님이 지겨울까 눈치 빠르고 입심 좋은 언냐 한 명이 말을 건다. 두꺼비 파리 잡아 먹듯 넙죽넙죽 말도 잘하더만 대뜸!

"음~그래도 사장님들은 잘 발라부렀네여!"

"???"

"아따~ 썬크림말여~!"

그러면서 그저께 라운드한 부부손님 이야기를 하는데…

"아무리 남자라지만 거울도 안 보나 봐여?"

"왜?"

"썬크림으로 세수를 했는지 눈썹이며 귓구멍이며 떡칠을 했는데…"

그 꼴이 말이 아니더라는 것이다. 그러고는 첫 홀에서 코 앞까지 다가와서는

"언니! 자~알 부탁해~!!!"

대낮에 저승사자가 나타난 줄 알았단다. 그러더니 첫 홀부터 계속하여 허걱거리더란다. 마눌보다도 더 허우적거림에 스스로 민망했던지 "요즘 연습도 않고 몇 달만에 나왔더만 개판"이라며 중얼거리니 성질이 존나게 급해 보이는 마눌이 걍~ 넘어갔으면 다행인데

"당신! 지난주에 갔다 왔으면서도 뭘 그래?"

흐~흐~흐~ 옆에서 듣던 사람도 화끈거리는데 본인은 어땠을까? 순간 쪽팔림에 열불이 났을 거 아녀! 마눌의 말이 사실임을 확인한 것은 그의 캐디백에 걸려 있는 골프장 보관택의 날짜가 증명은 했다만… 그 말끝에 화가 났는지 둘은 마칠 때까지 말도 않더란다. 어지간하면 서방 입장도 생각해서 말도 아끼고 저승사자같이 나온 서방 외모나 신경 써

줄 것이지. 오늘밤 티격태격 전쟁이나 터지지 않을까 걱정스럽더란다.

　또 다른 동반자 부부는 너무 사이가 좋더란다. 고양이 문턱 넘듯 나긋
나긋한 행동에 때론 내숭(?)까지 떠는데 서방이 쪼루를 내도 나~이~
샷~! 당연히 집어넣을 기브거리 퍼터를 넣어도
　"여보~ 당신은 못하는 게 없어! 퍼터도 귀재야…"
　아~! 낯간지러워 죽는 줄 알아단다. 그러고는 몇 홀인가 스코어를
적는데
　"언냐! 나~ 보기했지?"
　"아~뇨! 사모님 따불인데여?"
　"아냐~ 보기야!"
　이렇고 저렇고 해서 따불이 아니냐고 되물으니 그 아줌마 왈!
　"언냐는 경력이 얼마나 됐지?"
　"?????"
　"다른 언냐들은 그렇게 말하면 알아서 적어 주든데…"
　대회도 아닌데 따질 필요야 없지만 할 말이 없더란다. 그러고는 카트
를 끌고 언덕을 오르는데 따라오면서 하는 말!
　"언냐는 하루에 두 바퀴나 돌아서 돈 많이 벌겠네?"
　어이구~ 말을 않으면 밉지나 않지 대답할 기운도 없고 숨이 차서 꼴
딱꼴딱 넘어가려는 판에 뭔 소리야! 대답이 없으니 뒤따라오는 서방을
보고는 "제들 두 바퀴면 14만원 버는데 시시한 월급쟁이보다 낫다."며
중얼거린다.

　언냐들은 자존심 콕콕 찌르는 이런 말이 가장 듣기 싫다는데… 차라
리 말을 말든가 열심히 해서 좋은데 시집가라는 말은 못할망정! 무시하
고 함부로 지껄이는 말에 더위보다 더 열 받더란다. 말이라는 것은 뱉으

면 끝인데 말야! 출발할 때는 18홀 마칠 일이 꿈만 같았는데 언니들의 이야기를 듣다 보니 한 시간 이상을 오버했는데도 후반에는 지겨운 줄 모르고 지난 듯하다. 불쾌지수가 팍팍 오르는 계절엔 조금씩 양보하며 살아야 하는데…

몇 천만 원을
출자했기
망정이지

우리나라 골프장은 주인이 네 번은 바뀌어
야 진짜 똑바른 주인이 나타난다는 말이 있
다. 땅 사놓고 허가 기다리다가 밑천 딸려
부도나고 공사하다 민원과 데모 통에 부도가
나는가 하면 실컷 지어 놓은들 회원권이 안
팔리니 그래서 부도!

이 넘의 골프장이라는 것이 허가절차는 얼
마나 복잡해. 그렇다고 주택하나 짓듯이 목수 불러 뚝딱뚝딱 지을 수가
있나. 우여곡절 끝에 짓기는 하는데 세상이 흉흉한데 회원권이 팔려야
말이지! 그렇다 보니 내 땅이라고 말뚝 박아 놓은 넘도, 있는 빽 없는
빽 조빠지게 동원하여 허가 낸 넘도, 공사하랴 민원 막으랴 밤낮없이 뛰
어다닌 넘도 주인이 아니다.

남의 돈 끌어들여 수틀리면 화투판 뒤집어 버리는 그 넘도 결국은 감
방을 갈지언정 주인은 아닌 것이다. 그래서 막판에 돈보따리 들고 나타

나는 그 넘이 임자라는 얘기다. 요즘 부도업체를 인수하는 주주회원제 골프장이 늘어나고 있다. 경제적 손실도 막음과 동시에 권익도 찾겠다는 방법인데 물론 찾아야 한다. 그런데 그런 골프장의 극소수들이 눈살을 찌푸리게 한다는 것이다.

물론 비싼 회원권 들고 떳떳하게 부킹조차 할 수 없는 현실이 문제지만 일이야 어떻게 되었든 어제같이 직원들의 눈치를 보고 빈 자리에 급급했던 그들이 아닌가!

어느 골프장의 락카실! 건너편에서 숨 넘어 가는 고함 소리에 깜짝 놀랐다.

"락카~ 락카~! 이리와~"

씨벌 불이 났나? 뱀이 들어 왔나?

"옛! 불렀습니까?" 나이 꽤나 먹은 듯한 그 넘이 다시 뱉는 말.

"락카 열쇠가 왜 이래? 이게 뭐야?"

"옙, 바꿔드리겠습니다."

"당장 고쳐!"

숱한 사람이 오가는데 때론 고장 날 수도 있지. 그걸 부셔져라 흔들어 대는 무식한 그 자슥! 하루아침에 주주라고 허세를 부리는 꼴이 역겨운데 밉다니 업잖고 그 넘이 뒷팀으로 따라 온다. 얼마나 주인 값을 하는지 보자는 심사였는데 집구석에서 새는 바가지 나간들 안 샐라꼬! 그늘 집에 들어서던 그넘 대뜸 반말에 개지랄을 한다.

"야~ 더워 죽겠는데 에어콘은 와 안 키노?"

"켜지 말라는 지시가 있어 갖고예!"

"머라꼬? 어느 미친 넘이 카더노? 때려 뿌사뿔라마!"

"????"

"내가 주주다~ 당장 얘기 해!"

그러고는 쭉쭉 빨던 담배를 바닥에다 꺼버린다. 구름이 잔뜩 낀 9월말에 자기 집구석엔 에어컨을 켜는가? 어렵게 뜻을 모아 인수를 했으면 아낄 줄도 알아야지. 씨벌~ 그 자슥이 몇 천 출자했으니 다행이지 몇 억 출자했다면 직원들에게 에어컨 둘러메고 재떨이 들고 따라 다니라고 할 거 아냐!

또 어느 날! 주주가 몇 명 있는 모임에서 식사를 하는데 추어탕의 양이 적었는지 한 넘이 하는 말!
"야~ 이걸 추어탕이라고 갖고 왔나?" 저쪽 구석에서도 "어느 넘이 먹든 걸 갖고 왔나?"며 "주방장이 어느 넘이야! 이러면 재미없다고 해!" 저쪽에서도 "주방장한테 주주가 시키드라며 한 냄비 퍼와!" 씨발~! 양이 적으니 더 달라면 안 줄까 봐! 고함소리에 밥이 입에 들어가는지 코에 들어가는지 먹는 것에까지 허세를 부리니 낯간지러워 죽는 줄 알았다.

골프장에 따라서는 엄청난 출자도 했다는데 금액을 떠나서 그들은 이제 그 골프장의 주인이 아닌가! 스스로 키우고 가꾸며 하나하나 고쳐 나가도 힘든 마당에 하루아침에 세상을 모두 얻은 양 고함에 허세를 부린다면 또다시 주인이 바뀌지 말라는 법이 어디 있겠는가?
지금까지 회원권을 갖고도 원할 때 못 치는 설움을 받았다면 이제라도 잡초 하나 뽑고 꽁초 하나 줍는 애정으로 스스로 키워 나가는 주인의식이 필요하지 않을까?

시거든

떫지나 말지

누구든 골프는 주변을 살피며 어렵게 시작한다. 넉넉하고 편하게 시작하는 골퍼는 그리 많지 않다. 직장인은 상사의 눈치를 봐야 할 것이고 자유업이라도 가끔은 갑의 눈치를 살펴야 하며 그나마 편한 골프를 하려면 마눌의 허락도 필수가 아닌가!

입 속에 뱅뱅 도는 말을 끝내 못하고 며칠 밤을 지새우는가 하면 선물 공세에 이해와 묵인으로 허락을 받아내는 경우도 있다. 어떤 불도저 같은 넘은 저질러 놓고 보자는 경우도 있는데… 이런 넘들은 평생 눈치골프를 할 수밖에 없을 테고 속옷도 제대로 못 챙겨 입고 세탁소 신세를 지고 있지 않을까 싶다. 그 중엔 기왕 하는 거 같이 하자며 사랑받는 남편도 있다는데…

처음 며칠을 다녀 보니 옆구리는 얻어터진 것같이 쑤시며 아랫도리는 후들거리고 눈알은 빠질 듯이 얼얼하니 그렇게 만만해보이던 골프가 요렇게 힘들 줄 알았나! 운동이라면 자신 있는 넘인데 골픈들 별거냐 싶어 복날 개 패듯 니가 죽나 내가 죽나 때리고 나면 손바닥 손가락은 곰 발 바닥같이 되니 죽을 맛이다. 선생님은 얼굴 보기도 힘들 지경이니 샷은 멋대로 변해 춤을 추고 뜨는 공보다 구르는 공이 더 많으니 머리도 얹기 전에 열 받는 것 부터 배우게 된다.

수인사만 할 정도의 초보 골퍼가 있었다. 이 넘도 앞의 전철을 모두 밟고 게스트로 우리 서클에서 머리를 올리는데… 그 동안 주변의 유혹을 뿌리치고 꿋꿋하게 5개월을 연습했단다. 날이 잡히고는 두근거림과 설레임에 잠 한숨 못 잤다는 여러 골퍼의 얘기를 않더라도 그넘 또한 그랬으리라.

그런데 현장에 나온 이 넘은 군 출신같이 보무도 당당히 너무도 자연스러운 게 아닌가! 캐디와 농담을 주고받는가 하면 왔따리갔다리 하며 폼을 재는 것이… 캐디마저 머리 올리러 온 넘으로 보지 않으니… 오늘을 위해 비행장 퍼브릭을 돌아본 경험이 있다는 걸 알았지만 이렇게 태연하고 능글맞을 수가 있을까 싶다.

순서가 왔는데도 느릿느릿… 치고도 멍 하니 서 있는가 하면… 동반자가 맘이 급해 뛰는데도 도대체 뭘 생각을 않는다. 물론 데리고 온 동반자의 사전교육이 불충분했는지는 몰라도 "이동은 신속히, 샷은 천천히."라는 기본마저 모르니 답답할 노릇이다.

하기야 요즘엔 절약 차원이겠지만 레슨 프로와의 라운드마저도 없어지는 추세이니 기본을 누구한테 배우랴만! 그 넘으로 인해 나머지 3명은 리듬마저 상실할 정도가 되니 데리고 온 동반자가 한 마디 하는 것 같았으나 그때뿐… 오르막은 힘드니 카트도 끌어주고 하랬더니 "내 몸도 천근인데 뭘!" 하질 않나… 산에 올라간 볼을 찾을라치면 "힘드니 찾지

마라"라는 말 한 마디 할 법 한데 신경도 쓰지 않고 저만치 가버리고…

그보다 더한 건 2m퍼트를 4m나 오버시켜 놓고 한 번 더 치라고 하니 걍~ 집어 들고는 저벅저벅 가버린다. 연습 삼아 치랬더만 "치면 뭐하노" 하는 데는 환장할 노릇 아닌가?

그러고는 홀홀 하는 얘기가 "연습장에서는 잘 맞았는데…" "이렇게 재미없는 걸 왜 하느냐."며 투덜거린다. 자식이고 친구라면 대갈통이라도 쥐어박으련만… 으이구! 시거든 떫지나 말 것이지 시고 떫으니 얄미움의 끝이다.

머리 올리는 날 싱글을 하겠어? 이븐을 치겠어? 그 동안 배운 걸 익히고 이런 곳이라는 걸 배울 뿐인데 기본적인 매너는 뒷전이고 첫 날부터 스코어에 집착하니… 하긴 똑바로 가는 공은 하나도 없고 전부 대갈통에 뒷땅 천국이니 미칠 만도 하겠지!

지난 5개월 동안 땀 흘린 결과가 고작 이것뿐이냐 라는 허탈감과 운동에는 자신만만해 하던 자존심의 상처 또한 컸겠지만 이제 시작이라는 걸 왜 모를까! 샤워를 끝내고도 울분에 씩씩거리는 걸 보고 "이 넘아! 너거튼 넘한텐 골프가 맞지 않으니 열 받지 말고 절간에 들어가서 장작이나 패며 인간 수양이나 하라"고 주문하고 싶더라구… 하루아침에 프로를 닮으려는 욕심을 갖는 한 자신은 영원히 그 자리를 맴돌 뿐인데……

언니들은
입이
아닌가요?

　　골프를 즐기고 자주 가는 사람들은 골프장의 질을 따진다. 몇 만 원의 가격 비교도 중요하지만 문제는 질이라는 것이다. 그것은 대접을 받는다는 의미보다 준만큼 즐겨야 한다는 이유이다. 경쟁이나 하듯이 가격은 꼴리는 대로 올리면서 달라진 것이 없다면 속은 쓰리고 기분은 엿이 되며 바가지를 쓴 것과 다를 바가 없잖은가!

　　요즘, 하는 짓은 개판이면서 들은 풍월은 있어 가지고는 화장실에라도 가면 "고객의 즐거움이 저희들의 행복"이라는 등 "고객 제일 고객 감동"이라는 문자를 함부로 쓰는 곳이 있다. 하늘 높은 줄 모르고 치솟고 있는 그린피와 음식값을 보면 씨바~! 샷도 되질 않고 밥숟가락조차 올라가질 않으니……

　　그리고도 코스 상태와 음식 맛은 맨날 그 모양에 그 맛인데 화장실에 앉아 그런 구호라도 볼라치면 밑으로 나올 것이 위로 나오려고 하니…

씨발~ 존나게 열 받잖아!

　어느 골프장! 티업 시간이 지났음에도 카트는 시골버스같이 갈 생각을 않고 오토바이는 폭주족같이 윙윙거리며 다녀도 진행은 되질 않는다. 가다가 쉬고 가다가 쉬고 고속철 시대에 뭔 넘의 정거장이 그렇게도 많은지… 그늘 집은 장사진을 이루는데 잡았다 하면 최소 3천 원! 천 원짜리 쇼핑점이 널널하고 양복 한 벌에 2천 원짜리도 있다는데 소비자 권장가격이 엄연히 있는데도 곱빼기로 받고 지랄이다.

　불경기에 이런 배부른 장사도 없는데 더 웃기는 것은 계산을 하면서 비싸다는 중얼거림에 대뜸 주방아줌마가 나타나더만 "언니들도 먹었죠! 언니들은 입이 아닌가?"라며 가자미 눈을 한다. 음식 끝에 마음 상한다고 어느 골퍼들이 언냐들 먹는 걸 탓하나? 같은 말이라도 "언냐도 먹고 날씨가 더워서 물도 많이 실었어요." 하면 얼마나 좋아! 씨바~! 입으로 매를 재촉하는 종업원이 있는데 고객 감동 같은 소리하고 자빠졌네.
　그렇게 밀리던 코스가 2홀을 남기고는 휴장한 골프장같이 텅 비었다. 이제는 뛰어야 할 판인데 땀은 콩죽같이 흐르고 숨은 턱까지 차오르는데 숨도 고르기 전에 빨리 치라니 니미~ 뭔 공이 되랴! 밀릴 때는 사과 한 마디 없더니 홀이 비었다고 지랄을 해대니……

　여기서 또 웃기는 것은 기브를 주라고 자꾸 다그친다는 것이다. 언니들 심정을 이해 못하는 바는 아니지만 정말 웃기잖은가? 가끔 초보나 만만한 손님이라도 만나면 자신이 오케이를 외치며 공을 집어 가버리고 깃대 거리도 "오케이?" 하며 손님의 의중을 살피고 그나마 어중간한 거리를 기브라도 주면 고맙다고 인사를 꾸벅~ 한다. 받은 넘은 가만히 있는데 왜 언니가 고마운지 이해를 못하겠다. 시간 체크를 못하면 언니들이 불이익을 받는다는 사실을 알지만 돈만 밝히지 말고 근본적인 문제는 사업자들이 풀어야 하지 않은가!

고객 감동을 외치면서 고객의 감정을 건드리는 웃지 못할 골프장들! 개벽이나 된 듯 하루아침에 모든 것을 바꿀 수는 없다지만 말보다 구호보다는 실천하고 행동하는 모습을 보여 줘야 하지 않을까! 함량 미달의 고객이야 없겠냐만 돈을 쓰러간 고객의 질을 따지기 전에 진정, 고객의 돈을 받을 준비와 자세가 되어 있는지를 반성해야 한다. 마구잡이로 집어넣고 돈 통만 챙겨 나오면 알아서 친다는 농담이 농담같이 들리지 않으니 참 씁쓸하다.

아파본
사람이
의사야!

벌써 한 달째 몹쓸 병에 시달리고 있다. 10년도 넘은 넘이 첫 홀에서 꼭 뒷땅 아니면 돼지 꼬랑지 샷이 나오더니 급기야 드라이버만 잡으면 미칠 지경이다. 드라이버가 뻥뻥 날아갈 때는 봐주는 넘 없나싶더만 이젠 볼까 두렵다. 티박스에만 올라서면 두근두근!

한두 팀이라도 밀리면 아는 넘이라도 없나 돌아 봐지고 혹, 눈이라도 마주치면 영락없이 쪼루 아니면 휙~ 감겨버리니 중병은 분명 중병인데 진단이 없으니 처방할 수도 없고 하지만 피할 수 없는 서클은 죽음같이 다가오는데 한 달째 개 밥그릇이 되어 돌아다녔으니 꼴이 말이 아니다. 아이고 씨벌~! 비라도 졸라 내리면 취소될 건데 공치는 날 비 오지 말라고 빌고 빌던 넘이 참 간사스럽다.

꿈자리도 뒤숭숭! 밤새도록 쫓기다가 잠을 잤는지 말았는지 몸도 찌푸둥! 그런데 비가 온다. 그럼 그렇지 히히히히… 퍼부어라 퍼부어! 도랑물이 넘치고 골프장도 떠내려가고 골프장이 없으면 안 치겠지. 이 넘의 골프 지긋지긋 하다. 아침 밥상머리에서 창 밖을 보며 주절거리니 마눌이 하는 말!

"허이고~ 골푸 조타꼬 날리 칠 때 알아봤따~!"

서방이 열 받아 한 마디 하는데 못 들은 척이나 하지.

"못나도 서방인데 맨날 터지고 혹뿔이나 달고 댕기모 좋겠나?"

"누가 터지라 켓나? 와~ 아침부터 난리고?"

씨바! 앓느니 죽는다고 그만 둘 수만 있다면야!

도로가 질퍽질퍽하게 내리는데 강행이란다. 어이구~ 미친 새끼들 이 빗속에… 지랄났네. 비옷 챙기고 헌 신발 챙기고… 지갑은 필수! 퍼터는 빼먹고 와도 지갑 챙기는 건 매너라는데…

햇살도 간혹 보이고 비가 조금씩 멈추는 듯하다. 비 때문인지 많은 팀이 밀려 있다. 마음 같아서는 양보하고 맨 꼴찌에 치고 싶지만 동반자 세 넘은 우중에도 굿샷이다. 요즘 별명이 영원한 말구인데 조또~ 뽑기도 말구네!

버릇같이 뒤를 돌아보니 5팀도 넘는 눈들이 티박스를 주시한다. 벌써 머리 속은 허옇게 되고… 이걸 어떡해? 공을 봤는지 말았는지 뒷땅을 치더니 코앞에 데굴데굴! 에구 에구! 50m 앞 해저드에 삐닥하게 걸쳐 있는 볼! 야~ 발로 차도 저기까지는 가겠다는 동반자의 야지가 들린다.

머리는 띵~ 하고 얼굴은 화끈거리고 첫 홀부터 조짐이 이상하다. 우리 언니는 초보로 생각했는지 "헤드업이잖아요!" 흐흐흐흐… 누가 물어 봤나? 입이 간질간질 했지만 드라이버 하나 보고 오죽 초보 같아 보였으면 그랬겠나! 차라리 시원한 오비 한 방이 낫지 이게 뭔 꼴인가!

해저드 비탈에 삐딱이 서서는 꼴 좋다. 언니가 옆에 온다. "머리 들지

마세여!" 오늘 아침부터 여자하고 뭔 악연인가?

"언니! 내가 알아서 칠 테니까 저리 가 줄래여?" 말을 들은 척 마는 척 "더 돌아 서세여~" 웃기는 언니네! 고집대로 친 것이 아니나 다를까 산모퉁이에 처박힌다.

겨우 겨우 귀퉁이에 5온! 10m도 넘는 거리이고 첫 홀에 이미 마음은 떠났는데 언니는 좌측 끝 내리막이라고 일러 주지만 좌측 우측 생각도 없고 툭~ 친 것이 쑥~ 빨려 들어간다. 순간 언냐 "야~! 터치 죽이네~ 그렇지!" 초보라고 생각했던 넘이 긴 퍼터를 쑥~ 집어넣으니 자신도 모르게 나온 듯 입을 후딱 가린다. 야~ 오늘 하는 짓을 보면 무시당해도 싸다 싸~! 매홀 드라이버가 당기고 고꾸라지니 지갑은 거덜나고 미칠지경인데 언니는 계속 붙어 다닌다.

"언니! 알아서 칠 테니까 곁에 오지마. 이제 맘 비웠어!"

"싸장님! 첨엔 몰랐는데 몇 홀 지나고 보니 쪼꿈 치신 것 같은데?"

"왜 물어여? 초보야 오늘 머리 올리러 왔어!"

그늘 집! 담배를 두 대나 거푸 빨고 나니 어질어질! 골프장에 금연령이 내렸으니 다행이지 오늘 같은 날은 한 갑은 태웠을 건데… 언니가 동반자와 한참을 얘기 하더니 쪼르르~ 달려온다.

"싸장님! 물어보니까 잘 치신다두만!"

"전반에 50개를 친 넘이 뭘 잘 쳐! 근데 왜?"

쭈빗쭈빗 하더만 "이런 말을 해서 될런지 모르겠다."며 하는 말이 톱에서 손목 콕킹이 전혀 없고 경직된 손목이 그대로 내려와서는 잡아당기듯 임펙트를 하고는 말아 버린다는 것이 아닌가!

"언니가 우째 아는데?"

"ㅎㅎㅎㅎ… 맘 비웠다니 연습 삼아 해보세여."

밑져봐야 본전이라고 빈 스윙을 몇 번 해보니 그렇기도 하고 한홀 두홀 쳐보니… 어라~! 이거 되네!

어쭈구리! 설마, 이런 병이라고는 생각도 않았는데 예전같이 쭉쭉 뻗어가는 것이 아~ 맞네 맞어! 한 달 전 장타들과 맞짱을 뜨다가 개박살 나고 얻은 병이 그 병이라니…!! 에구~! 이 일을 우째여! 언니에게 짜증 부린 것도 쑥스럽지만 심청이 아부지 눈뜬 기분이 이만 할까?
"근데 언니도 공을 치나보지?"
"쪼꿈 쳤는데 저도 그 병에 걸려 한참을 죽었어여."
"?????"
"후후후… 5년 동안 세미프로 준비하다 돈 떨어지고 힘 떨어져 포기했어여."

아~! 그랬구나. 먼저 아파본 사람이 의사라더만! 그래도 그렇지! 성질 더러운 넘한테 핀잔까지 들어가며 원인을 찾아 주려고 하다니… 나 같으면 답답한 초보를 보고 그렇게까지 했을까?
순간, 하늘을 찌르는 자존심이 부끄럽고 라운드 내내 배려하지 못함이 미안스럽다. 남들은 별것 아니라는 병도 두고 나면 고질병이 되는데 한 달만에 진단과 처방을 내려준 언냐에게 고마울 따름이다.

벗길까요
씌울까요?

옛날, 양복 한 벌을 장만하려면 그렇게 쉬운 일은 아니었다. 특별하지 않으면 입지도 않을 뿐더러 구김이 갈세라 표면이 번들거릴 정도로 다리고 또 다리고…

요즘은 흔해빠진 게 양복이고 심지어 길거리에서도 파는 게 양복이지만 그래도 유행에 맞추려면 모르긴 해도 4~50만 원은 줘야하지 않을까? 흔히들 현대전은 장비전이라며 신무기만 나오면 개뿔도 없지만 카드 그려가며 신무기를 장만하는데… 말이 쉬워 그렇지… 누구나 그러한가! 아들님 기죽이지 않으려고 이름 있는 신발 하나 챙겨주고 나면 필드는 몇 날을 굶어야 하는 게 우리네 인생살이 아닌가!

골프를 무척 사랑하는 친구 한 님! 매사에 신중하고 꼼꼼하기로 소문난 님인데 몇 달을 고민하고 좋아하는 술까지 참아가며 어느 날 평소 갖고 싶었던 드라이버를 장만 했다. 양복 3벌은 될 법한 거금이니 필드는 몇 날을 굶을 각오였다.

　원래 돈이라는 건 써야 할 때는 써야 한다지만 특별한 부류가 아니라면 쉬운 일도 아닐 듯한데… 그것도 돈이 쏟아지는 사업도 아닌 취미생활에 말야.

　아무튼 첨 갖고 나간 날! 드라이버 덕인지는 몰라도 그럭저럭 즐겁게 치고 왔는데 클럽을 정리하던 그 친구 화가 머리 끝까지 치솟더란다. 비싼 드라이버가 하루만에 돌에 찍힌 듯이 곰보 딱지가 되어 있으니! 곰곰이 생각해 보니 난폭(?)하기 짝이 없던 그 날의 캐디가 문제였다. 드라이버 커버는 꼭 씌우고 아이언 뺄 때 조심하라고 당부를 했건만. 이 모양 요꼴로 만들어 놓다니 미칠 일이지. 오비 한 방보다도 더 열 받고 뚜껑이 열리더라는데…

　사실, 우드 커버 퍼터 커버가 폼으로 있는 건 아니잖은가! 헤드를 보호하고 샤프트를 보호할 목적이 있는 건데 말야. 그러던 어느 날! 지인들과 라운드를 하는데 친구는 또 부탁을 한다. "오비공은 내가 찾을 테니 헤드 커버는 꼬옥 씌워 달라."고… 그런데 첫 홀… 그런 부탁을 비웃기라도 하듯 캐디는 헤드 커버가 씌워진 채로 드라이버를 건네주는 것이 아닌가! 말뜻을 알아듣지 못할 초보는 아니었는데 다시 부탁을 한다. "귀찮더라도 칠 때 벗겨주고 받으면 씌워 달라." 는데 대꾸도 없다.

　1홀 그린! 또 커버가 씌워진 퍼터를 그냥 주는 것이 아닌가. 어이구~ 염장을 찌르려고 작정을 했나? 그렇게 소중하면 씌우든가 말든가 알아서 하라는 뜻인지! 그냥 넘길 수 없다는 듯 그 친구 또 한 마디를 한다. "언냐~! 이렇게 주면 주머니에 넣을 수도 없고 땅바닥에 놓고 이리저리 다닐 수도 없고 우짜란 말이냐?"

　하지만 손님은 뭐라 하든 말든 엉뚱한 곳에 시선을 돌리며 캐디는 아예 딴전을 피우고 있으니 기가 찰 노릇이다. 더 이상 나무라기라도 한다면 시작부터 분위기 험악해지고 동반자까지 피해가 있다 싶고 참자니 속은 뒤비질 테고⋯ 정신없이 바쁜 4백 전동카라면 또 몰라! 2백 1캐디인데 그 정도를 귀찮아 하니⋯⋯

2번째 홀 그린! 기가 막혀 말이 안 나온다. 이제는 퍼터를 들고 옆에 서서 "어쩔까요? 벗겨드릴까요? 씌워드릴까요?" 하고 묻는다. 얼굴이 붉으락푸르락 하지만 분위기 땜에 참는 모습이 역력하다. 아예, 속을 문드러지게 만들려고 작심을 하지 않고서야⋯ 한번 쓰고 나면 어차피 중고인데 뭘~ 쫀쫀하게 구느냐는 뜻인지, 아니면 라운드 전에 어떤 불쾌한 일이 있었는지는 모르지만 그래도 그렇지 어떻게 이럴 수가 있는가! 괜히 거들면 싸움된다 싶어 말도 못했는데 그 친구의 심정은 어떠했을까? 고함이라도 치고 싶었지만 언젠가 모친구가 캐디의 실수를 나무랐다고 맡겨놓은 차 열쇠를 물에 담가버려 리모컨을 못 쓰게 만들었다는 얘기가 생각나길래 보복(?)이 두려워 더 이상 할 말도 못했다니⋯

대부분의 도우미들은 최선을 다하겠지만 일부는 손님들 하는 꼴이 우습고 가소롭다는 듯 냉소적인 표정을 지을 때도 많다. 입속의 혀같이 해주기를 바라는 손님도 문제겠지만 어떻게든 하루를 때우면 그만이라는 식은 분명 짚어야 할 일이다. 클럽을 관리해달라는 것이 무리한 부탁인가?

필드의 유혹을 참아가며 큰 마음먹고 장만했을 소중한 클럽인데⋯ 그것을 다치지 않게 관리하는 것도 그들의 당연한 임무가 아닌가? 돈 주고 설움 받는 곳이 비단 이곳 뿐이겠냐만 이 눈치 저 눈치 보다가 사팔뜨기가 될 듯하니 과연, 눈치 밥의 끝은 어디까지인지!

내 돈으로
나무 티
한번 사본 적
없어(1)

어제같이 넥타이에 금테안경을 끼고 근엄하게 업무지시를 하며 양심을 강조하던 사람도 예비군복을 입혀 놓으면 일순간에 달라져 버린다. 어떡하면 땡땡이를 칠까, 교관 눈치나 살피고 나무 그늘을 찾아다니며 낮잠 잘 궁리나 하는데 그뿐인가 마을을 향해 스스럼없이 바지도 내려 버리는……

어쩌면 남자들만의 세계에서 볼 수 있는 일이라고 이해하고 싶지만 가끔은 인간의 양면성을 보는 듯하다. 넥타이라는 묘한 헝겊 조각 하나가 이렇게 인간을 달라지게 만드니…

유일하게 심판 없는 운동이라는 골프!

그래서 태초에는 심판 대신 넥타이에 정장을 하고 운동을 했는지도 모른다. 순수했을… 아니 무척이나 양심적이었을 법한데… 오늘 말하고픈 이넘! 넥타이를 풀고 나면 180도 달라지는 이 자식! 정말 패죽이고 싶다 못해 한 길 넘는 벙커에 묻어 버리고 싶은 이넘! 불편하더라도 이

넘 땜에 넥타이를 매어야 한다고 목청 돋워 강조하고 싶고 아니 이 넘만이라도 기어코, 살찐 모가지에 양심 넥타이를 매게 하고픈 심정이다.

꽤나 큰 기업의 임원으로 접대 받는 데는 이골이 나 있는 인물로서 개기름이 뻔드르 흐르고 뭘 쳐 먹었는지 배는 곧 터질 것만 같다. 10년 넘는 경력이지만 자기 돈으로 나무 티 하나 사본 적이 없다고 노골적으로 얘기하고 다니는… 배워도 더럽게 배운 넘이다. 퇴출! 퇴출하는 마당에 어찌 이런 넘이 아직도 남아 있는지! 그 넘의 부하직원으로 근무하다 소사장제도가 생기면서 하청업을 맡아 나온 선배는 주말이면 좌불안석인데 부킹은 말할 것도 없고 주말은 그 넘을 위해 비워둬야 한다.

선배가 먹고 살기 위한 방편이라면 어쩔 수 없겠지만 때론, 자기 마눌과 친구까지 데리고 나와서는 그린피를 대라니 더럽고 치사하고 이런 개 같은 경우가 조선 천지에 어디 있는가? 해도 해도 너무해서 못해 먹겠다며 집어 던질 법도 한데 선배는 용케도 참고 견디는 걸 보면 속은 넓은 것 같다.

어느 날 소문으로만 듣던 그 넘을 접대하는 자리에 땜빵으로 가게 된다. 선배를 포함한 업자 2명과 함께… 선배가 후배라고 소개하자 바로 반말이다. 써벌넘 언제 봤다고… 하지만 선배를 위하는 자리라면 참아야지. 늘 그래 왔듯이 따먹기를 하는데 각오가 되어 있느냐는 둥 후배가 왔는데 쫀쫀하게 놀지 말고 타당 금액도 올리자는 둥 개소리를 짖거리며 아예 쳐먹으려고 작정을 한다.

첫 홀! 대갈통을 때렸는지 코앞에 주르륵! 언냐한테 주워 오라는데 왜 그러나 했지. "도라이버 거리가 10m이내로 가면 새로 치는 거."란다. 아이구 써발! 주둥아릴 콱 쥐어박아 버리고 싶지만…

그러고는 매홀 텃치를 하는데 그것도 너무도 자연스럽고 숙달된 모습으로… 급기야는 벙커에 후라이 된 볼마저 아이언으로 앞부분을 움푹

146

파내 버린다. 그러니 공을 치기도 좋고 공도 뜰 수밖에…

그 후 "빵카샷은 이렇게 하는 것"이라며 거드름마저 피운다. 그렇지만 선배는 말 한 마디 없이 못 본 척 매홀 만 원짜릴 쑥쑥 빼준다. 이런 씨팔 새끼가 있나? 속이 부글부글 끓는데…

인코스 그늘 집! 어떻게든 그 넘은 전반에 39개를 쳤나 보다. 기세등등한 표정으로 "야~싱글이 이렇게 쳐서 되것나?"며 챙긴 돈을 주머니에 꺼내서는 침을 묻혀가며 빡빡 헤고 있다. 그러고는 다 처먹도 못할 음식을 존라게 시킨다. 김밥, 우동, 만두, 음료수…

며칠을 굶은 넘같이 이것저것 잡히는 대로 게걸스럽게 처먹더만 벌떡 일어서더니 빨리 나가자며 뒤도 돌아보지 않고 나가버린다. 기본이라고는 파리 대가리만큼도 없는 몰상식한 넘! 김밥을 입에 물고 쩔레쩔레 따라 나서는 선배! 먹다 남긴 우동국물을 벗겨진 뒤통수에 확~ 뒤집어씌우고 싶지만 "그래! 난 선배의 게스트다. 선배를 위해 참자." 다짐 다짐하는데…

다음 홀 그린! 건너편에 있는 캐디를 보고 숨이 넘어갈 듯 고함을 친다. "야~! 내 곁에서 3m 이상 떨어지지 말랬는데 거기서 뭐해?" 뭐 이런 새끼가 있나 싶다. 뭘 처먹고 된 인간인지! 그런데 캐디가 봐준 게 틀렸는지 그 넘이 잘못 쳤는지 홀컵을 비켜간다. 그 순간 퍼터를 그린에 몇 번 찍더니 십리만큼 집어 던지고는 "야~이~ 씨팔~! 너! 내 주변에 얼씬거리지마. 죽여버리겠어!" 속이 뒤집혀 죽을 지경인데 선배는 자꾸 내 팔을 끈다. 어떻게 저런 넘이 기업에 임원이며 골프를 하는지!

그렇게 공을 건드리고 벙커에 구덩이를 파며 개지랄을 해도 몇 푼 먹지 못했는지 더욱 악랄한 방법을 동원하는데 그린에서 남은 거리가 길든 짧든 "OK?" 하고 묻는다. 간경화 걸린 넘이 아니고서야 누가 안 된다고 하겠나? 조물주가 콧구멍을 2개로 뚫어 놔서 다행이지 그렇잖았으면 숨이 막혀 뒈비질 뻔 했네!

다음 홀… 그 넘이 친 공이 산 중턱에 걸리는데 캐디보고 들고 오란다. 그러고는 아이언으로 툭툭 치며 페어웨이 가운데로 나오는 게 아닌가! 그렇게 친 공이 잘될 리가 있나… 벙커에 쏙~! 아니나 다를까, 또 공 앞에 구덩이를 파고 쳐내서는 2퍼터를 하길래 "전무님 뭐 하셨죠?" 하니 보기란다. 보기? 그래 이런 새끼는 본때를 보여 줘야 돼! 4m 정도에 2온이 되어 있는 내 공을 집어 들고 홀컵에 쏙~ 집어넣고 "전무님 저는 뻐딥니다." 하고는 그린을 가로질러 횡~ 하니 나와 버렸다.

그 순간의 묘한 기분이란? 뒷짐을 진 그 넘은 말을 잊어버리고 선배는 안절부절이다. 한참 후 "저 넘이 뭐 하는 넘이냐?"며 선배를 다그치고 난리다. 더럽고 치사한 넘은 그렇게 대접해야 하는 법 아닌가? 기왕 폭발한 거니… "전무님이 보기라면 나는 이글쯤은 해야는데 뻐디를 했기로소니 뭐가 잘못이냐."고 따졌다. "산에서 내려온 건 그렇다 치더라도 페어웨이 가운데로 툭툭 치고 온 게 몇 타인지 아느냐?"고 물었다.
붉으락푸르락 하더니 한다는 말이 "젊은 넘이 늙은 넘 교육시킨다."고 난리다. 그냥 넘어갈 나도 아니니 내친 김에 더 뱉어 버렸다. "연세는 많은지 모르지만 골푸는 잘못 배운 것 같으니 다시 배우든가 아니면 아예 골푸를 끊으라."며 속을 뒤집어 버렸지만 선배가 내내 맘에 걸리니!

접대라는 건 할 수도 있고 받을 수도 있는 것이다. 그러나 스코어까지 접대 받으려는 야비하고 추잡한 넘은 버릇을 고쳐야 한다. '갑'이랍시고 업자들의 등을 치고 군림하려는 이런 기생충보다 못한 인간들은 이 시대의 퇴출감이며 사회악일 것이 분명하기 때문이다. 순수하고 건전한 스포츠까지 멍들게 하는 이런 넘들에게 영원히 풀지 못할 양심 넥타이를 기어코 매어 주고 싶다.

내 돈으로
나무 티
한번 사본 적
없어(2)

세상엔 별일도 많고 별난 넘도 많은데 접대 받는데 익숙하고 공을 건드리는 건 밥 먹듯 하며 멀리 건은 보통이고 벙커에 빠진 공도 누가 보든 말든 모래를 파내고 치며 "내 돈으로 나무 티 하나 사본 적이 없다."는 그 제왕적 골퍼!

그 후론, 하는 짓거리가 싫어 상종도 않았는데… 한 다리 건너면 먼 친척 아닌 사람이 없고 좁은 땅에 한 집 건너면 모르는 사람이 없듯이 악연이 인연이 되어 몇 차례 라운드를 한 적이 있다. 지 버릇 개 못 준다고 하는 짓은 여전했지만 애써 보려고도 않고 걍~ 지나칠 때가 많았는데… 그러고는 또 1년 넘게 뜸하더니 연락이 온 것이다. 달갑지는 않았지만 피할 수도 피할 이유도 없기에…

100돌이 도시락 2명과 나타난 그 양반! 으스대는 행동은 여전하고 함부로 지껄이는 말투도 변함이 없는데 모를 리 없는 언니들도 시큰둥이다. 몇 번 맞짱을 뜨다가 실패한 탓인지 대뜸, 스킨스를 하잖다. 그 양반이 어떤 짓을 하든 신경 쓸 필요가 없는 민화투가 제격인데 또 잔머리를 굴리는 것이다. 가는 날이 장날이라고 뭔 바람이 그렇게 부는지! 너나 할 것 없이 드라이버는 조빠지게 때려도 7번 거리도 못 미치니 2온은 꿈인데 그 양반 기를 쓰더군.

"야야~? 몇 미타 남았노?"

드라이버를 잡아도 안 될 거리에 묻긴 뭘라꼬 묻냐? 털썩폴짝 몇 번을 하고는 겨우 귀퉁이에 올려놓고 "야야~! 왼쪽 맞제?" "몇 개 보꼬~?" "2개? 확실하제?" 묻는다고 다 들어가고 가르쳐 준다고 다 넣을 수 있다면야… 내리막을 탄 공은 이자가 더 많으니 걍~ 있을 양반이 아니잖아!

"야~ 임마~! 내리막이라고 왜 말 안 하노?"

그만큼 다니고도 내리막인 줄 몰랐단 말인가? 그 골프장으로 말할 것 같으면 설사 만난 넘 화장실 들락거리듯이 10년을 넘게 다녀 놓고는 뭘 또 물어볼 게 있는지! 칠 때마다 서너 번씩 물어 대니 80개를 쳐도 240번을 묻는 것인데 언니들 못 살게 하는 것도 여전하고 변함이 없다. 죄 없는 언니 입만 댓발이나 나오고… 쩝!

그러면서도 100놀이에게는 교관같이 엄하다. 디봇 자국이라고 함부로 드롭하면 안 되고 동반자가 어드레스 할 땐 움직이지도 말고 퍼터는 끝까지 넣어야 하고 타수는 정확해야 한다며 초보 때 잘 배우라는 말까지 곁들인 그 양반이… 맨땅이라고 또 드롭을 한다. 씨바~! 겨울 골프장이 전부 맨땅이지 맨땅 아닌 곳이 어딨냐?

멀쩡한 잔디 위에서도 공 뒤를 꾹꾹 밟아대고…… 버디 퍼터나 숏퍼터를 할라치면 반대편에 쪼그리고 앉아서는 "야~ 너 그거 넣면 인정머리 없다."며 야지를 놓고 미워서라도 넣야겠다고 힘 쓰다가 놓치기라도 하면 땅을 치며 좋아하면서도 20센티 기브도 안 주니 돌아뿌져!

150

퍼터로 뒤통수라도 콱~ 찍어 버리고 싶은데 더 얄미운 건 자기 퍼터 할 때는 그린 위에는 얼씬도 못하게 하고는 아무리 멀어도 2퍼터 이상은 없어! 깃대보다 길어도 "야~ 오케이 맞제?" "이건 오케이야!" 어쨌든 내기판인데 꼴리는 대로 해버리니 미칠 노릇 아닌가! 그러고는 매홀 자기만 먹고는 스코어가 맘에 안 들면 "야~? 8번 홀에 보긴데 왜 따블이냐?"며 고래고래 고함을 치며 어떻게든 고치게 한다. 니미~! 돈만 처먹으면 됐지 스코어 카드를 액자 만들어 벽에 걸어둘 일이 있나?

그러면서 70대를 쳤다며 불고 다닌다. 같이 붙어 보면 갈지자에 조또 아닌데… 그래서 70개면 뭐하고 60개면 뭐하는지! 아이구~ 싸바! 나이만 적어도 쥐어박을 텐데 말야. 17홀까지 개죽을 쑤다가도 18홀에 버디라도 잡으면 그 동안의 짜증이 사라지고 뒷골이 시원한게 골프인데 왜 그렇게 억지로 살고 억지골프를 하는지 모르겠다. 웃기지도 않는 접대문화는 달라져야 하며 도를 어기며 명예와 재물을 탐하는 인간들은 상종을 말아야 한다.

돈에 집착하면 이웃이 멀어지고 집착적인 사랑은 상대를 식상하게 한다. 골프도 마찬가지! 스코어나 내기에 집착하면 동반자는 피곤하다. 비우면 편하고 욕심이 없으면 세상천지 모든 것이 자유롭다는데……!!!!

 사랑한 만큼 사랑해 주는 골프

누구는 골프를 저울에 비교한다.
"내가 사랑한 만큼 날 사랑해 주는 정직한 저울 같은 친구."
너무 공감을 하고 동의하며 가슴에 닿는 말이다. 욕심 앞엔 무너지기
십상이고 게으른 만큼 대가를 치르지만 대신,
사랑한 만큼 노력한 만큼 돌려주고 얻을 수 있으니 말이다.
조금만 부족해도 조금만 넘쳐도 인정하지 않으려는 기울임!
어쩌면 대충이라는 단어에 익숙한 우리에게 골프는 그것마저도
용서를 하지 않으니 너무도 배울게 많은 운동이 아닌가! 준비 안 된
사람에게까지 하느님은 공평하지 않다는 인생의 진리만큼이나
골프 또한 정직을 먹고사는 운동이다.

여자라서
서러워

골프에 물든 남자들은 시도 때도 없이 껄떡거린다. 당장이라도 3~4명이 의기투합되면 둘러메고 나서는가 하면 어디 빈자리 없나 전화질에 멀쩡하게 일하는 넘 충동질까지…

그렇지만 가정살림을 하는 아줌마 골퍼들이야 어디 그런가! 며칠 전부터 계획을 세우고 준비를 하고 가슴 설레이며 그 날을 손꼽아 기다리는 사람이 대부분인데……

어느 날 마눌이 느닷없이 지금 가야겠다고 보따리를 싸는 것이 아닌가! 그렇게 아줌마끼리 나가래도 서방 없이는 싫다던 마눌인데… 몇 년을 따라 다니더만 이제야 철들고 젖을 떼려는 걸까? 말 못하는 똥개도 두 달이면 젖을 뗀다는데 오래도 데리고 다녔지!

그런데 알고 보니 그게 아니고 초보 3명이 약속을 했는데 한 명이 펑

크를 내는 통에 갑자기 땜빵이라지 뭔가! 제기랄~! 이제는 혹 떼려나
했는데 좋다 말았네. 며칠째 칭얼(?)거림에 귀찮고 해서 못 들은 척 했
는데 아무튼 잘 됐군! 그래! 36홀을 하든 54홀을 하든 실컷 치고 오라며
보냈는데……

　오후! 마눌의 입이 댓발이 되어 들어온다. "어이구~ 또 뜻대로 되질
않았구먼!" 하고 생각했는데, 소파에 털썩 주저앉으며 하는 말! "도대체
가 되어 먹질 않았다."며 분통을 터뜨린다. 좀처럼 그런 방면엔 얘기를
않는 성격인데 더러분 서방을 닮아서리 동반자와 한바탕을 했는가? 궁
금도 한데 물어도 대답을 않더니 한참 후에 "기분 잡쳤다."며 털어 놓는
마눌의 얘기인 즉! 여자 세 명이 나갔는데 조금은 안면이 있는 연습장
프로가 쪼인을 하더란다. 고참 언냐와 중급 언냐가 동반하여 나가게 되
었는데 초보가 뭐~ 보여줄 게 있나 첫 홀부터 퍼드덕 퍼드덕!

　몇 개인지 개수도 알 수 없는 첫 홀을 끝내고 나니 정신이 없더란다.
마눌도 그 날 따라 대책 없이 허걱거리다 보니 초보 취급은 당연한 일!
　마눌은 프로 보기도 부끄럽고 언냐들한테 무시당하는 것도 싫고 해서
돈 준 것이 아깝지만 때론 공을 집어 들고라도 진행을 빨리 했단다. 그
럼에도 첫 홀이 채 끝나기 전에 고참 언냐의 표정이 출발할 때와는 180
도 달라져 있더라는데 "저것들을 데리고 어떻게 뜨거운 한나절을 보낼
까." 하는 표정이 역력하더라는 것이다.

　볼을 찾아 주기는커녕 저리로 가보라며 손가락질만 하고 진행이 늦을
까봐 뛰어가서는 공 앞에 기다리는데 저만큼서 어정어정! 이제는 눈치
보기에 급급하고 주눅마저 든 초보 2명이 더더욱 털썩거린다. 부끄러워
어쩔 줄 모르는데 고참 언냐의 푸~ 거리는 한숨소리는 귓전에 다가오
고 입마저 실룩거리며 먼 산을 봐 버리더란다. 진행상 "다시 한 번 쳐보

라."는 말은 못해도 손님을 비웃다니……

그 후부터는 고참 언냐는 얼마나 잘 치는지 몰라도 답답하다는 듯 아예 코치로 나서는 것이 아닌가!

"볼을 더 우측에 놓고…"

"아~이~ 히프를 더 돌리세요."

모르면 배워야겠지만 이 판국에… 허허~ 미치겠다. 간간이 레슨을 해주던 프로도 무안스러웠는지 자기 공만 열심히 치고 있고… 그러고는 몇 홀을 지났는가 고참 언냐가 대뜸 하는 말! "사모님들은 아직 골프를 몰라서 그런 것 같은데 좀 치는 분들은 냉커피도 갖고 오고 먹을 것도 주던데 아무것도 없네여." 하는 것이 아닌가!

누구는 뭐 몰라서 그러나? 갖고 오면 무겁다고 난리고 빈 손으로 오면 맹탕이라고 난리고 어느 장단에 춤을 춰야 하나? 몇 홀을 남기고 그늘에서 땀을 훔치는데 그 문제의 고참 언냐! 손님의 드라이버를 쑥~ 빼들고는 저벅저벅 티박스로 올라가더니 그것도 아주 자연스럽게 연습 스윙을 하는 것이 아닌가! 아무리 초보를 무시해도 그렇지… 어떻게?

그러고는 혼잣말처럼 "첨 보는 채인데 좋네! 신제품인가?" "꼴에 채는 좋네! 그런데 실력은 그뿐이냐!"는 비아냥처럼 들리더란다. 그래도 우째여 공 못 치는 우리가 죄라며 참자는 얘기까지 했다는데… 지겹디 지겨운 18홀이 끝나고 3명은 가끔 레슨을 해준 프로의 캐디피를 포함하여 4명의 캐디피를 그 동안 말이 없던 중급 캐디에게 건네줬는데 그 언냐 "푸로님 캐디피는 받았는데요."하며 머뭇거리는 순간 그 고참 언냐가 툭~나서더만 "우리 수고한 팁이라 생각하고 받을께여." 하고는 횡~하니 가버린다. 하나하나 되짚어 봐도 이쁜 구석이라고는 찾아볼 수도 없는데… 기가 찰 노릇이고 줄 때 주더라도 기분 좋게 줘야지!

누구는 뱃속에서 배워 나온 것도 아니고… 그렇다고 여자가 운동신경이 남달리 뛰어난 것도 아닌데… 남자 없는 세상(?)에서 놀아 보겠다며 나섰다가 이게 뭔 꼴인가? 때로는 초보를 인도해야 할 그들이 이런 식이라면 과연 여자 비기너들의 설 땅은 어디란 말인가? 연습 않고 무작정 따라 나선 자신의 탓도 있지만 "비기너라서 서럽고 오늘 만큼은 여자라서 더욱 서럽다."는 마눌의 말이 하루 종일 씁쓸하게 들린다.

술챈 볼과
캐디언니(1)

엄청 내린 비로 골프장마저 휴장한 날! 이러쿵저러쿵 열 받은 친구들이 모였다. 로스트 볼과 캐디언니! 오늘은 공 쳤으니 소주나 한잔 하자며… 소주병이 몇 개나 나뒹굴 쯤 열 받은 로스트 볼이 한 말씀!

아~ 써벌! 내가 아무리 두리뭉실하게 생겨도 그렇지 주인이 몇 명이나 바꼈는지도 모르겠네. 첫 쥔넘은 대갈통을 얼마나 때리는지 온 몸에 멍투성이야! 알고 보니 그 넘은 길거리에 두더지잡기 게임에서 보너스 2번 받은 넘이래! 매에 이기는 장사 있나! 도저히 견딜 수 없어 열 좀 식히려고 연못으로 도망갔지. 그넘 더럽게 열 받았을끼라!

그러고는 또 한 넘한테 잡혀갔는데 귀때기를 그렇게 때리더라고…… 알고 보니 그 넘은 애들 구타하다 짤린 선생 출신이래나! 그렇게 맞은 내가 몸인들 온전하겠나! 미친년 속치마같이 너덜너덜한데 이번엔 어떤 후배넘한테 나를 넘기더라고…

그 넘은 펭귄이 그려진 티셔츠에 바지까지 펭귄이야. 그리고 눌러쓴 모자는 꽤나 비싸 보였어! 그래서 오늘은 태어나서 처음으로 사랑받나 싶었지!

그런데 그 자슥! 내 머리 위로 휘리릭~ 헛빵질! 그리고는 주변을 두리두리 살피는데 알고 보니 보름만에 머리 올리러 온 넘이라네. 묵묵히 술잔을 기울이던 캐디언니!

"로스트 볼아! 어찌 그것이 너만의 슬픔이겠냐? 난, 비록 돈벌러 나왔지만 세상에 돈이면 다냐? 추잡스런 넘들 노는 꼴 보면 속이 뒤틀려서 미치겠어!"

"언냐! 왜???"

"말도 마라. 하루는 멀쩡한 넘들과 나갔는데 이건 완전히 내기팀이야! 각자 차를 갖고 와서는 전과 동입니다."

고개 끄떡임으로 동의를 받고는 그 말이 시작이고 끝이야! 그들의 시선조차 놓칠 수 없는 살벌한 경기는 시작되고 엎치락뒤치락하는 와중에 한 넘이 나를 구석으로 몰더라구! 그리고는 10만 원짜리 수표를 찔러주는 게 아닌가. 속으로 이 넘이 수작을 부리는구나 싶었지만 동반자에게 들키기라도 하면 분위기는 엿같이 될 터이니 나중에 캐디피로 대치하지 뭐 하고 받긴 받았는데… 홀홀 험악한 분위기는 이어지는데 그 자슥 공이 산으로 가네!

아무리 찾아도 공은 없고…… 당황한 그넘 옆구리를 쿡쿡 찌르며 알을 까란다. 내가 뭐 닭새끼야? 오리새끼야? 미친 넘! 옆구리를 찌른다고 알이 나오나! 옆구리 찌를 땐 삼겹살 들통날까봐 혼났네!

그런데 이걸 어떡해? 험악한 분위기에 단번에 7번 아이언이 날아 올 것 같으니 씨바~! 눈 딱 감고 처녀 알 낳네!! 그런데 그런 넘은 결국은 존나게 망하더라고…! 항상 경험하는 거지만 하루는 한 넘이 얼마나 치근대는지 공이라도 잘 치면 몰라 100개도 넘는 것이… 못된 것만 배워 가지고시리… 못된 송아지 엉덩이에 뿔난다고 소주 한잔 하자고 치근대는 거야!

그런 대로 생겼다면 몰라… 짜리몽땅한 것이 그 꼴에…! 그래서 기분이라도 맞춰주고 위기 모면을 위해 캐디들은 엉터리 폰 번호를 몇 개는 외워둬야 하거든. 이넘 저넘 엉터리라도 알려줄라면 말야… 그래도 무사히 라운드라도 마쳐야겠다 싶어 할 수 없이 하나 적어줬지. 그 자식 쪽지 받아 들고는 입 째질까봐 겁나데… 얼마나 벌리는지! 돈 2만 원 찔러주며 그 후론 카트도 끌어주고 난리 트위스트야!

오만 가지 그림을 그렸겠지… 만나면 어쩌고저쩌고… 그런데 그 번호가 자기 차 번호인 줄도 몰라! 지 네임택 보고 적어 줬거든… 머리 나쁜 넘은 연애도 못해요! 그런데 못생기면 캐디도 못하나? 하루는 자기도 졸라 못생긴 게 인상을 보니 내가 맘에 안 드는지 드라이버를 줘도 삐딱하게 서서 고개는 9시 방향으로 돌아서서 받는 거야!

누가 같이 살자고 했나? 공 치러 온 넘이 공만 치고 가면 그만이지 캐디 인물은 왜 따져? 하기야 자기 마눌이 못생겼으니 잘 생긴 캐디라도 만나고 싶겠지! 그러고는 하녀 부리듯이… 그린에서 공을 건네주면 이마에 뿔이라도 나는가! 휙~ 집어 던지고… 써벌 넘 씹던 껌이라도 있었으면 공 귀퉁이에 붙여놓고 싶더라구! 찍어주는 라인 안 맞다고 난리고 거리 안 맞다고 지랄이고… 공을 캐디가 치나 뭐! 치는 넘이 잘 쳐야지. 그런 넘은 집구석에 가도 대접 못 받으니 골프장에 와서 행세하려고 하지.

"로스트 볼아! 자냐?"

"아니 언냐~ 계속 씹어!"

"에구~ 이런 날엔 몇 번 라운드를 한 어떤 아저씨가 생각나~! 알아서 척척하고 열 받았을 때 열도 식혀 주고 카트도 잘 끌어주고 그러면서 항상 돈버는 게 어디 쉽냐며 돈 벌러 온 너희들이 잘해야 하고 참아야 하고 즐기러 온 우리는 양보해야 한다며 참 잘해줬는데… 이렇게 추적추적 비라도 오는 날엔 카바이트 불이 켜진 포장마차에서 같이 소주라도 한잔 했으면…"

"언니! 더 씹지?"

다음 휴장 때 씹고 이제 자야지. 아~ 술챈다아…!!!

골프
좋아하다
마늘
놓친다

난, 골프에서 가장 부담스럽고 싫은 것이 첫 홀이다. 출근길에 미끄러진 넘치고 하루가 편할 리 없고 한방이라도 날리면 개떡 같은 기분에 라운드를 망치니 말이다. 그런 기분이라도 살리려고 "첫 홀은 마카~보기"라는 말 같잖은 코리안 룰이 생겼는지도 모르겠다. 상대에게 인색하기로 유명한 우리나라 골퍼들의 처음이자 마지막 배려(?)가 아닐까도 싶다.

그런 부담 속에 오너라도 뽑는다면 완전히 죽음이다. 아무리 간댕이가 부어버린 넘이라도 몸이 덜 풀리고 구경꾼마저 줄줄이 지켜보는 마당에 굿샷이란 힘들다. 드라이버로 칠까? 아이언으로 칠까? 천 갈래 만 갈래 생각에 힐끔힐끔 뒤를 쳐다보고… 지랄! 잘 가든 못 가든 공은 앞으로 갈 건데 뒤는 뭘로 쳐다보는지! 괜히 돌아봤다가 꼴도 보기 싫은 상사라도 마주치는 날엔 연팡~쪼루 아니면 오비일 건데 말야!

계절이 계절인 만큼 주말 평일 구분이 없다. 그래도 시간이 흐르니 차례는 오는데… 뽑기통을 이리저리 흔들고는 제발 1번만큼은 뽑지 말아 달라고 빌었건만 조또~ 또 1번이다! 지랄났네! 걸리라는 복권 1등은 안 걸리고… 한 시간을 기다린 탓에 구석구석 아는 넘들이다. 하나같이 티 박스를 응시하는 저 시선들! 아~! 오줌이 마렵듯 밀려오는 조바심! 습관적으로 힐끔힐끔 뒤를 돌아보고… 콩닥콩닥 새가슴!

그립을 얼마나 쥐었는지 쥐마저 날 지경인데 눈을 떴는가 감았는가 립따~ 친 볼이 피~요~용~ 역시나 오비다. 씨펄~ 더럽게 쪽팔리네! 에구~! 몇 넘이나 지켜봤을까? 한 넘이라도 날려주겠지 하며 기대하지만 하나같이 칼이니 오늘도 개 끌리듯 하겠구나 싶다. 담배 한 대 물고 푸~! 어느 넘이 만들었는지 술 담배는 잘 만들었어! 마시고 피워서 죽는 것보다 열 받아 죽는 것이 더 빠를 것 같아 술 담배를 못 끊는다니까!

우박같이 쏟아지는 야지를 뚫고 "우짜든지 침착하자."며 마음을 다스리는데 예상 외로 그럭저럭 맞아 준다. 초반 오비를 낸 날은 일찍 포기해 버리는 더러운 성질 땜에 항상 죽통이 되었는데 전반을 끝내고 보니 주머니가 탱탱하다. "긁지 않으면 긁힌다"는 철학의 한 넘은 스스로 자빠지고 주둥아리가 쉴 날이 없는 또 한 넘은 신경전에 말수마저 적어지고 그래그래 더욱 침착하게… 겨우겨우 살얼음판 같은 18홀을 버티고 나니 온 몸이 뻐근하다.

첫 홀 오비를 내고도 근간, 호타를 친 기분에 도취되어 장갑을 벗는데 허걱~ 어~어~ 내 허리! 갑자기 숨이 멎을 듯하고 도대체 움직일 수가 없다. 이럴 수가… 겨우 나오는 건 억~억~ 소리뿐. 무리했다는 느낌은 들었지만 18홀 내내 통증 한번 없었는데 차에 탈 수도 내릴 수도 없을 정도였으니 공 잘 치고 뭔 지랄이야!

　하룻밤이 지나면 낫겠지 하고 덕지덕지 파스를 붙이고는 똥마련 개같이 끙끙 앓다 아침을 맞았건만 이젠 돌아눕기도 힘들다. 무슨 범 잡을 일이라고 그렇게 용을 썼는지 원! 그 넘의 골프가 얼마나 부담스럽고 긴장됐으면 이 모양이 됐을까! 끝나고 나면 조또 아닌데…

　내용 모르는 마눌왈 "남자 허리가 그렇게 부실해서 서방 노릇하겠냐?" 는데 골프 좋아하다 마눌 놓치는 건 아닐지 모르겠네!

그늘집 수박의 정체

울 마눌은 조금 더워도 탈! 조금 추워도 탈! 온도를 올렸다 내렸다 변덕이 죽 끓듯 한다. 서방 없이는 살아도 에어컨 없이는 못 산단다. 허기야 뭐 하나 제대로 해주는 게 없는 서방이니 에어컨 빼고는 뭔들 시원하게 해줄 게 있어야지. 팍팍 쓸 돈이 있나! 밤낮 까무러칠 자상함이 있나! 그나마 들들거리는 에어컨이라도 있으니 다행이다. 전기세 걱정 붙들어 매고 존나게 틀라고 했는데 정말 여름 날씨가 장난이 아니다.

맨날 36도에 혀줄기가 축축 늘어져서 한참을 굶었더만 온 몸이 쑤신다. 돈 주고 뭔 고생이냐 싶지만 그래도 먹던 넘이 굶어봐라! 참다 참다 안 되면 도둑질도 하는 법이니… 새벽 쪼인을 나갔는데 어떻게나 삶아대는지 괜히 왔다 싶다. 그래도 9홀을 돌고나니 제법 맞는 터라 9홀을 더 돌고 가겠다며 마눌에게 전활했더니 대뜸 하는 소리!

"이렇게 더분데 이 양반이 미쳤나!"

"!!!!!"

"씰때없는 소리 말고 빨랑 온나~"

"!!!!!"

"오늘 날씨가 얼메나 뜨거분데 주걸라 카나?"

어이구~! 언제 뭐 서방 뒤비지는 거 걱정했나? 혼자 다니는 게 눈꼴 사나워 심통 내는 거 다 알고 있다. 40이 넘으면 남자들은 왜 이렇게 기가 죽는지 모르겠다니까.

지난 주 일요일! 심통이라도 풀어 줄 겸 부킹을 해줬더니 한낮의 땡볕이라도 좋긴 좋은 모양이다. 새벽탕 가는 서방에게 뜨거운데 미쳤다고 난리였으니 대낮이 얼마나 더운지 고생 한번 해봐라 싶었는데 그 날 따라 구름이 쫘~악 깔리고 바람마저 불어 재끼니 씨벌 어찌된 기야? 패죽이고 싶은 날씨!

아무튼 그 날도 새벽같이 술독이 되어 들어갔으니 마눌이 죽을 쑤고 왔는지 밥을 태우고 왔는지도 모른다. 녹초가 되어 큰대자로 뻗어 자고 있는 걸 보니 더운 날씨에 엄청 퍼득거렸다는 느낌은 든다. 아침 밥상머리! 평소 상만 차려 주고는 먹든 말든 내버려두는데 오늘은 옆에 앉아서는

"어제 공 엄청 잘됐따~!"

"뭐가 잘 됐을까바~"

"아니~ 어푸로치가 깃때에 딱~딱 붙꼬~"

"치~ 재수였겠지 뭐!"

"아냐~ 롱홀에 파도 하고 트리풀도 없꼬~"

"그래서 몇 개 쳤는데?"

"96개~"

"멀리 건 받았겠지 뭐!"

"멀리 건? 하나도 안 빼묵고 다 적았따~!"

"!!!!!"

"시간만 있었으면 36홀도 했을 낀데…"

"어이구~ 미치겠다~ !!!"

그러고는 같이 간 친구 얘기를 늘어놓는데 저녁에 들자고 해도 꼭 듣고 나가라는데 마눌의 얘기인 즉! 그늘 집에 들어갔는데 남자들이 시뻘건 수박을 먹더란다. 그늘 집 수박이 얼만데 감히 엄두도 못 내고 미숫가루를 시켰는데 머리 올리고 5번째이니 여름 라운드는 처음인 마눌의 친구!

그늘 집에서 수박을 판다는 것은 상상도 못했을 터라 웬 수박이냐며 궁금하면서도 눈길은 자꾸만 그 쪽으로 간다. 얼마나 시원해 보이는지 침이 꼴딱꼴딱!!! 한 조각 줄 리도 만무하고 준들 받기도 민망하지만 어쨌든 여자 4명이 미숫가루를 퍼먹는 것이 넘 초라하더란다. 그것도 4명이 미숫가루 한 그릇만 달랑 시켜 숟가락 4개를 담가 놓고… 수박 생각에 숟가락질도 깨지락깨지락 맛이 있을 턱이 있나!

하나 둘 사라져 가는 수박 접시를 쳐다보고 있던 그 친구! "야~! 우리도 이럴 줄 알았으면 수박 한 덩어리 사올 껄!" 하며 "다음에 올 때는 우리도 수박 하나 사오자 웅!" 하는 게 아닌가! 무심코 순간의 심정을 내뱉은 소리였지만 그늘 집은 일순간에 폭소마당으로 변해 버렸으니… 마지막 조각을 우적우적 씹던 한넘이

"아줌마 이거라도 드실래여? 히히~ 우리도 여기서 사 먹는 거예여~!"

순간 쪽팔려 죽는 줄 알았고 배가 당겨 골프마저 망친 3명! 그런데 그

수박 몇 조각이 2만 원이라는데 또 한번 죽을 뻔한 그 친구! 그렇잖아도 한 번씩 나올 때마다 눈칫밥이 이만저만이 아니었는데 숨이 넘어갈 수밖엔!

　모처럼 보낼 때는 누른 카드 한 장 쫙~ 빼주세여! 그렇게 줘도 여자들 나몰라 하며 찍~찍~ 못 긋습니다. 어떤 세상인데 시장 다녀 본 마눌들이 먼저 압니다. 함부로 긋고 다니면 집구석 거들난다는 것도 압니다.

　에어컨이 일년 12달 내내 켭니까? 그늘 집 수박이 맨날 있습니까? 모처럼의 외출을 화려하게 기분 나게 기 죽이지 말고 이거 때로는 필요합니다요!

부부싸움!
골프로
풀어라

부부 싸움이라는 게 참 우습다. 등 돌리면 남이라지만 등 돌리기가 그리 쉽던가? 하루에도 수십 번 울컥거리다가도 곱씹어보면 그것도 아닌데 섭한 소리 한 마디에 마눌은 며칠째 퉁퉁 부어 있다.

말이라는 건 어디서든 서로가 조심해야겠지만 더러운 성질이 치밀 때는 물불 구분이 안 되니 말이지. 다툼 없이 생을 즐기고 마감할 수 있다면야 그보다 좋을 순 없지만 그렇게 생각대로 되는가 말이다. 아옹다옹하다가도 자고 나면 반성하고 후회하고 그러면서 성숙되고 양보하며 사는 게 부부인 것 같다.

그 와중에 한 넘이 연락이 왔다. 일요일에 부부끼리 공이나 함 치자고… 젠장! 하필 전쟁통에 유람을 가자니! 남의 집구석 사정이야 죽인지 밥인지 알 리 없는 그넘. 그렇다고 구구절절 쪽팔리게 말할 수도 없고…

아무튼 그러자고 대답은 했건만 찝찝하다.

자존심에 선뜻 가자할 수도 없고 혼자 가려니 그렇고 더군다나 취소도 늦은 상황! 에라이~ 모르겠다. 어차피 부부야 지지고 볶으며 사는 건데 말이라도 해야지. 씨벌~ 아니면 혼자라도 가지 뭐! 그렇잖아도 투박스런 경상도 넘인데 싸움 끝에 뭔 애교가 있겠나! 거두절미 하고 "낼 공치러 갈끼다… 4시에 일어나라!"

싫지는 않은 듯 힐끔 쳐다보고는 "누구캉 갈낀데…?" 그나마 남은 자존심에 삐딱하게 서서는 "걍~가면 안다." 더 이상 반응이 없다.

새벽! 일어나니 꼼지락꼼지락거리며 찍어 바르고 난리다.

"흥~그래도 공은 치고 싶은가 보네."

새벽바람이 선선하다. 벌써 가을인가! 아직은 껌껌한 시간, 마음도 껌껌한데 날씨마저 꾸물꾸물 비가 오려나?

"더운 것보단 낫다 그지?"

씨바~! 대꾸가 없다. 하늘을 찌르는 자존심에 그렇잖아도 말수가 적은 두 입이 가는 길 내내 곰팡이가 생길 지경이다.

골프장! 남의 사정을 알 리 없는 그들. 멋지게 한번 붙어보자며 전의를 불태우는데 아무렇지도 않은 듯 맞장구를 치고… 평소, 같이 치고 싶었던 부부였는데도 마눌의 표정은 시큰둥! 에고에고 가시방석! 주는 것도 받는 것도 없이 팀 매치를 하는데 여간 빡빡하지 않다. 한두 점 차이로 박빙의 게임이 이어지는데 협동(?)없이는 될 리가 없잖은가? 어제의 싸움을 생각할 여유조차 없다. 도둑넘이 서방의 지갑을 넘보는데 밉다한들 어찌 나 몰라라 보고만 있겠는가!

흥미진진한 승부에 뿌루퉁은 간 곳 없고

"아빠! 몇 번 치꼬?"

이기기는 이겨야겠고 판단이 서지 않는 모양이다.

"피칭은 짤때이~ 오르막인데 9번쳐라 마!"

온그린을 시키고는 "아빠 말이 맞네!" 말문마저 틔워주는 이넘의 골프가 참 신기하다. 달리하는 이넘도 스포츠가 바꾸는데 부부 싸움쯤이야! 막판에 상대 마눌이 흔들어 주는 바람에 이기고 나니 자기 땜에 이겼단다. 그랴그랴 당신 땜에 거덜 날 뻔한 지갑 찾았네.

늦은 아침을 먹고 나니 꾸물꾸물 하던 날씨도 확~개고 배마저 채우고 나니 아쉬웠던지 더 칠 수 없냐고 묻는다.

"멀쩡한 휴일에 자리가 어딨나?"

"올만에 왔는데 함 알아바라?"

"뭐 알아보고 할 때가 어딨노?"

"그래도~!"

저렇게 좋아하는데 나 몰라라 할 수도 없고. 말은 그렇게 해도 내가 더 치고 싶은 걸! 이리저리 쑤시니 하나가 턱 걸린다. 전화를 끊고 나니 "우리 서방 빽 죽인다."고 난리다. 우쒸! 죽이긴 뭘 죽여? 당신이 날 죽이지! 짱짱한 날씨에 36홀이라! ㅎㅎㅎ~ 36홀! 아무나 하는 건줄 아냐! 포기하기만 해봐라. 오늘 극기 훈련 함 시켜주마!

땀에 절인 옷을 다시 털어 입으니 시쿰한 냄새가 코를 찌른다. 어쨌든 마눌이 좋다는데 그까짓 냄새쯤이야! 비온 뒤 땡볕이라 반쯤을 돌고 나니 아랫도리가 흐느적거린다. 요번엔 양보를 해주자고 해도 스포츠에 뭔 양보냐며 푹푹 찌는 날씨인데 마눌은 끄떡도 않는다. 또 자기 덕에 이기고 나니 기분이 좋은 모양이다. 그러고는 "9홀 더할 수 없냐"고…… 아무리 밉기로서니 기분 맞춰주는 서방이 불쌍치도 않나?

부부 싸움! 칼로 물 베기라지만 요즘은 그렇지도 않은 세상인데 어떻게든 풀어야지 쌓이면 서로 서로 병이 된다. 태생이 다른 인간이 만나 살다보면 소홀함도 서운함도 있겠지. 이해 못함에 부족함에 때론 짜증도 날 거고…… 하지만 우리가 천년만년 살 것도 아닌데 뭘 원수가 졌다고!

부부 싸움! 18홀 동안 몇 번 있을 법한 쪼루와 뒷땅으로 생각하면 어떨까? 잘 맞은 드라이버, 똑똑 떨어지는 퍼터만 기억할 순 없잖은가. 우리가 18홀 내내 행복하고 즐겁지만 않았듯이 말이다.

약값이
싼가
그린피가
싼가?

    한 달 가까이 꿈쩍도 않던 마눌이 봄바람이 든 모양이다. 겨울 내내 몇 번이 고작이었는데 준비도 연습도 없으면서 산 같은 엉덩이만 들썩거리니…… 누구나 철이 바뀌면 옷 타령이 늘어지듯 마눌도 예외는 아니다. 나프탈렌 냄새가 진동을 하는 옷장을 열었다 닫았다 이 옷 저 옷을 입어보지만 끝내 맞는 옷이 없다며 속앓이를 한다.

  긴 겨울을 먹기만 했지 뺄 줄은 몰랐으니 맞는 옷이 없는 건 말밥이지! 터질 듯한 바지에 남의 물건같이 붙어 있는 허리 살! 작년 봄만 해도 풍덩하던 티셔츠가 쫄티를 연상하듯 굵어 버린 팔뚝! 그런데 웃기는 건 시집 온 20대에는 방문 걸어 잠그고 옷을 갈아입었고 30대에는 돌아서서 옷을 갈아입더니 나이 마흔 살이 넘은 요즘은 어찌된 판인지 홀러덩홀러덩 닥치는 대로 벗어 던진다.

정작 보자고 할 때는 뭔 비밀인 양 질질 빼며 감춰대더만 요즘은 싫다는 대도 뻔뻔스럽게 뱃살을 움켜잡고 흔들어 댄다. 팔팔하던 20대에 못 벗어 안달이던 남자들은 40대를 넘기면서 오줌 줄기가 약해지면 감추기에 급급하는 것과 이렇게 대조적인지 모르겠다.

세상도 어려운데 뭔 철철이 옷이냐던 마눌도 입어보니 아닌 듯 이월 상품이라도 사야겠다는 걸 보니 뱃살은 늘어나고 주름살은 깊어져도 여자는 여자인가 보다. 봄이라며 머리도 자르고 물도 들이고 거울 앞에 서는 시간은 길어지지만 예전 같지는 않으니 씁쓸한 생각도 든다. 지지리도 말을 듣지 않는 농땡이 서방 거두랴 깊은 주름 생기고 두 자식 스무 달 뱃속에 넣고 다녔으니 뱃살 늘어나는 건 당연한데…

코앞에 닥친 라운드를 의식한 듯 연습이라고는 없던 마눌이 아침 먹고 휘두르고 점심 먹고 휘두르더니 끝내 해파리가 되어 버렸다. "여길 만져라 저길 주물러라." 등허리엔 파스를 덕지덕지 붙이고 내일이 라운드인데 밤새도록 숫개 불알 앓듯 끙끙거리니 이 넘의 골프 땜에 늘그막(?)에 홀아비 신세는 아닐지 걱정마저 든다. 엎어져 잠든 모습이 오늘같이 측은스럽기는 처음이다. 평생 병치레 한번 하지 않는 무쇠인 줄 알았는데…

아침! 딸가닥 소리에 깨어 보니 막내 넘을 태워 주러 가나 보다. 오늘은 내가 태워 준다고 그랬는데 언제 일어나서는… 죽는다던 마눌은 팔팔한데 만지고 주물렀던 서방은 파김치가 되어 있으니… 요즘 따라 생각없이 지나쳐 버린 세월의 느낌이 온다. 드라이버 거리가 짧아지고 스틸아이언 들기가 무리인 듯 느껴지고 "선배님! 퍼터는 눈입니다. 눈~!"이라는 광고 카피가 남의 일 같지 않으니 말야!

날씨는 정말 봄이다. "야~! 오늘 날씨 쥑인다."며 들어온 마눌의 입은 귀에 걸리고 봄옷을 챙겨 입는 손도, 찍어 바르고 그려대는 손도 가볍다. 이 넘의 골프가 명약인지 봄이 보약인지 죽는다던 마눌도 살려 놨으니… 펑퍼짐 엉덩이도 오늘은 무겁지 않은지 걸음도 가볍구먼!

저렇게 웃는 모습이 평생이려면 니미~ 똥 묻은 빤쮸라도 팔아서 그린피라도 대야 할 판이니 약값이 싼지 그린피가 싼지 모르겠다. 라운드를 마치고 오후 느지막한 시간에 나타난 마눌!

"날씨 진짜~ 죽이더라!"

"공도 죽였냐?"

"공이야 못 치면 어때~! 그래도 100개는 안 넘겼따~!"

그 말이 며칠이나 갈는지 모르겠다. 연습하고는 담을 쌓은 지 오래면서 갈 때마다 속 터져 하고 뜻대로 되지 않을 땐 늪에 빠진 짐승같이 바둥거리면서… 그래도 오늘은 봄이라는 이유만으로 100개를 쳐도 가벼운가 보다.

화장기 없는 마눌의 얼굴이 봄이지만 까칠해 보인다. 쉰 머리칼 하나에 가슴 철렁해 하던 몇 해 전 마눌도 이제 주름마저 깊어지고 구석구석 병치레도 잦아진다.

그것이 세월인데도 우리는 그것을 부정하고 살아간다. 짧아지는 비거리에 섬세함의 숏게임마저 예전 같지 않은데 늘어나는 타수에 순응하여야 함에도 그것을 부정하니 이 넘의 골프와 인생은 참 웃기는 종목이다.

중국 넘 빤쥬

매년 휴가라고 다니지만 항상 끝물에 가니 사실 재미가 없다. 애들이야 벌써 지들끼리 흔들고 다니니, 골프 아니면 부부끼리 뭐를 하랴! 그래서 해마다 골프로 휴가를 때우는데 짝이 있어야 놀든지 말든지 하지.

하지만 교통도 그렇고 해서 끝물이 휠 낫다고 생각했는데 마눌은 아닌가 보다. 요번엔 우리도 남 놀 때 같이 놀아보자며 설치고 난리인데 이걸 어째! 장사라고는 개점휴업인데 "넘어진 김에 쉬어 간다."고 작정을 했다.

이곳저곳 찔러 일정 맞추고 어렵게 비행기표 구해놨건만 문제는 조그만 트집으로 일주일이 넘도록 마눌 입이 나와 있다는 것이다. 마음도 몸도 쉬어가는 휴가인데 입이 댓발이나 나와 있으니 이거야 원~! 젠장~ 늘그막(?)에 지지고 볶을 수도 없고 흐르는 게 세월인가! "망치가 가벼우면 못대가리가 튄다."고 남자는 갈수록 기가 빠지고 여자는 갈수록 더 세지니 뭘 수밖에… 에구~ 우리 집만 그런가?

그래도 날짜가 가까워지니 히죽히죽 두 얼굴을 가진 마눌! 서방보다 좋고 골프를 위해서라면 죽어도 즐겁다는 마눌인데 죽고 못 사는 골프가 있는데 마음대로 성질대로 살 수 있나 뭐! 아침부터 이 보따리 저 보따리 몇 개나 만들어 놨다. 피난 가는 것도 아니고 신혼여행도 아닌데 이 일을 어찌하겠어? 입은 댓발이라도 좋긴 좋은가 보다.

휴양지라서인지 새벽부터 북적거리고 날씨 또한 보통이 아니다. 모두들 그늘과 물을 찾는 마당인데 땡볕에 어찌된 일인지 모르겠다.

선크림? 그거 찍어 발라봤자 말짱 헛일이다. 바르자마자 질질 흘러내리니…

울 아버지는 뭔 공사를 이렇게 해놨는지 전혀 방수가 안 된다. 라이트가 밝나 메모리가 제대로 되나 곳곳에 부실 공사이니… 허긴, 아무리 잘 만들어 놔도 소용없지 무식하게도 써먹었으니 말야.

제주도 골프장은 여러 차례 코피를 흘린 경험에 넘 조심스럽다. 잔디는 꼬불꼬불 그린은 오르막 내리막 헷갈리기 좋을 만한데 제주도 라운드는 처음인 마눌은 오죽하겠나! 마음의 공은 늘상 깃대 옆 투온이지만 어깨엔 바짝바짝 힘이 들어가고 대가리에다 뒷땅에다 운행 중에 양파를 해버리니…

"잔디가 뭐 이런노?"

"내리막인데 공이 이거삐 안 가노?"

씨벌~! 내 코도 석자고 육수가 질질 흐르는데 뭔 질문이 그리 많아~! 몇 번의 경험으로는 도저히 잔디를 읽을 수도 없고 한라산 쪽은 높고 바다 쪽은 낮다는 원론적인 설명 외엔 할 말이 없다. 골프에 별 관심이 없는 옆집 부부도 헷갈려 죽는가 보다. 왔따리갔따리 3퍼터 4퍼터는 밥 먹듯 하고… 그럴수록 숨이 가빠지는 언니들! 아무리 가르쳐도 짧아 버리고 길어 버리니 진땀을 흘리고 있다. 그래도 친절하고 애교도 만

점이고……

"사모님! 이쪽인데엽!"

"그쪽이라꼬요? 이쪽이 아잉강?"

"사모님! 내리막임당!"

"언나! 아무리 봐도 오르막인데?"

어~ 씨브럴! 제주도 와서는 무조건 언니 말만 들어라 했더니 중국 넘 빤쮸를 입었나 믿지를 않네!

옛날 막내를 임신하고 초음파 검사를 하는데 의사가 아들이라고 말했다.

"아저씨! 진짜 고추 맞어여?"

"예! 고춥니다 축하합니다."

"진짠가엽?"

모니터를 보여주며 이것이 고추라고 설명을 해도 마눌은 믿지를 못한다.

"아닌 것 같은데… 참말로 고추 맞어여?"

"??????"

열 받은 의사 양반 "아줌마! 고추 한 번도 본 적 없어요?"

"다시 한 번 봐주세여!"

뚜껑 열린 의사 왈 "아줌마! 그렇게 못 믿으면 내껄 보여 드릴까요?"

마눌도 지랄 같은 성질이지만 의사 그 양반도 조꺼튼 성질이네. 울 마눌은 이렇게 고집불통이니 골프 또한 제자리 뛰기 일 수밖에… 아니나 다를까 100개라는 스코어를 보고는 한숨만 푹푹 내쉰다. 그러면서 뭐가 문제냐고 묻는다. 휴가를 왔으면 즐겨야 하는데 낯선 골프장에서 스코어에 집착한 탓이고 초보자가 있다고 해서 뭔가 보여주기 위한 골프가 되어서는 안 된다며 주절주절 말을 했더니 고개를 끄덕인다. 이렇게 고분고분 했으면 맨날 업어 줄건데… 쩝쩝~! 근데, 말은 쉬워도 "즐기는 골프" 그거 어디 맘대로 됩니까?

술챈 볼과
캐디언니(2)

누가 가을을 남자의 계절이라고 했는지 몰라도 어제같이 파릇한 가로수가 불그스레하게 물들어 봐여! 우리 같은 노처녀들은 또 한 해를 넘기나 싶어 안절부절 하는데 보는 넘은 전부 유부남뿐이니 찍을래야 찍을 수도 없고… 뻔히 보이는 숏홀에 양파한 것보다 더 속이 상할 땐 소주가 최고라!

날 버리고 간 넘 생각에 한잔 하고… 맞선이라도 볼라치면 열 받아 한잔 하고… 매너 엿 같은 넘 땜에 속 터져 또 한잔! 혼자 먹기도 청승 맞고 이 넘의 로스트 볼은 뭐하는지? 삐리리 삐리리

"로스트볼! 뭐하냐?"

"언냐! 로스트가 뭐 할 일이 있냐. 맨날 로스트지 뭐!"

"야~ 지난 봄에 한잔 하고 못했자누! 한잔 어때?"

"마침 술 고픈 참에 조치~"

주거니 받거니 니가 옳고 내가 옳고 퇴짜 놓은 넘 안주삼고 매너 똥

같은 넘 안주삼아 죄 지은 넘은 귀도 가렵고 재채기도 나겠지!

"언냐! 씹는 김에 계속 씹어봐?"

"ㅎㅎㅎㅎ… 그랴그랴!"

"언니는 하루에 몇 번이나 웃냐?"

"웃고 싶어 웃는 건 10번쯤 될까!"

"그러면 언냐는 40대 아줌마야!"

"말 못하는 애기들은 하루에 400번을 웃는 반면에 40대 성인은 13번을 웃는대여… 그러니…"

"그래 우린 웃고 싶어도 웃지 못할 때가 너무 많지만 웃고 싶지 않아도 웃어야 할 때가 더 많으니 지랄 같은 직업이야."

어느 날엔가 비가 엄청나게 왔지. 치던 팀도 포기하는 마당에 무슨 원한이 맺힌 넘들 같이 세 넘이 저벅저벅 걸어 나오니 어쩌겠나! 그 날씨에 누군들 좋을 리 있겠냐만은 손님인데 그래도 반기며 맞이했는데! 문제의 4홀! 드라이버 잘~간 한 넘이 기고만장하는데…

"언냐 얼마 남았어?"

"거리상은 140인데 비를 감안하세여!"

"그래서 합이 얼만데?"

"글쎄여? 150정도…?"

"그러면 6번!"

그런데 그린을 훌쩍 넘어 막창이 나버리네. 순간 얼굴이 붉으락푸르락 하더니 "이런 써벌! 조또~ 모르는게… " 하면서 6번 아이언을 산 속으로 획~집어 던지는 게 아닌가. 이거 얼마나 황당하냐? "조또 모르는 것한테 묻긴 왜 묻냐?"고 진짜 묻고 싶었지만 그래도 참는데 "야? 뭐해 빨리 찾아와~!" 하는 거야! 아무리 이 나이에 이러고 다니지만 뭘로 보는지.

"내가 뭐~ 포수 따라 나온 사냥개도 아니고… 씨발."

"그래서?"

"손님이 오비 낸 볼은 찾아 와도 오비 난 클럽은 못 찾아온다고 버텼지!"

험악한 분위기가 연출되는데 그래도 일행들이 말리고 그들이 클럽을 찾아와서 넘어갔지만 열 받아 미치겠더라고… 그러고는 욕보인다고 매 홀 세컨샷에는 클럽을 서너 번씩 바꿔 달래니 아이고~ 더럽고 치사하고 아니꼽고 원~! 그런 조꺼튼 성질로 내기를 하니 될 턱이 있나? 결국은 자기 성질 못 이겨서는 존나게 터지더라고…

끝나고 나니 그렇게 허탈할 수가 없더라구. 빗속에 그런 개소리를 감당하고도 웃어야 하니 말야. 빗물인지 눈물인지… 휴~

"언냐 속도 넓지 그러고도 그냥 됐냐?"

"언냐 그런데 하루는 그린 뒤에 감나무가 많은 몇 홀인가 있잖아! 한 넘이 오비를 내고는 클럽을 땅에 내리치며 짜증을 내더만 오비 티에서도 그린을 오버시키는 막창 오비를 낸 거야. 혹시나 해서 웨지를 들고 털레털레 내려간 넘이 와야 말이지. 일행들은 어차피 양파이니 포기하고 다음 홀로 넘어 간줄 알았지. 그런데 다음 홀에도 사람이 없는 거야."

"캐디생활 10년에 로스트 볼은 숱하게 봤지만 사람이 로스트 되는 건 첨이네."

그런데 웃을 일이 아니잖아. 사람이 행불됐는데… 일행 중 한 명이 혹시나 해서 그린 뒤로 가니 글쎄 그 넘이 쭈그리고 앉아 있더래!

"웬 일이래?"

"다음이 중요해여… 나중에 들은 얘기지만 그 넘이 소변이 마려워 꺼내놓고 볼일을 보는데 코 앞에 휘어진 감나무 가지에 매달린 홍시가 그렇게 먹음직스러워 손을 뻗친 것이 그만… 앞으로 고꾸라진 거야. 바지를 추스릴 새도 없이 경사진 러프에 엎어졌으니… 글쎄 여섯 바늘이나 꿰맸다지 뭐냐!"

"그넘 집에 가서 맞아 죽었겠네! 새벽거치 나가더만 뭔 헛지랄하다가 깨물려 들어오느냐고…"

ㅎㅎㅎㅎ… 언니 이럴 땐 웃는 거 맞지? ㅎㅎㅎㅎ… 그 넘의 완쾌를 위하여 건배! 크~~~~

로스트야! 얼마 전엔 진짜 치사한 넘 만났는데… 무슨 일이냐면 몇 번을 같이 라운드 한 넘인데 이 넘은 볼 때마다 내기를 하자는 거야! 커피 내기 쵸콜렛 내기 등등 있잖아. 분위기 맞춘다고 그러자고 했는데 하루는 캐디피 내기를 하제! 85개에 언더를 치면 캐디피를 안 주고 오버를 치면 더블로 준다는 거야. 지금까지 그래 왔듯이 농담 삼아 그러자고 했는데 이 자슥 83을 치는 거야. 그래서 사장님 제가 졌네요 했지.

그런데 라운드를 마치고 클럽 확인까지 했는데 줄 생각을 않는 거야. 그러고는 언냐 고생했다며 손을 흔들며 쩔레쩔레 가는데 이게 무슨 낭패여! 따라 가며 달랠 수도 없고… 일행들에게 말해도 그 넘한테 받으라니 쪽팔려 죽는 줄 알았네. 그 돈 없어도 살겠지만 야~ 치사빤쮸다!

언냐! 이제 반 술은 된 것 같은데 하나만 더 할게! 하루는 40초반 쯤 되는 네 넘이 왔어. 첫 홀부터 내기를 하는데 주거니 받거니 하더니 막판쯤에 졸라게 터진 넘의 공이 산 중턱 러프로 갔겠다!

얼마나 깊은 러프인지 머리만 보일 정도야. 터진 넘은 이래도 터지고 저래도 터진다면 포기할 법도 한데 기어코 올라가는 거야. 포기 않는 정신은 좋지만 찾은들 어떻게 꺼내려고? 일행들은 세컨샷마저 끝내고 힐끔힐끔 돌아보며 저만치 가는데 그 넘이 '공 찾았따!'며 고함을 치는데 관심 없는 일행들은 나올 테면 나와 보라는 듯 물끄러미 쳐다보는데 정

확히 페어웨이 가운데로 공이 하나 뚝~떨어지는 거야! 그러고는 허겁지
겁 뛰어 나오며 "내 공 봤나? 어디로 갔노?" 그런데 이 일을 어쩌랴. 그
넘의 손에는 클럽이 쥐어 있지 않았으니… 그걸 발견한 동반자 왈
"야~ 너 그렇게 깊은 러프에서 어떻게 탈출했냐? 뭘로 쳤는데?" ㅎㅎㅎ
ㅎ… 그 자슥! 돈은 터졌지 본전 생각은 간절하지 에라이~ 모르겠다며
손으로 휙~ 집어 던진 거야. 언냐 이럴 땐 웃어야 되나 울어야 되나?
나 같으면 맞아 죽을 때 죽더라도 실컷 웃고 죽겠네. ㅎㅎㅎ.

열 받을 일도 많고 재밌는 일도 많고 웃고 울리는 이 넘의 골프 땜에
우리는 먹고 살지만 해도 해도 너무한 몇몇 넘들의 짓거리를 보면… 골
프 배우고 싶은 생각이 사라져 버리네.
"그러게 말여. 이꼴 저꼴 보기 싫으면 얼릉 시집이나 가여."
"야이씨~ 시집을 혼자 가나."
"씨잘때기 없는 소린 집어치우고 내일을 위하여 건배나 함세."

떡 먹고
떡 됐어요

요즘 따라 땜빵이 엄청 들어온다. 짱짱한 넘이라면 어느 누가 불러주겠냐만은 맨날 칠 라닥팔라닥 허걱거리고 다니니 그렇게 찾는 넘들이 많은 것이다.

어느 날 후배의 꼬임에 땜빵으로 참석을 했는데 "잘 치는 행님 모셔 왔다."며 줄줄이 인사를 시킨다. 생판 처음 보는 넘들이라 조심도스럽고 저 넘이 그 넘이라는 소문에 지켜보는 넘도 많고… 뭔가 보여줘야겠다는 욕심의 싹은 비 온 뒤 대나무처럼 하늘 높은 줄 모르고 자라나니 이 일을 어찌하겠나!

인간 덜 된 것이 촌수만 높다더니 보여줄 거라고는 개코도 없으면서 핸디캡만 낮아 가지고는… 쯧쯧! 그 넘의 욕심이라는 주머니는 밑도 끝도 없는가 보다.

첫 홀부터 드라이버 샷이 코앞에 톡 떨어지더니 그나마 맞아 주던 아이언마저 배신을 당긴다. "그래 그럴 수도 있지 뭐." 하며 마음을 비우지만 돌아서면 또 힘이 들어가니 미칠 일이지.

"저 넘들이 뭐라고 생각할까?"

괜한 걱정에 사로잡혀 몸은 돌부처같이 굳어만 가고 꼴에 고수라고 핸디는 한 움큼씩이나 쥐어 줬지. 한 홀 한 홀 지날 때 마다 속은 타는데 내색은 못하겠고 이제는 불러준 넘에게 조차 미안스럽다.

"형님 편하게 칩쇼!"

(야이~ 씨발! 너 같으면 편하게 치겠냐?)

"괜찮타~ 나는 썰렁썰렁 칠 테니 너거나 잘 쳐라."

(사실은 조빠지게 치는데 뭘!)

허걱거리며 몇 홀을 지나는데 한 넘이 꺼먼 봉지를 내민다.

"행님! 떡임다요."

"뭔 떡?"

"행님! 간식을 준비했습다요."

촌넘들 소풍 온 것도 아닌데 하필 간식에 떡이 웬말이냐! 아무리 떡을 좋아한들 목구멍이 바싹바싹 말라가는데 이 자슥들이 목구멍 막혀 뒤비지게 할 일 있나? 씨발! 엿먹인다는 소린 들어도 떡 먹인다는 소린 첨이구먼!

떡이라면 자다가도 일어나니 나의 떡 사랑은 누구도 못 말린다. 쌀 한 톨 구경 못하던 시절에 이웃집 제삿날은 줄줄이 기억했고 동네잔치라도 할지라면 그 집 문 앞의 1순위는 나였다. 먹거리가 귀하던 시절이었으니 안 줘서 못 먹고 없어서 못 먹었지만 유독 떡을 좋아했고 지금도 변함이 없다.

아무튼 네 넘이 들판에서 한 입씩 깨물고는 우물우물! 언냐도 우물우물!

"행님! 이제는 잘 될껍니다요."

"깃때 옆에 떡~떡~ 함 붙여보쇼!"

이 자슥아! 떡 먹고 잘 친다면 씨벌 방앗간을 차려도 벌써 차렸겠다. 붙이는 건 고사하고 뚜벅뚜벅 맞아만 줘도 다행인데 뭔 소리야!

롱홀이다. 드라이버 거리가 엄청스럽게 나간다. 떡 때문일까? (공이 안되니 별 지랄을 다하네.) 만만한 거리! 투온을 노릴까? 말까? 우드를 들었다 놨다! 걍~안전하게 5번 아이언을 빼들고… 립따~! 허걱! 이런 개같은… 정확히 45도로 꺾이는 쌩크! 다시… 흐흐~ 미치겠네! 똑같은 위치로 또 쌩크! 흉내도 낼 수 없는 똑같은 쌩크를 두 방씩이나… 동반자들은 3온을 시켜놓고 기둘리는데 이게 뭔 지랄인가! 겨우겨우 홀아웃을 하고 나니 언냐가 양파란다.

대가리가 어질어질 이젠 채 잡는 것조차 겁이 난다. 어떻게 쳐야 할지 그 전엔 어떻게 쳤는지도 모르겠고 대가리 속은 온통 먹물만 출렁거릴 뿐이다. 떡이 뭔 죄이겠냐만은 떡 먹고 떡 된 일을 잊을 수 없을 것 같다. 이유 없는 오비가 어디 있으며 이유 없는 쌩크가 어디 있겠냐만 그것이 핸디캡이라는 걸 아직도 깨우치지 못하고 있으니……

어쩌다 한번 친 자신의 베스트가 핸디캡인 양 우쭐거리다가 거기에 못 미치면 속은 속대로 타고 열은 열대로 받으니… 100개 치는 넘은 바보고 언더 친다고 천재는 아닐 텐데 자신이 짜맞춘 핸디캡에 너무 집착하는 건 아닐까? 속빈 강정같이 과대 포장된 핸디캡이 부끄러울 따름이다.

이런 남자
골퍼 싫다

그리 멀지 않은 옛날이지만 골프가 흔하지 않았을 그때! 라운드가 끝나면 하나같이 서로의 눈치를 보며 자신의 캐디백을 확인하는 버릇이 있었다. 오늘도 나의 백은 무사한가?

골퍼의 매너를 뜻하는 별표를 찾는 것이다. 그 별의 숫자만큼이나 매너가 캡이라면 다행이겠지만 치사한 넘, 얌체스러운 넘, 밉깔스러운 넘, 느끼한 넘 등등. 이런 골퍼들에게 따라 다니는 훈장인 것이다.

눈에 띄지 않는 곳에 그려진 별의 숫자를 보고 대접을 달리했다는데… 언제 누가 그렸는지 모르는 그 별! 모 골프장엔 7STAR까지 탄생했다니… 그 후 고객들의 항의로 이 제도(?)는 폐지 됐다지만… 캐디들이 싫어하는 남자 골퍼들의 유형을 살펴본다.

얄미운 골퍼
1. 첫 홀 티박스에서 "언냐? 롱티 있슴 하나줄래?" 하는 넘.
2. 카트 끌어준다며 손만 얹어놓고 따라 다니는 넘은 그나마 다행이고.

무게가 다르다 싶어 혹시나 해서 돌아보면 끌려오는 넘.
3. 수동카트일 땐 먼 산 보고 있다가 전동카트는 먼저 운전하려는 넘.
4. 동반자 눈치 보며 볼을 툭툭 쳐내서 좋은 위치로 옮기는 넘.
5. 그린에서 마크하고 다시 놓을 때 한 뼘 이상 옮기며 때론 동전을 공
   앞쪽에 휙~ 던지고 볼 집는 넘.

밉깔스러운 골퍼
1. 피던 담배 들고 있으라 하고 꽁초 버리라고 쥐어 주는 넘.
2. 숏 퍼터가 홀컵을 뺑 돌아나와 메~롱 했는데 기분 나쁘다고 주워 오
   라는 말도 없이 그냥 가버리는 넘.
3. 산에 올라간 볼을 같이 찾을 생각은 않고 밑에 서서 "그기 말고 소나
   무 뒤로… 아니 조금 더…" 하며 뒷짐지고 기다리는 넘.
4. 벙커에서 공의 반대편에서 저벅저벅 걸어 와서는 벙커를 개판으로 만
   들고 그냥 가는 넘.
5. 그늘 집에 장갑, 모자 두고 와서 찾아오라는 넘.

느끼한 골퍼
1. 안마 시술소인 양 홀홀 어깨 주물러 달라는 넘.
2. 달고 나온 명찰 뻔히 보이는네 성이 [박]이냐? [백]이냐며 가슴에 명
   찰 만지려는 넘.
3. 아무 곳에서나 바지 내려 칠칠 깔기고 잘못 틀어 서너 방울 묻혀 다니는 넘.
4. 그린 위에 켁켁거리며 가래침 뱉는 넘.
5. 자신의 걸음조차도 힘들면서 추근대는 노골퍼.

한심한 골퍼
1. 공은 100개도 넘게 치면서 집이 어디냐 나이가 몇 이냐?며 공치는 것
   보다 캐디 연구에 시간을 더 할애하는 넘.
2. 자기 마눌하고 왔어도 그런 짓을 하는… 때려 죽일 넘.

3. 분명히 해저드에 퐁당했는데 빡빡 우기며 찾고 다니는 넘.
4. 20m가 넘는 롱 퍼트인데 선상에 있는 솔개비를 하나하나 치우는 넘.
5. 헛바람 전화질하는 넘. 전화기 들고 "어~ 김 이사! 기업은행에 20억 빼서 박 사장이 어려운지 며칠 쓰자는데 그쪽 구좌에 넣어주고~ 지청장한테 전화 안 왔어? 응. 연락 오면 내 폰으루 전화해~ 그리고 말야 저녁에 직원들 회식한다며? 돈 신경 쓰지 말고 고기 많이 먹여!" 이 자슥 비기너일 때는 파출소장 찾더만 8자 중반을 치니 지청장을 찾네. 싱글되면 청와대에 전화를 걸고도 남을 넘이야.

치사한 골퍼
1. 지갑 통째로 맡겨놓고 다니며 내기 판에 결재까지 하라는 넘.
2. 비기너 데리고 으스대며 돈 따먹는 넘.
3. 90개 넘으면 언니가 알아서 89개로 적으라는 넘.
4. 캐디피 지급할 때 딴 넘이 기분이라며 몇 만 원 더 얹어주면 터졌다며 도로 뺏어가는 넘.
5. 우린 김밥 2줄을 나눠 먹었는데 언니는 혼자서 한 그릇 먹었냐는 넘.

쫓아내고 싶은 골퍼
1. 공 올려놓고 연습 스윙 실컷 하고 난 뒤 다시 공 만지작거리는 넘.
2. 그린에서 상대방이 준비할 때 멍청하게 있다가 차례되면 그제서야 앞 뒤 재며 앉았다 일어섰다 방향 보는 넘.
3. 연습 스윙 졸라게 해서 잔디 파놓고 정작 본 스윙 때는 대가리 때리는 넘.
4. 거리 틀렸다고 개지랄 떠는 넘.
5. 짧은 거리 놓쳤다고 공 처내고 퍼터 던지는 넘.

이런 일들은 일부 골퍼들의 빗나간 행태겠지만 어제 오늘의 일이 아니며 어쩌면 내일도 자행될지 모른다. 골퍼 스스로가 저지르고 만들어 놓은 일인 만큼 반성하고 고쳐 나가야 할 것들이다.

죽어야
산다

몸과 마음으로 실천하는 일들을 제외하고는 세상천지에 돈이 들지 않는 종목이 없다. 특히나 골프라는 운동은 돈을 처발라야 한다는 표현이 틀리지 않을 정도로 돈을 잡아먹는 종목이다. 막걸리 한 말이면 몇 십 명이 몇 시간을 헐떡거리며 뛰어놀 수 있는 축구에 비하면 말이다.

요즘이야 대중화라는 표현에 걸맞게 경제적인 골프를 하는 층도 많아졌지만 한때는 아파트 몇 채를 날려야 골프를 배우고 싱글이 된다고들 했다. 때문에 밥숟가락이라도 편히 뜨는 형편이 아니고서는 꿈도 못 꿨을 운동이었잖은가!

골프에 늦게 입문한 만큼 쓸 건 쓰며 배우겠다는 후배 한 넘! 한강 이남에서 잡기라면 일가견이 있는 넘인데 소리 소문 없이 어느 날 골프를 접하게 된다. 종목이 다양해도 집착이 없으면 반푼수가 되고 옛말에 반푼수는 집구석 말아 먹는다고까지 했는데 잡기의 제왕답게 이 넘의 집착은 말도 못한다.

잡심부름을 하는 뒷방부터 출발하여 다양한 기술을 습득하고 푸짐한 뒷방의 역할로 주변의 인심을 얻었거니와 죽은 듯한 처세로 견제 세력 또한 그리 많지 않았다. 그 사이 그 넘의 부리는 단단해지고 숨겨진 발톱은 적의 숨통을 끊을 정도였지만 아무도 눈치 채지 못한다. 적의 장단점을 파악한 그 넘은 어느 날 본방을 뛰게 되는데…

48시간 방바닥 고스톱은 무릎에 피를 말리지만 그 넘은 아랑곳하지 않았고 3일 연짱 내기 당구엔 징그럽게 버티는 체력 싸움에 모두 나가 떨어진다. 무혈입성에 성공한 그 넘은 그 바닥에서 몇 년을 버티다가 3개월 전 중원에 나타난 것이다.

몇 달간 소식이 없던 넘이었는데 어느 날 머릴 올려 달라며 찾아온 것이 아닌가! 골프에서도 그 넘의 집착이 시작된 것이다. 주변의 유혹을 피해 외지에서 하루 5시간씩 하루도 빠짐없이 3개월을 꼬박 연습을 했다는 그 넘의 집착에 소름이 끼칠 지경이다.

그 넘의 풀서비스로 5년차 2명과 머리를 올리던 날! 믿기지 않게도 오비 한 방 없이 92개를 쳐버리는 그 넘! 드라이버 빵빵하게 따라오지 아이언 나무랄데 없지 단지 숏게임과 퍼터가 되지 않았을 뿐 완벽했다. 그럭저럭 맞아줬기에 다행이지 까딱했으면 머리 올려주고 개챙피 당할 뻔했는데 지금 생각을 해도 등허리에 식은땀이 흐른다.

근데, 동반했던 5년차 2명이 100개를 쳐버렸으니… 골프에 관한한 중간치는 된다는 넘들이 떡이 된 것이다. 핸디 한 움큼 주고 터져도 기분이 개떡인데 머리 올리러 온 넘한테 개차반이 되었으니…

한 달새 그 넘의 스콰는 분명 달라졌지만 머리 올리던 날 100파를 하고도 덤덤했듯이 여태 자랑 한번 하지 않는다. 분탕스런 골퍼라면 골프

이거~ 조또 아니라고 거품을 물며 난리가 날 법도 했는데 말야. 그 넘은 땜빵으로도 제격이다. 머리 올리고 한달이 지난 지금도 후배든 선배든 닥치는 대로 자신이 경비를 들여가며 따라 나서니…

하지만 절대 묻는 법이 없고 지켜볼 뿐이다. 냉정한 내기 판의 처세술에 익숙한 그 넘은 가르치길 좋아하는 보기플레이어들에겐 예스맨으로 통한다. 결코 쉽게 따라하지는 않지만 무조건 예스를 한다. 내 편으로 만들기 위한 처세술인지도 모른다. 투자 없는 소득을 바라지 않는 그 넘의 성격으로 봤을 때 얻기 위한 투자는 계속될 것이다. 승부의 세계는 때론 죽어야 산다는 철칙을 지키며 죽은 척 하지만 결코 죽지 않는 집착에 소름이 돋는다. 하지만 그 넘의 끈질긴 승부욕과 심취하고 최선을 다하는 초보 골퍼로서의 자세는 어쩌면 아름답게도 보인다.

사장님!
클럽이
없어요?

난, 엉뚱한 면이 많은가 보다. 치고 싶어도 부킹이 힘들고 존나게 안 될 때는 골프를 만든 넘이 살아 있다면 패죽이고 싶을 때도 있었고 대가리가 돌아버릴 정도로 맞지 않을 땐 아예 클럽을 팔아 버린 적도 있다.

그러다 골프가 미치도록 그리울 땐 여기저기 골프장을 돌아다니며 한 시간이고 두 시간이고 티박스에서 오비 내는 넘, 쪼루 내는 넘들을 지켜보면서 위안을 삼곤했다. 언젠가는 공도 치지 않으면서 락카실에서 케케한 냄새를 맡아가며 그들을 지켜봤고 벌거숭이 욕실에서 그들을 느끼기도 했는데…… 들어오고 나가고 한창 복잡한 11시대! 정신없이 헐떡거리며 뛰어오는 넘들! 주둥아리가 댓발이나 튀어 나와서 나가는 넘들! 필드에 나가지 않더라도 골퍼들을 느낄 수 있는… 내 바쁨에 내 행동조차 몰랐던 락카실의 백태를 구경하자.

멀쩡하게 생긴 넘이 허겁지겁 들어온다. 넥타이가 머플러도 아니고 어깨 뒤에서 펄럭이는데 똥오줌 못 가리고 구두 밑창이 타도록 뛰어온 듯하다. 두리번두리번!! 열쇠로 락카 구멍을 이리저리 돌리지만 열리지 않나 보다. 뭔 소린지 알아들을 수 없는 중얼거림을 하며 수도 없이 구멍을 쑤셔대지만 도대체 열릴 생각을 않으니… 급기야 딥따~ 흔들며 발로 쾅~쾅~ 차는 것이 아닌가! 저런 미친 넘이 있나 싶은데 직원이 뛰어오며 왜냐고 묻는다. 그 자슥 "락카가 고장이면 고쳐 놔야지." 하며 짜증 섞인 듯 내뱉는다.

직원은 몇 번이냐며 열쇠를 받아보니 44번! "락카 번호가 44번인데 왜 86번 락카에서 이러느냐?"고 묻는다. 그 자슥 씨~익 째려보더니 손에 쥐고 있는 번호표를 보여주며 86번이 맞는데 왜 안 열리느냐고 또 큰소리를 치는 것이 아닌가. 답답한 듯 락카 직원이 "사장님! 그건 그늘 집 번호잖아요!" 이런 미친 넘! 티업시간 맞추려고 얼마나 정신없이 왔으면 그늘 집 카드번호를 보고 락카 번호인줄 알고는 들쑤셔 됐을까! 쯔쯔 그렇게 혼을 빼놓고 다니는 넘치고 잘 치는 것 못 봤으니…

한 넘은 모자를 거꾸로 쓴 채 벨트를 끼우면서 신발마저 구겨 신은 채 허겁지겁 뛰어 나간다. 그래도 이름 있는 옷은 챙겨 입었건만 몇 날 며칠을 입고 다녔는지 티셔츠는 꼬깃꼬깃 바지는 꾸깃꾸깃 돼지 모가지에 진주네.

우리나라만큼 패션과 유행에 민감한 국민도 드물 듯한데 물개에 펭귄에 곰 여우 고양이… 그리고 똥개까지! 짐승이라는 짐승 하나쯤은 가슴 아니면 등판에 붙여야 직성이 풀린다. 근데, 짐승 달린 패션이면 뭐 하나! 푸리쭉쭉~ 꼬깃꼬깃한 티셔츠에 휴지같이 구겨진 바지일 바엔 다림질한 시장패션이 백번 낫지! 어떤 패션이면 어때! 형편 따라 입는 것이지만 깨끗한 차림새 또한 남들 앞에 예의가 아닐지!

그렇게 왔따리~갔따리~ 또 다른 구경거리를 찾는데 양복 차림의 4명이 들어오면서 뒤집어질 듯 웃는 것이 아닌가! 뭔 일인가 궁금도 하고 쩔레쩔레 갔더만 사연인 즉, 한창 골프에 맛을 들인 그들이 의기투합하여 라운드 약속을 하고는 조금은 좋은 차에 클럽을 실어 놨단다. 새벽 출발에 잠을 설쳤는지 눈을 비비며 모여든 동반자들.

그래도 마음은 벌써 필드에 있으니 흥분도 되었으리라. 그런데 이게 뭐야? 출발할 차량이 펑크라니 세 시간은 가야 할 판에 날아도 시간은 빠듯하니 어쩔거나? 비록 똥차지만 다른 차로 가는 수밖에 없잖은가! 모처럼 필드를 밟음에 마음은 허공을 날고 긁고 긁임의 입씨름에 차안에서 18홀을 돈 듯한데 벌써 골프장이라! 공기는 차가워도 상큼함에 못다한 기지개도 하고 이제야 밀려오는 하품을 쫘아악!!!

언냐들은 클럽을 받으러 트렁크 쪽으로 쪼르르~ 몰려오는데 열린 트렁크를 들여다본 언냐! "사장님! 클럽이 없는데엽?" 허걱~??? 트렁크에 클럽이 없다니? 흐미! 이 무슨 낭패며 황당한 일이란 말인가! 쫓김에 설레임에 어느 누구도 클럽 옮겨 싣는 걸 생각 못했으니…… 얼음판에 자빠진 소마냥 서로의 얼굴만 멀뚱멀뚱 쳐다볼 뿐!

클럽도 없다, 옷가방도 없다, 신발마저 없다. 돌아갈 수도 없고 얼마나 황당했을까? 장비는 랜탈이라도 했건만 옷이 있어야지. 양복바지에 와이셔츠 차림으로 걍~ 칠 수밖엔… 바쁘게 설치다 보면 소품 한두 개는 빠뜨릴 수 있다지만 몽창 버리고 골프장에 오는 이런 구경은 또 처음이네.

두 시간을 넘게 지켜봤지만 넉넉하게 나가는 골퍼는 절반도 안 되니 그러고도 코스가 밀리면 상소리에 짜증부터 내지는 않았는가? 바쁘게 돌아가는 세상이지만 여유마저 없다면 즐긴다고 할 수 없다. 우리들의 또 다른 모습을 보는 듯하고 몰랐던 일상의 거울은 아닐지!

이런 부부 저런 부부

어느 부부와의 라운드! 부인은 이 눈치 저 눈치 보며 겨우 시작한 만큼 6개월의 짧은 기간이었지만 각고의 노력 탓인지 1년도 넘을 법한 수준이었는데 문제는 퍼터였다.

여태껏 비슷한 수준끼리만 몇 번을 다녔으니 가르쳐 주는 사람도 배움이 될 동반자도 없었다. 남편 또한 클럽만 사줬을 뿐 죽이 되든 밥이 되든 관심 밖이었기에 밤새 끙끙 앓기라도 한다면 "오늘은 연습을 많이 했구나." 싶을 정도였고 머리 올린다니 올렸구나 싶을 따름이었지 어떻게 배웠는지도 모른다.

첫 홀 그린! 퍼터는 정도가 없다지만 부인의 퍼팅 자세는 이상했다. 엉거주춤한 자세에 첨 보는 폼이니 남편이 그냥 넘길 리 만무하다.

"어디서 배웠냐?"느니… "어느 넘이 그렇게 갈켰냐."느니 그러고는 이렇게 하라며 갈켜 준 자세가 당장 될 리 있나!

매홀 들쭉날쭉 하는 마눌의 퍼터에 열 받았는지 어지간한 거리는 무조건 기브를 줘버린다. 때론 자신의 퍼트로 툭~ 쳐내 버리기까지 하며… 몇 번인가는 기브에 좋아하던 부인도 그게 아닌 듯 나도 한번 넣어보자며 사정을 한다. 그렇지만 마음에 들지 않은지 뒷팀이 밀린다며 거절을 당하고 18홀 내내 땡그랑 소리 몇 번밖엔 듣지 못한 채 끝나 버렸으니… 맨날 보는 남편이지만 필드에서는 처음인 그녀의 심정은 어땠을까?

"6개월에 그만하면 곶감이 열두 개지." 싶지만 칭찬은 고사하고 민망한 핀잔을 주니… 여태껏 무심했다면 필드에서는 첫 만남인데 털끝만한 관심이라도 가져줘야 할 것 아닌가 싶다. 칭찬이라는 건 과해도 문제지만 인색해도 문제가 아닌가! 퍼터 또한 마찬가지이다.

먼 거리를 비기너라는 이유로 여자라는 이유로 기준 없이 기브를 줘버린다면 배우려는 욕심에 숨죽이며 따라 다니지만 기분은 더럽고 서러울 수밖에…! 그들은 어디 가서 배우고 연습하란 말인가? 드라이버의 짱짱함도, 칼 같은 아이언도 죽이는 기분이지만 골프는 마지막 땡그랑 그 맛에 즐긴다고 해도 과언이 아닐진데…

술이라도 걸치고 오는 날엔 뭘 봤는지 밤새 치근덕거릴 때 귀찮다고 떠밀기라도 하고 아니면 대충대충 오케이라도 줘봐? 좋겠어? 기분이 더럽고 엿 같다는 걸 남자들도 알잖아! 18번 횟수가 뭐 중요해! 한 번이라도 땡그랑 하는 그 기분이 좋은 것이지~!!!

평소 잉꼬부부로 소문난 선배 한 분! 가슴 아프게도 부인이 암이었고 수술을 한 뒤 운동 삼아 골프를 시작했나 보다. 예견된 운명의 애절함인지는 몰라도 다른 사람의 갑절을 연습하고 남다른 노력을 했다. 1년을 멀쩡히 지내다가 반년을 고통 받는… 한치 앞을 내다볼 수 없는 운명의 시간들이었지만 남다른 애착과 승부욕! 때론, 남편의 칭찬과 격려가 고통을 이길 수 있는 묘약이었다. 싱글을 눈앞에 두고 몇 번을 주저앉을 때마다 남편의 칭찬은 대단했고 부인 또한 위로로 삼았다.

그러던 어느 날 자신을 한 번도 이겨 보지 못한 동반자가 싱글을 해버린 것이다. 자신 또한 근소한 차이로 싱글을 놓쳤으니… 처지를 한탄하며 이런저런 서러움이 한꺼번에 밀려온 그 날밤! 남편을 부둥켜안고 밤새 울며 복 받히는 서러움을 참지 못했다는데 "당신이 갖고 있는 삶의 열정만큼 다시 하면 된다."는 애틋한 위로마저도 뒤로 한 채 남편을 그렇게 원망했다고 한다. "당신은 내가 이런 건 잘못 됐고 이런 건 고쳐야 한다고 한 마디 꾸짖기라도 해줘야지 여태껏 왜~ 칭찬만 했느냐?"며 "남들같이 골프장에서 싸움 한번 해 봤느냐?"고 하니 황당한 일이다.
얼마 남지 않은 삶에 대한 배려까지 포함되었을 칭찬이 그때는 무관심으로 느껴질 수도 있었으니… 그러고는 다시 몸져누웠을 때 6개월만 더 살 수 있다면 하는 아쉬움을 토로했고 그래도 당신의 칭찬과 격려가 없었다면 이만한 열정마저도 사라졌을거라며…… 그녀는 끝내 이루지 못한 싱글의 꿈을 접은 채 지난 여름 끔찍이도 사랑을 주던 남편과 자식을 두고 홀연히 그렇게 떠났다.

어쩌면 칭찬이 고통을 감내하는 묘약일 수도 있고 때론, 터무니없는 기브가 도전과 의욕을 퇴색시키는 독약일 수도 있으니… 진정, 그들이 바라는 건 무작정 칭찬도 아니요, 무한정 기브도 아닐 것이다. 오직 도전과 의욕, 용기를 북돋을 수 있는 가슴 높이의 자상함이 아닐까?

캐디 머리
올리기

지난 주만 해도 누런빛이 많았던 잔디가 하루가 다르게 변하고 있다. 벌써 초벌 깎기가 시작되고… 골퍼들을 설레게 하는 시즌이다. 반팔 티셔츠도 시원스레 보이고 패션 또한 가벼워진 듯하다.

밥 먹고 맨날 공만 치는 줄 알겠지만 한 달에 서너 번이 고작인데 없는 넘 기제사 다가 오듯 오늘도 써클이다. 적은 횟수는 아니지만 스코어는 주식시장같이 널뛰기의 연속이니… 골프는 100개로 시작해서 다시 100개로 돌아와 채를 놓는다는데 채 놓을 나이도 아닌 것이 요즘 100개 동네를 심심찮게 들락거린다.

조 편성을 보니 오늘은 고무줄 터진 팬티같이 헐렁하다. 동반자도 전부 순둥이들로만 짜인 듯하니 오늘은 편하겠구만! 빽이 나온다. 오는 언냐를 힐끔 쳐다보니 물 날린 가운에 누렇게 변한 모자하며 안경까지 잡숫고 인상도 좋게 생겼다. 오늘은 동반자도 편하고 언냐도 베테랑같이 보이니…… 언냐는 4명의 클럽을 체크하더만 클럽마다 스티커를 쫙쫙 붙인다.

성격도 치밀하구먼! 다른 건 몰라도 이 넘의 퍼터가 워낙 물 퍼터이니 도움도 되겠네. 첫 번째 백에 클럽마다 별 한 개씩을 붙이더니 마지막엔 별을 4개씩 붙인다. 육군본부 현관도 아닌데 온통 삐까 번쩍 별판이다. 날씨 좋고 동반자 좋고 언냐는 더 좋고 오늘 스코어는 끝난 거야!

"즐거운 란딩 되십셔~ 잘~ 부탁 합니더!"

"뭘~ 부탁혀! 우리가 부탁해야제~"

"아입니더~ 저가 부탁하께예!"

허허 겸손도 하지. 마눌이 이쁘면 방귀도 향수라는데… 게임은 시작되고 한 넘이 긴장을 했는지 첫 홀부터 코앞에 쪼루를 낸다. 씩씩거리며

"언냐 얼메 남았노?"

"예~! 180메타 남아서예."

"뭐라카노? 180메타라꼬~?"

300m가 넘는 홀에 겨우 20m 굴러갔는데 180m가 남았단다.

"예? 그라모예?"

이 일을 어째? 순간 무너지는 베테랑 언냐의 꿈! 하이고~ 소사 소사 맙소사 무늬만 베테랑이었네. 쪼루 낸 넘은 첫 홀 대가리도 뚜껑 열리는데 언냐까지… 그린에 올라서서도 언냐는 어찌할 바를 모른다. 별은 숱하게 붙여놨지만 어느 것이 어느 넘 것인지 알 수가 있어야 말이지!

얼굴 한번 쳐다보고 퍼터 한번 쳐다보고 이걸 줬다 저걸 줬다 헷갈리기 시작하는 것이다. 언냐의 심정은 손님 이마에도 주먹만한 별을 붙이고 싶었겠지만 그렇다고 "손님 죄송하지만 대가리에 별 좀 붙이겠슴다." 할 수도 없잖아.

첫 홀부터 워낙 버벅대니 순둥이 동반자들이지만 캐디피 주고 뭔 꼴이냐고… 이 넘의 골프장은 어떻게 되어 먹은 골프장이냐며 투덜투덜거린다. 첫 홀에서 드라이버거리 가장 멀리 나가고 혼자서 파를 잡았으니 그나마 조금은 쳐보였는지 2홀로 건너가면서 주뻣주뻣 말을 건다.

"사실은 견습 마치고 오늘 첨인데 좀 도와 주세염!"

흐흐흐!!!! 베테랑의 꿈이 깨지면서 초보인 줄 짐작은 했건만 하필 머리 올리는 왕초보라니… 에고~ 에고~ 어찌하겠나? 두고 보자니 답답하고 모른 채 하려니 애처롭고 그래그래! 난들 머리 올릴 때 개 발에 땀나듯 했는데 할 수 없지 뭐! 아무리 사회에서 똑똑해도 군대가면 줄 못맞추고 수석으로 입사해도 기안문 작성 하나 제대로 못하듯 잘 하겠다는 다짐만큼 머릿속은 더더욱 하얗게 되는 것이다.

어차피 이래 된 거 방법이 없다. 아예 카드와 볼펜은 내 주머니에 집어넣고 얼굴 익히기, 클럽 익히기부터 시작이다. 저기 코 큰넘은 코보라! 눈이 이~따~만한 저 넘은 호쿠아이! 밉상스럽게 생긴 저 자슥은 미조노… 아라쒀!

예! 예! 여군 출신인지 대답은 시원스럽게 잘한다. 그러면 아저씨는요? 아저씨? 아저씨라꼬 부르지마… 부리지소톤 옵빠! ㅎㅎㅎㅎ… 손님이 드라이버 치면 공을 끝까지 보고 거리 표시목과 맞춰 남은 거리 짐작할 것. 손님의 드라이버, 아이언 거리를 한두 홀 내에 어느 정도 평균을 낼 것. 그래서 7번 아이언을 요구하면 자신의 판단으로 6번 또는 8번을 추가해서 들고 갈 것. 평소 숏게임 클럽을 출발 전 미리 확인하여 따로 둘 것.

아~ 머리야! 내가 시방 뭐 하러 왔는지 모르겠다. 언냐 집에 양자 갈 것은 아니지만 일을 벌려 놨으니…

"언냐! 손님이 가장 열 받는 곳이 어딘지 아냐?"

"?????"

젠장! 쪼다 육백치고 앉았네. 물어볼 때 물어 봐야쥐!

"그린이야 그린! 가장 열 받는 곳에서 빠꼼하게 읽어줘 봐. 그게 베테랑이여!"

"예~!"

아는가 모르는가 대답은 잘한다. 핸디 주고 내기하면서 동반자 그린까지 읽어주고 그린 보수하고 내 공 처가며 세 넘들 치다꺼리 하려니 존나게 힘드네. 뚜껑이 열렸던 동반자들도 이제는 이해하는 듯하다. 전반이 끝나니 후반은 혼자 해 볼 테니 그린만 봐 달란다. 어설프지만 동작도 빨라지고 첨보다는 훨~ 낫다. 하루아침에 달라질 수야 없겠지만 노력도 보인다.

초보들 숱하게(?) 머릴 올려 봤지만 오늘같이 캐디 머리 올리기는 처음이다. 뭐든 태어나면서 타고난 사람 없듯이 골퍼든 캐디든 솔직히 초보라고 말한다면 이해하고 도울 수 있어 서로가 편할 듯하다.

라운딩이 끝나고 몇 번이나 죄송하다는 말을 되풀이하며 한 것도 없는데 캐디피 받기가 민망하다며 우물쭈물한다.

"언냐! 그렇게 배우는 거니까 괜찮아. 하지만 나중에 베테랑이 되더라도 초보자 욕하지 말고 버벅거려도 무시하지 말고 잘 해줘야 돼."

답은 역시 "예"다. 오늘 100개에 가까운 공을 쳤지만 싱글 스코어보다도 기분은 더 좋고 개운하다. 언니가 그 자리에 있을 때까지 머리 올리는 오늘 같은 마음으로 해줬으면 하는 바람이다.

핸디캡은
이불 속에
있다

골프 매니아로서 평소 바람이 있다면 너나 할 것 없이 "이 걱정 저 고민 확~ 붙잡아 매놓고 마음 맞는 네 넘이 어울려 조선팔도 골프장이라고 생긴 곳은 모조리 다녀보는." 것이다.

잘 치면 잘 치는 대로 못 치면 못 치는 대로! 치고~ 먹고~ 먹고~ 치고~! 그러다 지치면 뒤비자고 또 치고~ 아~! 어쩌면 꿈일지도 모를 이런 공상을 범 같은 마눌이 안 다치면…

"이 양반이 미쳤나? 우짜고 우째? 날 두고 팔도유람을 간다꼬?"

"흥! 그래 즐기려면 같이 즐겨야지." 하며 보따리 싸 짊어지고 쩔레쩔레 따라 나서기라도 한다면 이 일을 어쩔꺼나? 세상에 어디 맘대로 되는 게 있어야 말이지! 자식도 맘대로 안 되는 세상에 남의 식구 데려 놓고 같은 이불 덮는다는 이유 하나만으로 이래라 저래라 할 수도 없는 일. 골프가 전부는 아닐진데 말야…

이 날까지 칠라닥팔라닥 새벽을 낮같이 토끼 눈을 하고 돌아 다녔으니 당신은 들어앉고 이제는 자기가 다닐 차례라며 라운드 우선권마저 가져가 버리니 눈칫밥도 예삿일이 아니다. 벌써 뒷방 늙은이 취급을 당하는가 한탄 아닌 한탄도 해보지만 마눌의 몸부림에 장롱 문이라도 가로막고 잘 때면 속옷도 못 꺼내고 입은 팬티 입고 또 입고 나가도 새벽 골프가 그렇게 즐거웠는데 이젠 그것마저 맘대로 안 되고 골프라는 말만 나와도 짜증부터 내니…

우여곡절 끝에 허우적거리며 가는 골프가 뭐 재미가 있겠나! 빈 속에 새벽부터 뻑뻑 피워댄 담배 땜에 속은 쓰릴 대로 쓰리고… 씨펄~조펄~ 허공에 대고 욕지거리 하며 간 넘이 공인들 잘 되겠나? 이리 터지고 저리 터지고 개망신에 패잔병 신세! 잔소리 듣기 싫어 소주집 기웃거리다 보면 또 새벽이니… 보이지 않는 전투는 시작되고 너는 상행선 나는 하행선! 잠결에 다리라도 걸치면 십리 밖으로 차버리니 않느니 죽는다고 모든 걸 집어 치운다면 몰라도 배운 도둑질 그럴 수도 없으니 머리가 아프지! 쭉~쭉~ 빼입고 그럴 듯하게 골프장에 나타나지만 속은 썩어 자빠지고 어쩌면 빛 좋은 개살구인지도 모른다.

하기야, 어느 마눌치고 서방이라는 넘이 시도 때도 없이 골프에 미쳐 돌아다닌다면 누가 좋아 하겠나? 죽이 되든 밥이 되든 내버려 둔다면 정신 나간 여편네지. 기분 좋게 나온 날은 80대 초반도 무난히 때리던 넘이 열이라도 받고 나오는 날엔 90대 후반도 장난같이 치고 나오니 얼마나 복잡 미묘하며 머리카락 빠지게 만드는 운동인가! 고수들은 말이 쉬워 "잊고 쳐야지… 잡념을 버려야지." 하지만 석가모니도 아닌데 그걸 잊고 버릴 수 있는 골퍼가 얼마나 될까? 오비라도 나면 마눌이 자빠지라고 빌어서 그런가 싶고 쪼루라도 내면 고집부려 나온 죄 값을 하는가 싶으니…

때론, 마음에 들지 않는 동반자 때문에 죽을 쑤었다면 어울리지 않으면 그만일 테지만 평생을 함께할 동반자라면 가정을 위해서라도 때와 분수와 분위기가 필요하지 않을까! 비록 한 달에 한두 번 나갈지라도 골프와 가정은 편해야 한다. 등 돌리면 남이지만 너무도 가까워야 할 부부 간의 핸디캡부터 줄이는 것이 골프 핸디캡을 줄일 수 있는 또 다른 방법인지도 모른다. 가화만사성이라는 말이 골프에도 적용된다는 늦은 깨달음으로 모름지기 "핸디캡은 이불 속에 있다."고 감히 말하고 싶다.

이런 여자
골퍼 싫다

골프를 접하면서 숱한 경험과 얘기를 듣지만 언젠가 같이 라운드를 한 경력 12년 고참 도우미를 통하여 그들의 눈에 비친 여자 골퍼들의 얘기를 하려고 한다. 남자 골퍼들과는 또 다른 일면을 보는 것 같은 느낌의 "이런 여자 골퍼 싫다."를 간추려 본다.

1. 주렁주렁 아줌마

운동하러 왔는지 돈 자랑 하러 왔는지 감이 잡히질 않는다. 진짠지 가짠지 모를 보석을 주렁주렁 달고 와서는 라운드 내내 달고 다니면 다행인데 꼭 뜯어서 맡긴다. 그렇게 곧바로 맡길 거면 락카에나 맡길 일이지. 그러고는 꼭 한 마디를 한다. "이거 비싼 건데 잘 지켜!" 그렇게 비싼 걸 골프장에서조차 자랑하고 싶으면 진돗개라도 한 마리 데리고 다니던가!

2. 비싼 옷을 옷같이 못 입는 아줌마

옷이야 개성이니만큼 조화가 맞든 그렇지 않던 문제가 아니지만 특히, 여름철 백바지에 줄무늬 팬티에 흰 셔츠에 까만 벨트(?)! 같은 여자로서 남자들이 볼까 싶어 민망스럽고 당황스럽고 이럴 때는 여성전용 골프장이라도 만들었으면 싶다.

3. 영부인 납신다 골퍼

영부인이 골프를 한다 한들 그렇게 했을라고? 거리가 짧으니 충분히 이해하고 도와드리지만 그렇지 않다는 것이다.

"사모님 조금만 빨리 진행해 주실래요?" 하면 "그래 우리가 늦지? 알았어!" 대답은 엄청 잘하신다. 그러고는 옆 사람과 박장대소를 하고는 또 낭창낭창 걸으시니 오버타임은 눈에 보이고 벌당하려니 앞이 캄캄한데 너무 몰라준다. 그래서 마음 굳게 먹고 한 번 더 얘기하면 그 때는 짜증을 낸다. 오늘 이러다가 해 떨어질 때까지 마치려나 싶다.

4. 코끼리 아줌마

TEE 꽂을 때 엉덩이는 왜 치켜드실까? 뒤에서 보니 꼭 코끼리 같애! 이건 고참 도우미와 나의 생각이 일치했는지도 모른다. 마눌도 그렇게 하길래 핀잔을 줬지만 티 꽂을 때나 그린에서 마크할 때 다리를 모으고 다소곳이 앉아 하신다면… 보기도 좋으련만…

5. 보따리 아줌마

남자보다 여자들은 엄청 챙길 게 많다. 남자야 담배에 라이터가 고작이지만 여자분들이야 어디 그런가! 화장품에, 빗에, 거울까지! 또한 커피에, 떡에, 김밥에, 소시지에, 사과 심지어 떡 찍어 먹을 꿀까지 갖고 온다니… 풀어놓으면 부잣집 제사상 같단다. 여자 클럽이 남자보다 가볍기에 다행이지 그렇지 않다면 몸살이 나도 열두 번 낫겠단다.

이러다가 부담스러워 골프하겠나 하실지 모르지만 돈 안 드는 일이고 지킬 수 있는 일이라면 실천하는 것도 좋잖은가!

물론 남자들이야 더하겠지만 몇몇 사모님들의 행동이 그들의 눈에 그렇게 비친다면 좋을 순 없다. 당신 마눌이나 교육 잘 시키고 챙기라면 할 말이 없지만 더불어 사는 세상이라면, 혼자만의 운동이 아니라면 굳이 알면서도 지나칠 필요는 없지 않을까?

술챈 볼과
캐디언니(3)

　한없이 높고 푸른 하늘에 양탄자 같은 잔디! 땡빛을 얻어서라도 친다는 가슴 설레이는 가을 시즌이다. 호루라기 소리에 쳐야 하는 안개 속의 첫 팀마저도 동이 나버리고 할매 눈같이 희미한 라이트 경기도 마다하지 않을 정도라니…

　하루 36홀 심지어 퍼브릭은 45홀까지 돌려대니 혀가 쑥~ 빠질 것 같은 고된 나날의 연속인 우리의 언니들! 40대 아저씨들은 마눌의 샤워 소리가 젤 무섭다는데 그들은 요즘 36홀과 밤이 무섭단다. 미치듯 졸리고 피곤에 지쳐 시체 같은 몸을 뉘어도 잠이 오질 않는다니 엎치락뒤치락 눈을 붙이나 했건만 원수 같은 알람시계는 죽어라 울어대고 고양이 세수에 집을 나서니 발걸음은 구름을 걷고… 이렇게 피곤에 지친 날은 어떤 명의의 처방보다도 한잔 쫘~악이 최고란다.

원래 술이라는 게 괴로워 한 잔 즐거워 한 잔인데 이럴 땐 어쩌면 최고의 보약일지도 모른다. 술도 혼자라면 재미없지! 주정뱅이같이 타락한 사람같이 몸 버리고 마음마저 버리니! 그래서 둘 이상이면 심신을 살찌우는 애주가가 된다는데… 영원한 파트너… 로스트 볼과 캐디언니! 끝없이 이어지는 그들만의 이야기.

오늘은 맥주로 시작을 하나 보다. 원샷으로 창자 끝까지 찌리함을 느낀 언냐가 한 마디! 근데 오늘 점잖게 생긴 50대 팀을 나갔는데 그 팀에 한 사람이 존나게 웃기는 분이야. 골프 20년에 도대체 줄지도 늘지도 않는 100돌이라니! 18홀 내내 날아가는 공은 하나도 없는데 하지만 구르는 공은 또 엄청 구르니 3온 4온은 하더라구. 그런데 샷 할 때는 반경10m 내에는 접근을 못하게 하는 거야. 써벌! 캐디 10년에 별꼴도 다 본다고 했지. 나중에 알고 보니 초조, 불안, 소심에 의심병마저 있더라구. 3퍼터는 기본이고 어떻게 맞춰야 할지 피곤해 죽는 줄 알았어!

동반자의 말인 즉, 지방에 내려와 있는 건설회사 소장인데 저 넘은 원래 그러니 혼자 놀게 내버려 두라는 거야. 그러면서 하는 말이 아들이 세 명인데 간혹 지방에 내려오면 올라갈 때는 교통수단을 꼭 따로따로 보낸다는 거야. 한 넘은 비행기 태워 보내고, 또 한 넘은 고속버스… 마지막 넘은 기차를 태워 보낸다는 거야! 그래야 아차~해도 세 넘이 한꺼번에 죽을 일은 없다는 논리야.
땅 꺼질까 봐 어찌 다니고 드라이버 해드 빠질까 봐 어떻게 치며 그렇게 자기한테 철저한 넘이 100개 치는 골프는 또 어찌 하는지!
"후후후… 언냐! 그러니 20년 동안을 굴리고만 다니잖아."
"언냐 그런데 어젠 더 웃기는 일이 있었어여!"
이봉걸 선수를 반으로 접은 것 같은 50대 손님이 왔는데… 산 넘기는 롱홀에는 뒷팀에게 신호를 주자누! 그런데 그 넘이 친 볼이 산을 넘기는 커닝 존나게 슬라이스가 나면서 숲속으로 완전히 들어간 거야. 앞팀 언냐의 오비라는 신호도 왔고 누가 봐도 오비였지! 그러고는 이동을 하고 뒷팀에게 치라는 신호를 줬지!

그러고는 우리 팀이 세컨 위치로 가는데 앞서 가던 그 넘이 자기 공이 살았다고 미친년 널뛰듯이 좋아라 고함을 치는 거야.

"빅야드 빵빵번(BIG YARD 00) 내꺼 사라따~"

나원 참! 자기 공은 시체도 못 찾을 오비를 내놓고 뭔 공이 살았다는 거야. "사장님, 그건 뒷팀 껀데요." 하는 데도 "빅야드 빵빵은 내껀데 뭔 소리냐."며 개거품을 무니 미칠 일이 아닌가.

아이언을 땅에 내리치며 역정을 내며 미친 듯이 달려드는 거야. 그 자식 빡빡 우기며 기어코 치더라고… 그런데 그것이 뻐디야! 그 다음에 뒷팀 손님과 삿대질이 오가며 난리가 난거지! 그 넘은 죽으라고 자기거라 하고 이미 처버렸는데 뒷팀 손님인들 어쩌겠나! 더럽고 치사해서 양보를 했겠지! 그렇게 해서 그 자슥은 79개를 친 거야. 신체적 핸디캡에 늘~ 주눅이 들었는데 10년 만에 첫 싱글을 했으니 평생소원을 풀었다며 히득거리는데 써벌 넘! 주둥아리 째질까봐 겁나데… 쯔쯔! 그렇게까지 하며 싱글을 해야 하는지 원!

똥고집, 오기에 자존심 하면 생각나는 넘이 있어! 우리나라에서 한 해에 배출되는 박사가 5천 명이라는데 똑똑한 사람은 다른 사람의 가르침을 받기도 싫어 하나봐여! 입문 순간부터 자기 논리만 주장하고 이론 또한 레드베터야. 프로가 능력이 없다며 입문 3개월에 3명이나 바꿨다며 얘기하고 다니는 넘인데 캐디 말인들 듣겠냐? 묻기는 매홀 물으면서 그러고는 헛소리같이 들으라는 듯이 "전부 마음에 안 들어."를 연발하니…

또한, 90개도 못 치면서 매번 동반자를 무시하고 가르치려고 하니 동반자도 한두 번이지 짜증날 수밖에… 그것도 내기를 하면서 그러니 폭발을 한 거야.

썬벌! 돈만 따먹지 왜 사람까지 따먹냐며 활극이 벌어진 거야. 아이언이 날아다니고 코피가 터지고 결국은 7홀 만에 쫓겨났는데 갈 때 가더라도 캐디피는 주고 가야지. 존나게 재수 없는 날 이었어! 어휴~! 아무리 천태만상 요지경 같은 골프라지만 너무들 하는 건 아닌지!

"언니! 그러게 사랑은 아무나 하는지 몰라도 골프는 아무나 해서는 안돼! 아마추어 골프도 운전면허같이 테스트 받고 머리를 올릴 수는 없는지." 아~ 졸리네. 오늘은 푹 잘려나…!!!

해남도

골프(1)
─꾼들을 실은 비행기

촌넘 티낸다고 난 비행기 타는 게 정말 싫다. 한 시간 남짓 비행에도 땀을 빠작빠작 흘리고 내릴 때는 아랫도리마저 굳어 버리기 일쑤이다. 때문에 먼 곳이라도 갈지라면 안절부절! 며칠 전부터 밥맛도 떨어지고 고민에 고민을 한다. 그러고도 언제 또 갈까 싶어 쩔레쩔레 따라 나서면서…

말도 많고 탈도 많고 그렇지만 남들 다 가는 해외 골프인데 배짱 없는 탓에 클럽 갖고 나가는 것도 처음인 것 같다. 허이~ 고 더러워서 이렇게 눈치 보며 다녀야는지 원! 재수 없게 방송국 카메라라도 들이대면 어쩔까? 불쑥~ 마이크라도 내밀면 뭐라고 할까? 모자이크 처리는 해줄까? 음성변조를 부탁할까? 아니, 우리가 나갈 수밖에 없는 이유를 당당하게 말할까? 개코같은 걱정에 지은 죄도 없으면서 내심 초초하다. 내돈 내고 모처럼 즐기는데 당당하지 못함은 뭣 때문일까?

하지만 국내서 몇 번 칠 돈이면 외국 나가 치고 놀고도 남으니 누군들 구미가 당기지 않는단 말인가! 그것도 얼어붙은 땅에 부킹이라도 쉬우면 다행이지. 하늘 높은 줄 모르고 오르는 그린피에 전쟁 같은 부킹하며 갈수록 콧대만 높아지는 골프장들이 해외로 쫓아낸 건 아닌지?

그러면서도 가는 골퍼 오는 골퍼 눈총 주고 심심하면 한 번씩 안주거리로 씹어대니 주눅들 수밖에 없지. 자기 돈 쓰며 욕먹고 눈치 보는 건 골프밖에 없고 골프 친다고 씹고 씹히는 나라는 우리밖에 없으니… 신이 만든 최초의 스포츠는 섹스이며 마지막 스포츠는 골프라는데 어떤 것은 밤이 깊고 날이 새도록 해도 말이 없는데 어느 것은 조금만 해도 동네북같이 두들겨 패니 우습잖아!

해남도로 가는 밤 비행기는 꾼들로 가득하다. 비행기엔 코가 크고 눈알이 쑥~ 들어간 넘은 하나도 없으니 혹시, 국내선으로 잘못 탄 게 아닌지 착각마저 든다. 이륙도 하지 않았는데 앉자마자 드렁드렁 코마저 골며 자빠져 자는 넘은 복도 많아 뭔 넘의 성질이 저렇게 태평일까? 새벽에 큰판이라도 붙으려고 몸 관리를 하는 건지… 비행기가 뜨니 움찔움찔 식은 땀이 난다. 팔걸이를 움켜잡고 아랫도리는 변비 걸린 넘같이 용만 쓴다. 말이 5시간이지 18홀을 돌고도 남을 시간 아닌가!

아이고~ 이 일을 어째! 눈은 더더욱 말똥말똥하고… 상상골프라도 해볼까 음! 자주 가는 코스를 생각하면서… 15분 동안 눈을 감았다가 1분간 눈을 뜨면 한 홀이 지나고 또 15분… 또 1분… 그러기를 18번만 한다면 도착하겠지. 드라이버 치고 어프로치하고 퍼터도 하고… 잠이 안 올 땐 제격이구먼! 그런데 빌어먹을 채 3홀도 못 간다.

뭔 넘들이 그렇게 설치는지 복도를 왔따리갔따리하며 김 사장 박 사장을 불러대는 통에 정신이 없다. 씨벌~ 목소리나 작으면 말도 안 해여! 기차 화통을 삶아 처먹었는지 원… 성급한 넘은 벌써 반소매로 갈아입고 깃마저 세운 채 어슬렁어슬렁 남의 눈도 생각했으면 좋으련만 골프장으로 착각하고 다니니… 딴엔 폼을 낸다고 냈건만 왠지 어설픈 게 분명 100돌일 게다. 설치면 죽는다는 골프의 철칙도 모르니 그 자슥 지갑에 불났을 거야. 반대로 지난 여름 얼마나 돌아 다녔는지 여름 때도 채 가시지 않은 거무튀튀한 얼굴의 꾼들은 모포에 몸뚱어리를 숨긴 채 버디 꿈을 꾸고 있다.

가나오나 주당들은 할 수 없다. 비행기가 고도를 잡고부터는 공짜 술이라고 계속 들이키고 있네. 머리도 벗겨질 만큼 벗겨졌으니 양잿물인들 마다할까! 계속 벨을 누르며 승무원을 불러댄다. 그러고는 먹은 게 어디 가나 화장실을 들락날락… 어~ 써벌넘!

잠은 오지 않고 이 생각 저 생각! 혼자 칠라닥팔라닥 돌아다니니 마눌에게도 미안하다. 아직 흔해 빠진 외국 구경 한번 시키지 못했으니… 꼭 이럴 때만 그런 반성 한다니까! 립스틱 하나 달랑 사서 돌아가면 끝이니… 쯔쯔!

고도를 낮추는 걸 보니 도착인가 보다. 모두들 웅성웅성! 안전벨트 매라는데 선반 속 보따리 챙기기에 바쁘다. 왜들 그리 흥분하고 뭔 넘의 성질이 저리도 급할까? 버디 뒤에 더블파가 흔한 이유를 알 것 같네. 나 갈 때도 차근차근 나가면 될 걸 뒤에 넘 쫓아 나오고 중간 넘 길 막고 좌우 통로에 줄누리~ 서서 기다린다. 밀린다고 몇 홀 빼먹고 치라면 죽일 넘 살릴 넘 하면서 여기서는 왜 뛰어 넘으려는지 모르겠다.

후덕한 밤공기지만 잡다한 냄새 하나 없다. 시골 역 같은 대합실은 바쁘게 움직이고 밤을 잊은 그들의 주머니엔 달러가 쌓일 것이다. 그들의 주머니를 채워준 만큼 뭐를 얻고 배워 갈지. 다리는 후들거리고 눈은 따가운데 정신만은 더욱 말짱하다 언제나 그랬듯이 또 나무만 보고 가는 건 아닌지 모르겠다.

해남도

골프(2)
-허벅지 봤다는 세상

한두 시간 눈을 부치는 둥 마는 둥 충혈된 눈들이지만 그래도 모두들 들뜬 분위기다. 하늘은 맑고 아침 공기는 너무 상쾌하다. 업다운 없이 넓게 펼쳐진 페어웨이! 코스를 가로지르는 대형 해저드 하며 금방이라도 떨어질 것 같은 대갈통만한 야자열매들!

야자 그늘이라고 멍청하게 쉬다 가는 언제 혹뿔이 날지 모르겠다. 어느 골프장이나 다름없이 바삐 움직이는 캐디들. 눈앞에 펼쳐진 해남도의 첫 라운드 풍경이다. 까무잡잡한 남여 캐디들. 팀당 3~4명씩 들이닥치니 어느 넘이 어느 넘인지 구분도 안 된다. 이 넘이 그 넘 같고 그 넘이 이 넘 같고…

일본에서는 할매들만 나오더만 여기는 모두 20살 전후란다. 스무 살인지 서른 살인지 특이한 얼굴로 봐서는 구분도 되지 않고 여태껏 칫솔 구경도 못했는지 누른 이빨 하며… 그런데 뭐~ 텔레비에는 해외 골프다니는 넘들이 캐디 희롱을 하고 심지어 입까지 맞추며 추태를 부렸다고 개코 같은 보도를 하더구먼!

종아리 보고 허벅지 봤다는 세상에 꼴뚜기 같은 한두 넘이 헛지랄을 했는지는 몰라도 아무리 사내들이 눈에 명태 껍데기를 붙여놔도 그렇지 옆에 올까 두렵든데… 뭘! 그런 쓸데없는 여론몰이 땜에 해외만 나간다면 색안경을 끼고 보니 원!

골프장 전체가 한국인 판이다. 야자수 나무만 베어 버리고 캐디만 바꾸면 연광 한국의 어느 골프장과 같다. 밤새도록 복도를 돌아다니며 박 사장을 찾던 그 넘도 보이고 비행기에서 내릴 때까지 공짜 술을 퍼대던 이마가 까진 그 넘도 뭘 잊어 먹었는지 꺼벙한 눈을 하고 혼이 빠진 듯 정신없이 다닌다.

가나오나 떠들썩한 고함 소리 하며 일행인 듯 앞팀 뒷팀 구분 없이 티박스에 줄줄이 올라서는 버릇은 변함이 없다.

각설하고… 그래도 일행 중엔 꼴에 로우핸디라고 머리 올릴 넘을 배당시킨다. 씨벌 하필이면 비행기 타고 와서 머릴 올릴 게 뭔가! 한 달도 안 된 넘을 어떻게 머릴 올리라는 건지. 여태 뭘 했는지 드라이버며 아이언이며 뜨는 게 하나도 없다.

앞으로 나가는 거리보다 좌측 우측으로 더 멀리 가니… 그래도 레드베터 모자까지 챙겨 쓰고 씩씩하게 잘도 따라 다닌다. 의욕은 소 잡을 듯 달려들지만 헛스윙을 없는 넘 죽 먹듯 해대니 변강쇠도 그렇게 시켰으면 맨발로 도망쳤을 건데 밤새 코피는 안 흘렸는지!

벙커에서는 절을 하고 쳐야 한다면 절하고 치고 해저드는 박세리처럼 신발 벗고 쳐야 한다면 이유 없이 따라한다. 시키면 시키는 대로 놔두면 관심도 없이 꼴리는 대로 그렇게 소풍 온 넘같이 걍~ 즐겁다. 손짓 발짓으로 7개 국어는 자신 있다는 배짱을 가진 넘이니… 그렇게 좌충우돌을 해도 캐디들은 예상외로 상당히 친절하다. 어설프지만 우리 말도 뚜벅뚜벅 할 줄 알고 알아듣기도 한다.

오르막 내리막을 외치고 오비가 난 볼은 끝까지 찾아주는 정성도 대단하다. 뒷땅이라도 치면 안타까워도 하고 긴 퍼터가 쑤욱 들어갈 땐 하이파이브를 청해가며 깃대만큼 거리에도 기브를 달래며 애교도 부린다.

페어웨이 잔디가 좀 특이하다. 양잔디도 아니고 들잔디도 아니고 질겨빠진 게 골 때린다. 접목을 시킨 특허품이라는데 땅바닥에 납짝이 붙어 있으니 존나게 찍어 버리지 않으면 매번 대가리를 친다. 씨벌~ 조또~ 가 노래같이 나오는데 머릴 올리는 넘이 워낙 어설프길래 시범을 보이다가 대가리만 까고 개챙피 당했지 뭔가! 가르칠 입장도 아니면서 그랬으니 눈치 챈 캐디는 돌아서서 웃고… 에고~ 에고 집구석에 새는 바가지 나간들 안 샐라고!

어떻게 18홀을 돌았는지 모르겠다. 숲인지 나문지 기억도 없고 배 터지게 실컷 웃은 기억밖에 없다. 워낙에 초보를 끌고 왔으니 미안도 하고 창피해서 사과를 했더만 이런 건 보통이라며 도리질을 한다. 그러면서 채 하나 못 휘두르는 사람도 숱하게 오니 걱정 말란다. 똘망한 그 캐디의 한 마디에 첫 날부터 뒷골이 찌릿찌릿! 그래도 조금은 배워서 나오면 좋으련만…!!!

해남도
골프(3)
─자기야! 딸딸이 안 쳐?

무식한 넘이 용감하고 간 큰 넘이 널 장사한다고 우리의 초보! 피곤도 잊은 채 새벽부터 치장에 바쁘다. 보따리 싸들고 제일 먼저 쩔레쩔레 나서는 걸 보면 말야! 푸른 잔디에 대가리를 때려도 좋고 140개를 쳐도 쫓아 낼 넘 없고 산에 가면 찾아주지 물에 가면 건져주지! 밥인지 죽인지는 몰라도 어쨌든 맛을 알았으니…

마눌의 선크림을 갖고 왔다며 저승사자같이 발라 놨다.

어제는 이마까지 발라서는 눈도 뜨지 못 하더만 오늘은 제대로 발랐네. 어차피 배우는 공이지만 에티켓부터 배우라고 가르쳤는데 오늘은 누가 담당할지 가르치려면 자기 공은 포기해야 할 듯싶다. 하지만 그 친구에겐 외국에서 머리 올린 기억이 영원한 추억이 될 것이다.

오늘은 36홀 하는 날! 현지 캐디나 가이드의 말을 빌리면 36홀은 우리

나라 골퍼뿐이란다. 외국인들은 기껏해야 27홀 그러고는 쉬고 즐긴다는 데… 뭔 골프에 한이 맺히고 원수가 졌는지 뙤약볕에 헉헉거리며 36홀 이라… 봄단장 한다고 집구석에 조그만 잡일이라도 시키면 틱틱거리며 손끝에 걸치는 게 사내들인데 36은 왜들 그리 좋아하는지! 남의 말 잘하는 난들 별 수 있나 36이 좋은 걸!

질펀한 술판보다도 무릎팍 피말리는 고스톱보다도 골프가 좋다. 해가 짧아 탈이지 서산에 걸친 해도 묶을 수만 있다면 54홀도 마다 않는다. 내일 작대기를 짚고 일어나든가 기어 다니는 한이 있어도 좋다. 죽어도 GO에 죽은 넘 한둘 아닌 줄 뻔히 알면서도 말야!

오늘은 곧 죽어도 싱글이라는 스크래치 네 넘이 모였다. 우리나라는 70대를 한 번만 쳐도 싱글이고 하루 저녁 마눌이 처가에만 가도 싱글이라더라! 공 굴리는 실력보단 주둥아리 놀리는 실력이 앞서는 넘들! 씨브럴! 연습도 없고 원고도 없는데 긁는 건 어찌 그리 배웠는지. 직업은 멀쩡한 넘들이 골프채만 잡으면 그 모양이니… 요즘은 연습장에서 긁기도 가르치는지 몰라도 초보마저 긁기부터 시작하니 말야!

내기는 얼마나 좋아하며 딱딱이(배판)는 어떻고! 5시간을 강~ 다니라면 우리는 벌써 골프에 손을 놨을 거고 골프 인구는 반으로 줄었을 것이며 부킹전쟁도 없을 건데…… 오가는 현금 속에 싹 트는 우정이라고 우리가 걍~ 갈 리 없다. 제일 어설픈 한 넘이 "걍~ 가느냐."고 묻는다. 놔두면 꼭~ 설치는 넘이 있게 마련인데 별명하여 산중 과일! 그 넘의 지갑은 먼저 본 넘이 임자라는 뜻이다. 그렇게 1달러 내기는 벌어지고…

처음 오는 골프장에 익숙한 넘은 아무도 없다. 어디로 공략을 해야 하는지 매홀 물어봐야 하고 어설픈 영어라도 할라치면 그들이 모르니 손짓 발짓에 어제보다 더 답답할 노릇이다. 몇 홀이 지나도 어느 넘도 딱딱이를 치지 않는다. 소금 먹은 넘이 물 찾는다고 나올 때가 됐는데… 몇 홀을 내리 터진 산중 과일 그 자슥! 평소 같으면 죽어도 GO인데 역시나 잠잠하고 하지만 인상은 벌레 씹은 듯 어느 넘이라도 걸리면 쥑인다는 표정이다.

이럴 땐 긁어야 한다. 초보는 상대에게 직접 공략을 하지만 그래도 고수는 직접적인 긁기는 절대 안하며 또한 금물이다. 언제 날아올 지 모를 상대의 반사작용을 피하기 위함이다. 돈이 걸린 프로의 게임(?)엔 때론 심리전도 유용할 때가 있으니… 터진 넘 앞에서 딴 돈이 얼마 되지는 않지만 침 발라 쩍쩍 세어도 보고 돈을 줄 때도 딴 돈을 모두 꺼내 전부 세어보고 마지막에 준다.

괜히 잔디 날려 "어~라! 앞바람인가?" 그린에서 상대 볼이 뒤에 있으면 좌측인 줄 알면서 "언냐! 우측으로 휘는 거 맞지?" 하고 상대야 어떻게 생각을 하든 흘려 보는 거다. 산중 과일이라는 그 자슥 혼자서 엄청 무너지고 있다. 대화는 점점 줄어들고 분위기는 가라앉고… 이럴 땐 긁기도 참아야는데 눈치 없는 한 넘이 또 시작이다. 넘어진 넘을 밟을 작정인가?

100원짜리 고스톱에 살인난다고 1달러 내기인데 그 자슥 기분이야 더럽겠지만 뻔히 알면서도 대꾸할 수도 없다. 속으로야 설사 만난 넘 배같이 부글부글 하지만 어쩌겠어! 지금쯤 딱딱이도 칠 법 한데… 그 사이 긴장을 깨는 그 자슥 동반캐디의 한 마디!

"자기야~! 딸딸이 안 쳐?"

이기~ 뭔소리? 순간 전부 죽는 줄 알았다. "자기야"도 웃기는데 벌건 대낮에 변태도 아니고 "딸딸이 안 쳐?"라니…? 아이고~ 배꼽이야. 이 일을 어째? 눈물 콧물 다~ 짜고 나니 앞팀은 그린을 비우고 뒷팀마저 따라온다. 영문을 모르는 캐디들은 웃는 광경에 따라 웃고… 싱거운 동반자 한 넘이 뒷팀을 보고 "야~ 너거는 딸딸이 쳤냐?"며 묻는 바람에 또 한번 웃고…

서투른 우리 말과 혀 짧은 소리에 딱딱이가 딸딸이로 들린 것이다. 하지만 캐디의 멋진 죠크(?) 덕분에 냉랭한 분위기는 사라지고 산중 과일의 박살 속에 18홀은 그렇게 마쳤다.

해남도가 골프로 각광 받은 지가 오래되지 않았는데 얼마나 한국 골퍼들이 다녔으면 손님을 "자기"라 칭하고 꾼들의 "딱딱이"를 알까? 허허~ 웃지만 웃고 넘길 일은 아니니… 동반자끼리만 즐거우면 될 텐데 왜 나라 망신까지 시키는지!

해남도

골프(4)
-니리들도 한번 나가 보슈!

　　카트를 타고 다녀도 말이 36홀이지 땡볕에 보통 일이 아니다.

　　혀줄기는 댓발이나 빠질 듯하고 발가락엔 물집이 생기고… 하지만 언제 또 이런 곳에 올까 싶어 9홀 추가의 미련도 남는다. 바닥이 훤히 들여다보이는 맑은 해저드! 초록 물감을 풀어 놓은 듯한 넓은 페어웨이! 하늘 높은 줄 모르고 치솟은 야자나무하며… 저질러 놓은 처자식이라도 없다면 퍼질고 앉아 버리고 싶지만 지지고 볶으며 살아도 아비고 서방인데 그럴 수는 없고! 올 때의 설레임과 흥분은 사라지고 미련과 아쉬움뿐이다. 뭐든지 부족하고 아쉬울 때가 좋은 거라지만…

　　조금은 촌스럽지만 장난기가 이뻤고 초롱한 눈망울이 아름다웠으며 최선을 다하려는 노력이 고마웠던 캐디 언냐들! 하우스 입구에서 가는 일행들을 지켜보며 손을 흔든다. 그린을 빠꼼하게 읽어주던 우리 언냐도 두 번의 라운드에 얼굴을 익혔는지 유별나게 두 팔을 흔들어 대며 인사를 한다. 몇 달러로 감사의 표시를 한 것이 미안했지만 고맙게 받아주던 언냐였다.

시내를 가로 지르는 버스 안은 조용하다. 36홀에 아랫도리가 후들거리고 어디라도 드러눕고 싶은 나른한 오후이니… 개박살이 난 산중 과일이라는 넘도 거품을 물고 다니던 우리의 초보도 시트를 뒤로한 채 코마저 곤다. 해남도는 넘쳐나는 관광객과 함께 개발이 한창이다. 시내 곳곳에는 타워 크레인이 우뚝우뚝 솟아 있고 떼거리로 들어오는 관광객 유치에 박차를 가하는 듯하다.

하지만 밤거리는 너무 어둡고 질서라고는 찾아볼 수가 없다. 중앙선 침범에 추월은 보통이다. 우리 같으면 길을 막아 놓고 개새끼 소새끼가 등장하고 양보는 턱도 없는 소리인데! 그들은 그러면서도 깨지고 박살나는 사고가 드물다니 어쨌든 희한한 나라다. 주차는 전부가 불법이고 심지어 공안원들조차 닥치는 대로 주차하는 판이니… 교사 출신이라는 가이드가 의미 있는 말을 한다. 그래도 "중국은 무질서 속에 질서가 있고 일본은 질서 속에 질서가 있으며 한국은 질서라는 허울 속에 무질서가 상존한다."고 곱씹어볼 말인 것 같다.

무질서 해보이지만 중국은 분명 달라지고 있다. 돈맛을 알았고 돈 버는 방법도 알고 있다. 세계를 불러 모아 크고 싼 걸 보여 주고는 제 발로 들어 온 외국인들을 강~보내지 않는다는 것이다. 취향에 맞춰 음식을 바꾸었고 심지어 된장에 상추에 풋고추를 내놓고 종업원들은 입 속의 혀같이 움직이며 일본 못지않게 친절하다. 돈이 눈앞에 버글거리고 전세기가 쉴새 없이 뜨는데 뭘 못하겠나! 앞으로도 그들은 어떤 방법으로든 우리를 유혹할 것이다.

이 마당에 우리는 현실 감안도 없이 나가는 골퍼 탓만을 해야 할 것인가? 얼어빠진 땅에도 서로 치겠다고 밀고 들어오는 판에 회원권도 없고 힘마저 없는 골퍼는 클럽이 썩어 자빠질 지경인데 그나마 제주도라도 날아갈 돈이면 외국 나가서 54홀은 거뜬히 즐기는데 앉아서 고함만 친다고 될 일은 아닐성 싶다.

그들이 왜 나가는지 나리들도 한번 나가보슈! 달러를 물 쓰듯 하는 몇몇 부류들이야 어떻게 놀며 치는지는 모르겠지만 대부분은 줄 없고 힘 없고 싼맛에 골프를 즐기려는 순수한 매니아들이다. 무작정 강압하는 골프 정책도 무조건 보도하는 언론도 바뀔 때가 된 건 아닌지! 또한 순수한 골퍼들의 바람이 뭔지도 알았으면 좋겠다.

돌아오는 비행기는 갈 때와는 딴판이다. 갈 때의 그 넘들이 그대로인데 흥분은 가라앉고 설레임도 없다. 그렇듯 흥분과 설레임은 그리 길지 않았다. 다시 눈치 골프에 부킹전쟁에 뛰어들어야 하기 때문일까!

4 사랑하다 미쳐 버려도 좋다

클럽을 잡아보고 잔디를 밟아 본 지도 오래이다.
주먹보다 작은 공 하나에 목숨을 걸고 허탈 허무해 하며 헤매였던
지난 한 달여! 꼴도 보기 싫든 골프가 다시 그리워진다.
여태껏 떨어져 살아본 기억은 없지만 마눌이 멀리 있다 한들 이토록
꿈틀거리듯 그리웠을까? 가위 눌린 꿈자리같이 늪으로 늪으로 빠지는
슬럼프를 경험하고 골프는 두려움이었는데 다시 그리워지다니…
파도처럼 밀려오는 그리움은 감당할 수 없는 죽음이며
눈물이 날 것 같은 애틋함은 사랑의 싹이었다.
어느 날 또 뒷땅에 오비에 쪼루를 내고는 대가리가
돌아버리고 씨펄 씨펄 소리가 노래가 되어도
이 순간만은 골프를 그리워하고 사랑하고 싶다.

이해
할 수 없는
일들

불가사의란 원래 불교에서 말로 표현하거나 마음으로 생각할 수 없는 오묘한 이치 또는 가르침을 뜻하며 언어로·표현할 수 없는 놀라운 상태를 말한다. 사람의 생각으로는 미루어 헤아릴 수 없는 이상야릇함을 뜻하는 불가사의!

그래서 세계 7대 불가사의에 들어간 7가지의 건축물들이 날고 긴다는 전문가들도 알다가도 모를 수수께끼라고 표현한다. 인생에서도 골프에서도 불가사의와는 맥을 달리할지 모르지만 가끔은 알다가도 모르고 이해가 되지 않는 일과 행동들이 많다.

누구는 사랑하기 때문에 헤어진다는 조또~ 말 같지도 않은 말을 남기고 헤어지더니 돌아서서 또 결혼을 하는 걸 보면 이해가 되질 않는다.

어느 부부는 신혼부터 말끝마다 사니 못 사니 하면서도 이 날까지 아들, 딸 낳고 살아가는 속을 모르겠고 머리 올릴 때부터 이 넘의 골프를 그만 두겠다는 넘이 아직도 그 소릴하며 돌아다니니 알다가도 모를 일이다. 500m 앞의 시장조차도 차를 끌고 가려하고 꼼작거리는 것마저 싫어하던 마눌이 골프를 시작하고는 자식, 서방 팽개치고 산을 오르고 러프를 헤매며 골프에 미치는 것도 도저히 이해가 되지 않고 세상이 겁나서 운전면허도 따기 싫다는 친구 마눌이, 서방의 성화에 못 이겨 골프를 시작하더니 이젠 전동카트 운전석에 먼저 앉는 속을 알다가도 모르겠다.

9시 땡 하며 부킹 전화기를 돌렸는데 5분도 안 되어 마감이라는 조꺼튼 멘트는 정말 이해가 안 되고 골프장 하나 지으려면 환경파괴, 농약피해 운운하는 개코같은 논리에 개 떼같이 달려드는 부류를 이해 못하겠고 그렇게 농약이 피해라면 골프장의 10배도 넘게 농약을 쳐놓은 배추니 곡식을 먹고도 자빠지지 않는 인간들을 알다가도 모르겠다.

연습 존나게 하고 필드 가면 개죽을 쑤는 넘이 있는가 하면 하루라도 연습을 빼먹고 필드 가면 개판을 치는 넘도 있다. 드라이버는 300야드씩 보내면서 7번 아이언으로는 130야드도 못 보내는 존나게 말도 안 되는 친구가 도대체 이해가 되질 않고 이론은 싱글인데 필드 가면 영~ 딴판인 넘이 있는가 하면 5년 동안 절반을 필드에 살면서도 아직도 골골거리며 90개도 못 깨는 정말 존나게 웃기는 알다가도 모를 넘도 있다.

허리 아프다고 집구석에서 꼼짝도 않던 넘이 골프 약속만 잡히면 언제 그랬냐는 듯 뛰어 나가고 멀쩡하게 치고도 집구석에만 들어오면 환자행세를 하며 오랜만에 마눌이 쩝쩍거리기라도 하면 환자한테 뭐하는 짓이냐며 온갖 튀박에 난리를 치는 알다가도 모를 넘이 있는가 하면 밖에서는 이넘저넘한테 입속의 혀같이 나긋나긋 하다가도 집에만 들어오면 꿀 먹은 넘 같이 주둥아리를 닿아버리니 날밤을 까며 생각을 해도 도저히 이해가 안 되는 넘도 많다.

싱글 골퍼와 머리 올리고 지금은 당당히 싱글을 치는 친구가 머리 올려준 넘과 치기만 하면 헤매고 다니는 것도 이해할 수 없으며 그 싱글 골퍼는 이제 쇠락의 길에 접어들어 80대 초반을 치기도 어려운데 그 친구하고만 치면 70대를 거뜬히 치는 건 더더욱 알다가도 모를 일이다.

국민 생각하고 나라 걱정한다는 넘들이 뒷주머니 차는 꼴을 보면 그 넘들 대가리엔 뭐가 들었는지 알다가도 모르겠다. 사회생활은 엄청 잘하는 넘이 골프 생활은 조꺼치 하는 이유를 모르겠고 넥타이 매고 다닐 때는 신사더만 예비군복 입혀 놓으면 헛소리 찍~찍~에 아무 곳에서나 닥치는 대로 오줌 질질 깔겨대는 속을 알다가도 모르며 "아지메 허벅지는 덮어 줘도 욕 얻어 묵는…" 이유를 모르겠고 뻔한 줄 알면서도 질투는 세컨드가 더 심한 건 알다가도 모를 일이다.

벙커에 들어가는 날은 매홀 벙커 주변만 헤매고 해저드 들어가는 날은 언니들 푸른 가운만 봐도 주눅이 들고 생크나는 날은 매홀 생크가 나는 이유를 알 듯하면서도 모르겠고 아침에 생각나는 노래를 하루 종일 흥얼거리는 이유를 모르겠고 마눌 곁에 가는 것도 사흘이 밀나하고 갈 땐 언제고 가지 않으려니 열흘도 한 달도 텅텅인 것을 알다가도 모르겠다.

연습할 때는 아하! 이거라며 무릎을 쳐놓고는 막상 필드 가서는 까마귀 고기를 처먹었는지 생각이 나지 않다가 목욕탕에서 찬물 뒤집어쓰고 생각나는 하얀 대가리를 이해 못하겠고 프로는 시즌이 끝나면 클럽을 바꾸는데 아마추어는 꼭 시즌에 바꿔서는 방귀질 나자 보리 양식 떨어진다고 좋은 시절 다 보내고 누런 잔디에서 허걱거리는 이유를 모르겠다.

흔히들, 골프든 인생이든 각본 없는 드라마라고 한다. 준비한 대로 생각한 대로 되면야 얼마나 좋겠냐만은 그것이 말같이 행동하고 실천하는 것이 쉽지 않다. 대본 쥐어 줘도 NG를 내는 통에 대본마저 없는데 말이다. 그렇듯이 골프든 인생이든 실수 속에서도 희망을 갖고 살아간다. 실수 속엔 때론, 이해 못할 일도 많고 알다가도 모를 일도 많다. 한 템포 늦추고 한번 더 생각하고 행동보다 말이 앞서지 않는다면 세상엔 이해 못할 일도 알다가 모를 일도 없을 텐데… 에구~ 그런 골프 그런 인생이면 얼마나 좋겠나! 너무 또 그러면 골프도 인생도 재미 없을라나?

젊은이!
미안허이~

쌀쌀한 어느 주말! 벌써 겨울 골프가 시작되는가 보다. 만주 개 장사 같은 털모자에 마스크까지 하고 나온 넘도 있으니 말야. 따뜻한 아랫목이 그리워야 할 새벽시간에 골프장만은 명절 시장같이 왜 이리 북쩍거리는지!

세월만큼이나 움푹 패인 주름의 친구끼리인 듯한 노인팀! 젊은이 못지않은 화려한 칼라의 바지 하며 주고받는 농담에 장난기 또한 다를 바 없는 젊은이다. 스타일로 보아 그래도 인생을 잘 사셨다는 느낌의 팔순의 노인 4명. 화려한 의상이라도 가려질까 싶었는지 바람막이 목도리 하나 걸치지 않은 가벼운 모습이다. 아니면 둘둘 감고 뒤집어쓰고 다니는 젊은이들보다도 건강하다는 과시였는지!

그 연세에 짱짱하게 날아가는 드라이버! 비록 3온 4온이지만 쩍~쩍 붙이는 어프로치! 결코 세월이 아님을 말하는 듯하다. 굳이 넣으려고 않는 그들의 퍼팅이지만 3퍼트가 없었다. 러프면 러프, 벙커면 벙커에서도 몇 번을 치더라도 굳이 손으로 끄집어내려고 하지 않는 진지한 모습. 때론, 전동카를 서로 탈려고 밀고 당기는 장난기는 우리와 다를 바 없다. 매홀 굿샷! 나이스 펏!을 연발하니 더욱 흥이 나시나 보다. 평생 운동으로 생각하고 50넘어 배웠기에 스코어에 그렇게 연연하지 않는다는 그들! 같은 시기에 배운 몇몇 친구들은 자기 성질에 못 이겨 채 팔아먹고 케케한 경로당에 쭈그리고 앉아 담배 연기 마시며 100원짜리 고스톱이나 치고 있다며 농담을 한다.

그늘 집! "연세도 많으신데 그렇게 정정하시냐."니 오히려 부끄럽다며 젊은이들에게 피해 안 주려고 엄청 노력한단다. 그러면서 우리가 이 짓(?)을 하면 얼마나 하겠냐고 아침에 눈을 뜨면 살아 있음에 감사하게 생각하는 인생인데 오랜만에 나와 잔디가 누렇게 변한 걸 보니 마음마저 허하다며 조금 늦어도 젊은이들이 이해를 해 달랜다. 마음은 급한데 몸이 말을 듣지 않는다며 내년에도 이만큼이라도 걸어 다녔으면 얼마나 좋겠냐고 말끝을 흐리시는데 콧잔등이 찡해진다.

울 아버지와 비슷한 연세시니 더더욱 남의 일 같지 않으니… "어르신! 그게 뭔 흉입니까? 이해하고 말고가 어디 있으며 아버지 같으신데 뭘요! 젊게 사시는 게 걍~ 좋아 보이는 걸요." 허허 웃으시며 젊은이 고맙다는 말을 수 없이 한다. 그늘 집을 내려오면서 하시는 말씀! "이제 남은 친구도 몇 안 되는데 원수 같은 넘들이지만 저 넘들마저 가버린다면 쪼인이라도 하고 싶은데 이 늙은이를 누가 받아줄꼬!" 하며 묻지도 않은 농담을 하신다.

샤워장! 숱한 세월을 이겨낸 가냘픈 몸뚱어리! 반쪽이 된 엉덩이를 타고 흘러내리는 비눗물을 보면서 등이라도 밀어드리고픈 애틋함은 마음

뿐! 손이 닿지 않는 등을 억지로 문지르려는 어르신을 외면한 것이 부끄럽다. 차라리 "야~ 이눔아! 등 한번 밀어봐."라고라도 하시지. 자꾸만 뒤통수가 땡기니… 그런 나의 옹졸한 마음을 아시는지 모르시는지 아랑곳 않고 염색한 머리를 기름 발라 손질하며 멋도 부리고 장난도 치신다.

그런데 잠시 후 문제가 생긴 것이다. 탈의실 바구니에 담겨진 속옷이 없어졌다며 한 넘이 난리 법석이다. 그런데 그 옷을 할아버지가 입고 나가는 것이 아닌가? 에구~! 이 일을 어쩔거나! 마치 큰 죄를 지은 듯 어찌할 바를 모르고 미안하다는 말만 되풀이하는 할아버지! 얼마나 민망하고 몸둘바를 몰랐을까? 그러나 또 발생하는 속옷 사건! 할아버지를 용의자(?)로 지목한 듯 젊은 넘 하나가 로비에서 일행을 기다리는 어르신에게 확인을 해 보잖다. 무례하다 싶지만 설마하는 맘에 바지 지퍼를 내리니 이럴 수가… 잘못 입은 옷을 벗어주고는 또 남의 속옷을 입은 것이다. 손자뻘 되는 넘은 당장 벗으라고 난리고 순간 얼마나 황당하고 창피했을까? 자책이라도 하듯 긴 한숨을 내쉬며 "미안허이"를 연발하시며 "내가 왜 이러냐… 내가 왜 이러냐."고 독백 같은 한탄을 한다.

어르신! 그게 뭔 큰 죄라고… 그게 뭐 그리 상심할 일이라고… 그렇다고 훔치려고 그런 것도 아닌데… 젊은 넘도 실수를 밥 먹듯 하는데 실수려니 착각이려니 하셔야지. 괜히 마음에 두시면 병일진데 툭툭 털고 말입니다. 그리고 굿샷일 때처럼 멋지고 깃대에 쩍쩍 붙일 때처럼 화려하고 긴 퍼터 쑥쑥 집어넣는 당당함으로 오래오래 사시기를…
속절없이 지나가는 것이 세월이지만 그 세월의 굴레를 벗어 던지고 할아버지가 내년에도 당당히 나오셔서 굿샷을 날리시길 기대해 본다.

크고 길고
물마저
잘
나온다면

우리나라 사람들은 유난히 길고 큰 걸 참 좋아한다. 조그마한 나라에 아담 사이즈가 제격인데 타고난 컴플렉스에 기인한 국민성인지는 모르지만 서너 명 식구에 집만큼은 땡빚을 내서라도 큼직이 장만하고 이름 있는 기업이 사옥을 지었다 하면 동양 최대라는 말을 붙인다. 국민차(?) 뒷자석에 클럽을 신고 골프장에 간 친구가 차를 빼라는 손짓에 항의 한 마디 못하는 개쪽팔림 뒤에 60개월짜리 할부일망정 대형차에 눈길이 갈수밖에 없다니 말이다.

한 발 남짓 퍼터를 놓치는 한이 있어도 드라이버만큼은 기를 쓰며 멀리 보내야 하고 7번 아이언으로 170m를 보낸다고 자랑이다. 그러니 깃대에 갖다 붙이는 니어니스트의 기술보다 멀리 보내는 롱게스트를 부러워하며 짐승이라는 칭호(?)를 준다. 그것이 빛 좋은 개살구일지라도 경쟁과 욕심은 한도 끝도 없는데… 후배 한 넘이 어느 골프장의 회원권을 샀는데 그 골프장의 어느 홀은 PAR 6에 길이가 무려 718야드라고 한다.

장비가 좋아지고 골퍼들의 기량이 늘었는지는 몰라도 이렇게 골프장의 홀 길이에 바람이 불면 PAR 10이라는 기가 막히는 골프장이 나오지 말라는 법도 없잖은가! 한때는 골프장 이름을 외국어로 바꾸는 게 유행을 하더니 어느 때는 클럽하우스를 삐까~ 번쩍하게 지었다고 자랑하고 이제는 길이 늘리는 게 골프장의 자랑거리로 떠오를지도 모른다. 멋진 이름에 고급 호텔같이 아늑한 하우스에다가 도전하고픈 코스! 정말 모든 골퍼의 꿈일지 모르지만 그보다 더 큰 꿈은 정당한 부킹과 편안한 라운딩일 것이다.

요즘 따라 크고 길고 물 잘 나오는 대물을 기대하며 비뇨기과를 찾은 남정네들이 많다는데 그들의 기대만큼 입이 쩍~ 벌어질 대물이 완성된다면 가나오나 꿀이겠지만 어느 하나라도 투자보다 시원찮다면 조또 아니다. 고래의 물건이 성질을 부리면 3m나 된다고 하지만 우리에겐 써먹을 데 없는 고깃덩어리에 불과하듯이 화려함과 웅장함만 있고 알맹이가 없다면 우리에겐 필요 없는 고래의 물건일 뿐일 것이다.

보통의 골퍼들은 코스 길이가 고만고만해도 그만이고 하우스야 옷 벗을 때 있고 땀 씻을 공간만 있으면 그뿐 아닌가! 호사스런 하우스가 공을 잘 맞게 하는 것도 아니고 굳이 따져 본다면 긴 코스가 재미를 더하는 것도 아니다. 골프장 와서 땀 뺄 일이 뭐가 있어 사우나가 필요하며 목욕탕을 비싼 수입 대리석으로 뒤집어씌울 일이 뭔가?

그렇게 하고는 보통의 골퍼들은 접근조차도 못하게 수억 원에 회원권을 팔아가며 철옹성을 만들어 버리니… 그렇게 해야만 명문이고 그렇게 함으로 명문이 되는 건지! 이렇게 좁은 땅에 명문과 고가의 골프장만 들어선다면 참 답답할 노릇이 아닌가! 그나마 한동안 존재하던 회원제 골프장의 신설시 의무화했던 대중골프장의 병설규정마저 적용 기한이 끝났으니 어느 사업자가 목돈 들여 푼돈 받고 혜택이라고는 개뿔도 없는 대중 골프장을 짓겠나!

　회원제 골프장만 배불리는 이런 모순이 계속 된다면 부킹난은 더욱 심각해지고 난장판에 호로자식 있다고 장난꾼이 설칠 것이며 대중화는 구호일 뿐일 것이다. 정녕, 보통의 골퍼들은 클럽하우스가 조금은 허름하여도 코스가 다소 짧아도 목욕탕에 사우나가 없어도 불평하지 않는다. 그저 전화 한 통으로 부킹이 되고 적은 비용으로 드나들길 원한다.
　서울~ 부산 새마을 요금보다 비싼 4만 원짜리 카트보다 걷기를 좋아하고 시도 때도 없이 나타나 개 홀리듯하는 오토바이 부대도 싫어한다. 고객을 봉으로 생각지 않고 진정한 고객으로 보는 그런 골프장을 원한다. 이러한 것들이 꿈으로 끝날지 현실로 나타날지는 알 수 없지만 보통 골퍼들은 진정 그런 골프장 그런 골프를 원한다.

무엇이
나를
미치게
하는가

라운드 일정을 잡아 놓은 골퍼의 심정은 어떠할까? 시시각각으로 변하는 일기예보에 잠 못 이루고 집안에 나 모르는 일정, 계획은 없을까 살펴야 하고 궁시렁거리는 마눌의 심기는 편안 하실까 살펴야 한다. 이 모두가 꼬이면 골프도 기분도 망치게 된다.

태풍이 온다느니 간다느니 헷갈리게 하는데 먼 길 오는 후배의 휴가에 맞춰 일정이 잡혔다.

D-1 오늘 온다는 태풍이 기압골인가 뭔가 때문에 오끼나와 근방에 걸려 있어 내일쯤이나 온단다. 이런 씨발~! 오면 오지 걸리긴 왜 걸려! 일기예보에 가슴을 조이는데 휴대폰이 삐리리~온다.

"형님! 접니다."

"야~ 그런데 날씨가 지랄이네!"

"그러게 말입니다 형님! 그래도 어쩝니까. 특별한 일 없으면 칩시다

형님!”

“제가 새벽에 현장에서 상황 체크 하겠습다.”

(야! 군대 작전하냐? 체크는 뭔 체크~! 체크한다고 올 비가 안 오나?)

“형님 낼 뵙겠습다.”

낼 뵐지 말지 하늘에게 물어봐야제! 또 삐리리~ 같이 갈 동반자다.

“내다~ 낼 우짤끼고?”

“우짜기는 우째? 어지간하면 쳐야 쥐!”

날씨 꼬라지가 영~시원찮다. 시커먼 먹구름이 왔따리갔따리 하는게…
알람을 맞춰놓고 4시 반이면 일어나야 되는데…

D-DAY 희미하게 들리는 알람소리에 선잠을 깨고… 소리를 들었는가
마눌의 평퍼짐한 엉덩이가 움찔하더니 곧 돌아눕는다. 꿈이려니 했겠지!
밤새 내린 비는 새벽이 되자 빗줄기는 더욱 강하다. 아~틀렸구나! 후배
넘이 그렇게 치고 싶어 하는데… 삐리리~ 휴대폰이 울리는데 동반자다.

“(잠이 덜깬 목소리로) 비가 와 이리 와 쌌노! 틀렸쩨?”

“(역시 덜깬 목소리로)그런 거 것네! 마~ 푹 쉬라.”

“(듣던 중 반가운 소리로)그라자.”

뚝~!

천재지변인데 뭘! 그래도 전화라도 주니 고맙군! 난감하다. 어쩐다? 그
러고는 애들 침대에 드러누워 버렸다. 잠시 눈을 붙이는가 했는데 또 삐
리리~

“형님! 접니다. 방금 골프장에 도착했는데 어디 쯤 오세요?”

(어디쯤 오긴 뭘 어디쯤 와? 드러누워 있는데…)

“야~ 여긴 비가 졸라 오는데 그래서 게스트보고 푹 쉬라고 했는데…”

“예? (너무 실망한 목소리) 여긴 가랑비만 조금 오고 몇 팀이 나가고
있어요.

"그래~ 그러면 내 혼자라도 갈끼 기둘려라."

고양이 세수를 하고 쩔레쩔레 나서니 얼마나 오는지 앞이 안 보인다. 이 일을 어떡해? 허겁지겁 도착하니 6시가 조금 지났다. 로비에서 찾을 새도 없이 형님~하며 엎어지듯 쫓아오는 후배! 얼마나 반가웠을까? 먼 길을 와서 눈물과 빗물이 범벅이 되어 돌아갈 뻔 했는데… 저렇게 좋아하는데 나까지 못 간댔으면 얼마나 실망했을까 싶다. 끝내 오지 않는 허탈 뒤에 밀려오는 공허감을 나는 안다.

로비에는 비옷을 입은 넘들이 삼삼오오 모여 나갈까 말까 잔머릴 굴리고 있고 전화기에 대고 왜 안 오느냐는 고함소리도 들린다. 그런데 또 다른 복병! 2명 라운드는 안 된다니 이런 씨발~ 우중에도 빽을 써야 하나? 그래도 아는 넘이 있어 우째 우째 2명이 나가려는데…

"형님! 가랑비죠 잉! 바람만 안 불어도 졸낀데… 그죠 형님!"

장대비와 가랑비를 구분 못하는 뭐 이런 넘이 있나 싶다. 야~ 넌 똥인지 된장인지 꼭 찍어 먹어봐야 아냐?

폭우를 가랑비로 아는 걸 보니 어지간히 미치긴 미쳤나 보네. 그래! 이 넘아! 나도 미칠 땐 장대비도 내려앉은 이슬로 보이고 친 공이 후퇴할 정도의 태풍도 선풍기의 수면풍으로 보이더라. 한 홀도 못 지났는데 모든 게 젖어 버리고 어제까지 땀 흘려 빨지 않은 모자에서 짠물이 볼을 타고 내려온다. 이것도 두 홀을 지나니 짠맛마저도 없다. 30개월 방수 보증 신발도 바지를 타고 내려온 빗물로 가득하다. 하필이면 이런 날 방수신발을 신고 왔는지 원! 기왕 버린 거 천지가 물바다인데… 형장으로 가는 사형수도 피해간다는 또랑길을 저벅저벅!

가뭄에 콩 나듯 우리같이 미친 넘들이 드문드문 보인다. 장갑도 흘리고 간 넘이 있고 구석구석 찾지 않은 공도 있다. 물치기에 쪼루에 그래

도 좋아라 한참을 가더니

"형님! 햐~ 대통령 골프입니다요!"

"흐흐… 그래?"

이런 멍청하기는 대통령이 미쳤다고 비 오는 날 골프 치냐? 그칠 줄 모르는 빗줄기는 절정을 이루는데 모두가 젖어버린터라 이제는 도우미마저 차라리 시원하단다. 한 번쯤은 이런 라운드도 즐겁다며 애교를 떨더니 빨리 마치고 엄마랑 김치 부침개라도 해먹어야겠단다.

형님! 버디 한번 보여줍쇼 하며 따라 다니는 그 후배의 갈망(?)도 져버리고 태풍라운드는 끝이 났는데…

거울 앞에 서니 난파선에서 구사일생으로 구조된 넘 같어! 먹고 남긴 국수같이 퉁퉁 부른 몸을 씻고 나오니… 어라? 이제는 간간이 가랑비만 내릴 뿐! 벗겨지는 구름이 반가우면서도 얄밉다. 마눌의 성화가 대단하다! 가는 줄도 몰랐는데 이런 장대비에 공을 치고 오느냐며 목욕 갔나 싶어 밥상 차려놓고 기다렸다는데 미쳤다고 난리다. 그래! 난 미쳤나 보다. 의리에 미치고… 약속에 미치고 인정에 미치고 골프에 미치고 그렇게 미쳤는지도 모른다.

사랑하다 미쳐 버려도 좋다

클럽을 잡아본 지도 잔디를 밟아본 지도 넘 오래된 것 같다. 인생의 늪보다도 더 깊은 늪을 헤매였던 지난 한 달여! 이제는 인생을 알 나이에 골프라는 주먹보다 작은 공 하나에 마치 인생을 망친 넘같이 허탈, 허무해 했던 한 달 남짓이었는데… 꼴도 보기 싫던 골프가 그리워진다. 주변에서의 온갖 유혹을 몇 번인가 뿌리치고도 솔직히 덤덤했는데… 스크랫치로 물고 물리던 그넘들마저 핸디를 주겠다는 미끼를 던지며 꼬드겼지만 '썩어도 준치'라고 버티었고 차라리 죽었으면 죽었지 그렇게는 안 치고 말지 하던 넘이었는데 그 사이 골프가 그리워지다니…

여태껏 떨어져 살아본 기억은 없다지만 마눌이 멀리 있다한들 이토록 꿈틀거리듯 그리울까! 하지만 필드라는 자체가 두려움으로 다가선 이후로는 시집가는 처녀같이 걱정과 두려움이 따르니… 짧지 않은 세월이지

242

만 이렇게 골프 앞에 겸손이 생길 줄이야. 연거푸 다섯 번을 보기플레이도 못할 정도로 헤어나질 못하니 찾아 온 한 넘이 편하게 한번 치잖다.

내기 없이… 샷도 점검하며… 아직은 수양이 덜되 하산할 시기가 아니라 하면서도 혹, 불러줄 넘이 없나 싶었는데… 그래! 그리울 땐… 눈물 날 것 같은 그리움이 파도처럼 밀려올 땐 잔디라도 밟아보자는 심정으로 오케이를 했네. 가방을 챙겨 오는데 갑자기 쏟아지는 장대비가 그칠 줄을 모른다. 이런~ 씨벌! 복 없는 넘은 지지리도 없지! 넘어져도 꼭 자갈밭에 넘어지니… 한 시간 두 시간을 기다려도 구멍이 뚫렸나 그칠 생각을 않는다. 조~또! 제대로 되는 게 없으니 복이려니 했지.

다음 날! 그 넘들이 가만히 있을 넘들이 아니지. 또 시동을 거는데 갈까 말까? 망설임에 그 넘들 눈치, 마눌 눈치 번갈아 보니 마눌 눈치가 영~ 심상치 않아 '니들끼리 가라' 했지만 순간 모든 것이 그렇게 야속할 수가 없더라구… 이 욕심 저 생각 차릴려니 어쩔 수 없겠지만!!!

또 다음날! 마음도 편치 않는데 부킹 부탁은 왜 그리 많은지. 능력 없으면 공을 배우지도 말든가. 우쉬~! 하지만 무시 못할 넘 땜에 쩔레쩔레 부탁 차 골프장에 갔더만 뭔 인간들이 이렇게 많은가? 피난열차 타려는 넘 같이 보따리 보따리 들고서는… 빈자리 있나 싶어 쪼인 자리 있나 싶어 여기 기웃, 저기 기웃! 그 넘들의 설레임도 그 넘들의 흥분도 나의 일 같으니…

시간이 남아 티박스에서 한 시간을 넘게 쪼루내는 넘, 오비내는 넘들을 지켜보며 "에라이~, 어이구~등신 짜슥!"하며 헛소리마저 지껄이니… 이러다 미치는 건 아닌가 싶다. 캔 맥주를 하나 들고 멍하니 또 30분! 토요일인데도 누구 하나 가자는 넘이 없다. 이리저리 피해 다녔으니 찾을 리가 없지! 이러다 팽 당하는 건 아닐까?

혼자라도 가야겠다고 마음먹은 일요일! 밖을 보니 철퍼덕 철퍼덕 또 내리는 비! 아~ 조또~ 되는 게 없구만! 꺼이꺼이 머리 끝까지 이불을 뒤집어쓰고… 그래! 그리워할 수 있는 맘이라도 있다니 다행이지!

가위눌린 꿈자리같이 늪으로 늪으로 빠져드는 슬럼프를 경험하면서… 이제는 그리워하고 사랑할 수 있을까? 이기려 들지 않고 만들어갈 수 있을까? 그리워하고 사랑하면 보인다는데… 외로워 보지 않은 사람은 고독을 모르고 그리워해 보지 않은 사람은 사랑을 모른다. 어느 날 또 뒷땅에, 오비에, 쪼루에, 대가리가 헤까닥~해서 써펄 써펄 소리가 노래가 될지 몰라도 이 순간만은 골프를 그리워하고 싶다.

그 가을이 간다

　아직도 가을은 남았는데 먼 산엔 벌써 눈이라네. 잊을 때쯤 찾아와서는 추억도 하기 전에 가버리는 가을! 가을은 언제나 그랬듯이 오는가 싶더니 밤인 듯 가버리지.

　아침이면 산같이 쌓이는 낙엽! 그렇게 슬퍼 얼굴 감추고 밤에 떠났나 보다. 그 슬픔 한이 되어 서리 내리고 얼어붙어 찬 가슴이네.
　살아갈 날 많았을 땐 이 설움 몰랐었는데 이제, 갈길 바쁜 낙엽처럼 조급할 뿐이니…!

　가을이야 또 오겠지만 그 가을이 아니듯이 아까운 세월까지 가져가는 이 가을이 너무도 아쉽다. 청승맞은 비가 힘겹게 매달린 가을에 무게를 더할 때 식은 밥상같이 을씨년스런 겨울도 빨리 올 것이다.

누구는 젖은 낙엽을 이별 손수건이라 하더만 그렇듯 이 비가 그치면 가을을 떠나보내야 한다. 떠남을 말하지 않아도 약속인 듯 떠나겠지만 허전하고 가슴이 뻥한 건 가을이기 때문이다.

늦은 가을비가 며칠째 내린다. 여름 내내 질퍽하게 만들더만 무슨 물이 또 남았는지? 세월에 찌든 우리 물은 고갈되는 판에 하느님은 정력도 좋으네! 그렇게 빠끔한 날 없이 빼고도 남은 게 있으니 말야.

허긴, 삼라만상을 다 가졌으니 굼벵이 몇 마리, 뱀탕 몇 그릇에 비할라고~! 에고~ 하느님 같은 정력이면 걱정도 없겠는데 맨날 비실비실! 그러니 골프장에 뱀만 보면 동공이 풀리고 길 가는 땡칠이만 봐도 개침을 질질 흘리지!

골프장 가는 길이 답답하다. 4시간을 넘게 달려 우중 골프를 하다니… 허구한 날 놔두고 뭔 죄를 지었기에 비란 말인가! 씨바! 여름이면 여름이라고 하지! 한참을 더 즐겨야 할 가을들이 길바닥에 시체같이 늘어져 있고 벌써 홀라당 벗겨져 볼짱 다~본 가로수는 부끄러움도 잊은 듯하다.

뒤지게 공이 맞지 않을 때 얼렁 18홀이 끝나기를 바라는 골퍼의 심정같이 차라리 잊고픔에 어쩌면 홀가분할지도 모른다. 산 중턱에 자리한 골프장은 음산하기까지 하다. 생선 가시 같은 나뭇가지엔 찬바람이 걸쳐져 있고 지쳐버린 잔디는 가쁜 숨을 몰아 쉴 뿐이다.

물먹은 갈대꽃은 모가지가 무거운 듯 부둥켜 쓰러지고… 앞 다투어 돋아나고 피어나 희망을 노래하더니 제몫 다하고 쓰러진 가시고기 같은 가을이 가고 있다. 언니들도 빨간 외투로 갈아입었다. 떨어진 낙엽을 대신하듯 빨간 외투가 멋있긴 하지만 시퍼런 해저드와 함께 더 추워짐을 느끼는 건 어쩔 수가 없다.

몇 달간은 저 솜누비 외투와 함께 콧물 찔찔 흘려야 하고 호두껍질 같이 오그라든 거시기를 부여잡고 난로를 찾아야 한다. 또한, 어디로 튈지 모를 공과도 싸워야 한다. 운명같이 다가오는 겨울도 준비하고 맞아야겠지만 아쉽게 떠나는 가을과의 이별도 느끼고 싶다.

낮 햇살 따사로울 땐 아직 가을이 남았나 했더니 바람막이 파고드는 바람은 분명 초겨울인 듯하다. 수확하지 못한 가을이 있다면… 못다 즐긴 가을이 있다면 따스한 날 찜하여 이 시간이 가기 전에 느껴봄이 어떨까! 바람소리 더 키우는 한 잎 달랑 떡갈잎도 가을이며 늙은 감나무 꼭대기의 먹다 남긴 까치밥도 가을이니…!

친구야!
늦지
않았네

우리 집엔 조그만 타석이 하나 있다. 원래 연습과는 담을 쌓은 터라 한주일 내내 있어도 처삼촌 벌초하듯 몇 번 껄쩍이는 것이 고작이다. 남들은 이런 조건에 그뿐이냐고 쓰린 속을 뒤집지만 옆에 둔 처가마저 살아보니 1년에 한두 번인데 코앞이라고 자주 가지고 연습하는 건 아니더라고…… 있으나 마나하는 연습장이지만 그래도 가끔 친구들이 찾아와 두들기고 놀고 가는 재미가 있어 좋다. 그 중엔 '골푸는 있는 넘들이나 하는 운동'으로 치부하며 아예, 담을 쌓고 지내는 친구 몇 넘도 있고… 그렇지만 "등기된 집은 없어도 승용차는 있어야 한다."는 세상의 흐름과 같이 그 넘들도 이제 관심이 생기는 듯하다.

처음엔 뭔 재미로 하느냐며 클럽 만지는 것조차 꺼리더만 이젠 주뼛주뼛 하면서도 휘둘러보니 재밌거든! 그러면서 골프가 조또 아니라고 생각했는데 헛빵이라도 몇 번 하고 나니 자존심도 상하고 열도 받지! 그러더니 한 넘이 갑자기 레슨을 해달라는 것이 아닌가? 적응이 되면 시작하고 아니면 포기한다는 것이다. "워낙 운동신경이 없어서."라는 변명이지만 어디 골프가 그런가! 적응력도 없는 것보다 있는 게 낫고 운동신경도 있는 게 낫지만 골프는 마음이고 반복의 운동인데 그들은 골프의 속성을 모르니…

친구야! 망설이면 늦다네. 골프는 망설임 3년 준비 3년이라는데 우리가 이제 그럴 나이도 아니며 여유마저 없다네. 머리엔 벌써 서리가 내리고 마음마저 허~한데 가는 곳마다 골프 얘기뿐이니 누구하고 놀려고…
늘그막에 경로당 찌든 담배보다 백배 낫지 않은가! 죽기 살기 프로 될 일도 아니고 취미삼아 운동 삼아 그나마 머리는 둔해져도 허리라도 돌아갈 때 마음에 둔 운동이라면 뭘 망설이는가?

세월이 터미널에 택시같이 늘~ 기다려 주는 것도 아닌데 그럭저럭 세상 살았다고 남 하는 거 해보고나 죽어야제! 늦게 시작한 운동에 100개면 어떻고 110개면 어떤가. 그렇게 시작하다 보면 좌충우돌 초보 운전같이 배우고 느끼며 새로운 세상 경험하는 거지.

친구야! 저만치 앞서 가는 친구들 부러워마라. 그들 또한, 고통으로 인내로 쌓은 탑이란다. 아장아장 늦둥이 하나 낳아 키우는 새롬으로 시작해보세. 어차피 세상은 앞서는 넘, 뒤서는 넘 조화로 이뤄지는 것 아닌가!

친구야! 그렇게 많은 날이 남지 않았네. 미루고 미루고 백날이면 의욕마저 사라지지. 쉽지는 않지만 그렇다고 어려운 것도 아닐세! 마음이 열이면 고통도 이긴다는데 마음으로 시작해보게. 그래서 파릇파릇 내년 봄에 우리 봄놀이 가면 어떨까! 백발이 되어도 못다 배운 또 다른 인생 거기서 배울 걸세!

개똥밭에 굴러도
이승이
좋은 이유

새해라네! 창문 열어보니 눈도 아닌 비! 정초에 비 오고 잔칫날 비 오면 좋을 징조라… 음지 양지 구분 없이 좋은 날만 있었으면 한다네.

오랜만에 가는 골프! 날씨 덕이라도 봐야지 싶었지만 그래도 맘은 설렌다네. 단계 없이 겨울 맞으니 골프채비 어찌해야 할꼬? 이 서랍 저 서랍 뒤져보고 입었다 벗었다 방안은 난장판. 꿀 같은 신혼 때도 이만큼 입고 벗은 기억 없다네.

지난 해엔 벗고 쳤는지 입을 옷도 없으니. 겨울엔 그저 뜨듯한 게 최고라는 울 엄마! 그렇다고 이불 뒤집어쓰고 갈 수도 없고 아래 위 차리니 몇 만 원 게눈 감추 듯 사라지네. 다행히 가는 길은 비가 없다네.

가을걷이 한창이든 들판엔 잔설이 차지하고 간간이 푸르던 들풀은 울

250

엄마 빚은 메주색이네. 두 달 쉬어 가는 골프 길은 많이도 변했구나.

티박스 난로 앞에 옹기종기! 살 속 파고드는 바람에 뼈까지 시린데 마음은 콩닥콩닥 덥기만 하고… 오비나면 우짜노? 쪼루내면 우짜노? 에고~ 에고~ 첫 홀이 걱정이네.

대가리 처박고 휘리릭~! 눈을 감았는지 떴는지 정신은 혼미한데 합창하듯 굿샷 소리! 아이고 살았다 싶다네. 두 달을 쉬어도 맞아주니 골프 이거 조또 아니군! 그래서 부처님 '골프는 자전거 타기'라고 했나 보네. 병신! 부처님이 자전거는 탔을지언정 골프는 안 했어. 잉? 그럼 예수님인가? 우쭐우쭐 방정을 떨고 자빠졌네. 투온에 파도 잡고 이러다 간댕이부을까 겁나네.

두 번째 홀! 아랫도리 바짝 바짝 힘들어 가고. 4년 각고 아들 만들 때도 이토록 힘 쓰진 않았다네! 머릿속엔 굿샷 소리만 뱅뱅거리는데 멀리 멀리 날아서 많이 많이 굴러라. 티는 저만치 날아가는데 공은 어디도 없다네. 동반자들 멀뚱멀뚱 뒷팀까지 두리번두리번! 지랄같이 하늘로 솟았나 땅으로 꺼졌나. 구경꾼의 웃음소리! 쪽팔려 죽는 줄 알았네. 지금도 그 넘의 공의 행방이 궁금하다네.

그럼 그렇지! 두 달 쉬어 될라치면 연습하는 넘 미친 넘이고 돈 버리고 열 받는 넘 전부 똘아이들이지. 당연함에도 열이 실실 받는다네. 바람이 한 입 가득 모래가 버썩버썩! 몇 홀 지나 그늘 집 거울 쳐다보니 주름 하나 더 생기고 군밤장사 따로 없군. 마눌도 푸석푸석 시퍼러니 장터 할매 같다네.

눈물 찔끔 콧물 질질! 푸리쭉쭉 얼굴까지 볼품이라고는 조또 없네. 공은 공대로 놀고 몸은 몸대로 떨고… 두 달을 병상에 누웠었는데 90개도 꿀이고 쩔뚝거리는 다리 보면 그것도 다행이라네.

골프와 친구한다니 친구 넘이 부처 났다 놀리네. 이 자슥아! 들키면 장난인데 뚫린 입에 말도 못해! 열 날 땐 열도 받고 뚜껑 열리면 졸라 욕도 할 거라네. 그래도 마음만은 근본을 지킨다는 걸세.

해는 중천에 뜨고 그 해가 그 해인데 새해 보니 새롭네. 개똥밭에 굴러도 이승이 좋다고 90개 친 건 친 거고 열 받은 건 받은 거고 뜨끈한 물에 샤워하고 수입인지 토종인지 고기 구워 소주 한잔 그 맛이 일품이네. 이 기분 이 맛 두고 어찌 두 달 누웠든가! 오래오래 즐기려면 모두 모두 건강이라네.

난, 초대받을 수 있는 골퍼인가?

골프에 미친 넘이 어느 날 재수 없게도 뒷팀의 공을 맞고 죽었다. 해도 해도 재밌는 골프이기에 저승을 가면서도 뇌리를 떠나지 않았고 온통 골프 골프 생각뿐이었다. 마눌의 통곡은 [나이스 뻐디~]로 들렸고 자식의 울음소리는 [굿~ 샷~]으로 들렸으며 그나마 몇 안 되는 조객들은 갤러리로 보였다.

마침내 골프 귀신이 되어 대빵 귀신에게 입방신고를 하는데 대빵은 질문에 한 점 의혹 없이 솔직히 말하라고 엄포를 때리고 그 자슥은 구구절절 이승의 삶을 설명하며 귀염(?)을 떨고 있다.

"얌마~! 너 골푸 한다고 얼마나 날렸냐?"
"히히히~ 수도 없꾸만요. 아파트 3채에다가…"
"자슥~ 맨날 내기만하고 돌아 댕겼꾸만!"
"대빵님은 명색이 대빵이니 저보다도 더 날렸겠네여?"

"야~ 씨발 말도 마라~ 아파트는 껌값이고 금싸라기 땅에다가 아휴 생각하면 뒷골 땡겨서!"

"대빵! 흐흐흐흐… 존경함돠~"

"미친 넘! 그래도 나는 약과야… 전임 대빵은 가진 것 몽창 날리고 팔게 없으니 마눌에 자식꺼정 팔아 묵고 나중엔 울어 줄넘도 없었다잖아."

"대빵하는 데는 이유가 있꾸만요."

"참~ 귀신도 곡할 노릇이지!"

"야~ 너 그저께 9시 뉴스 봤냐?"

"전, 3일장을 했으니까 죽느라고 못 봤는댑슈?"

"니미~ 울 나라에 말야 도박에 중독된 넘이 300만 명 이라더라."

"헉~!"

"고스톱에 경마에 골푸에. 성인의 9%가 도박꾼이라니…"

"대빵! 우리야 끝난 인생이니 알바없고 근데, 여기도 테레비가 나와여?"

"내가 누구야? 골푸 채널에 인터넷꺼정 안되는 게 없어 임마!"

"우~ 와~!"

"메가찬스에 두나포스꺼정 속도도 졸라 빠르지. 야시시~ 한 동영상에…"

"떵호~ 오늘 한국 오픈 중계한다는디~!"

"이런 개씨끼가~ 얌마! 너거 방엔 라디오도 없어여~ 병신아!"

쫄따구가 대빵하고 농담 따묵기 하나? 역쉬~ 내기 골프에 길들여진 넘들이니 이럴 땐 스크라치구만요.

"음~ 공은 몇 번이나 건드렸냐?"

"아이구~ 대빵님도 그런 건 기본 아녀!"

"마저~ 나도 졸라~ 건드렸찌."

254

"그래 그 동안 알은 몇 개나 깠는지 씨부려봐!"

"낄낄낄~ 수도 없이 깠쪄! 그걸 우째 헤아려여?"

"그래서 부화는 몇 개나 했꼬?"

(여기서 부화란 깐 알에서 몇 개나 성공했냐는 얘기다.)

"씨팔~ 그기 있잖아여~ 무정란인지 하나도 성공 못했꾸만요."

"씨펄넘! 너 정관 수술했꾸만… 나 귀신맞쩌?"

크~! 귀신은 못 속인다니까!

죽이고 살리고 하는 법정은 아니지만 여기도 최후 진술은 있다.

"음~ 아라따~! 그래 너의 마지막 소원이 뭐꼬?"

"대빵님! 전 다른 소원은 조또~ 없습돼! 딱~ 한 가지 맘 편하게 공칠 동반자 3명만 구해줍쇼~!"

멍~하니 쳐다보던 대빵도 기가 찬다는 듯

"이런 씨펄 넘이 장난 치냐?"

"아~! 3명이 안 되면 2명이라도…?"

"귀신 씨나락 까묵는 소리하고 자빠졌네! 그렇게 편한 동반자가 있으면 내가 치지 뭘라꼬 니를 주냐! 씨벌! 방금도 같이 칠 넘 없어 쪼인하고 왔는디…"

푸하하하…

최후 진술도 끝나고 방 배치를 해야겠는데…

"어이~ 비서? 비~서~?"

"얍~! 대빵~!"

"야이~ 씨펄~! 부를 때 빨랑~ 빨랑~ 쫌 와! 콱~! 여기 아끼는 후배가 왔는데 특실에 빈방 있나?"

"500명 꽉~ 찼는댑쇼!"

"음~ 요즘 따라 특실이 꽉~ 꽉~이구먼!"

"대빵! 특실에 뭔 귀신들이 그리 많은겨?"

"뻔할 뻔~ 아냐! 요즘 러프가 너무 길어 알까는 넘이 많아서 그래 임마!"

"대빵! 특실이 어딘겨?"

대빵이 구석을 가리키며

"어이~ 씨펄넘! 눈까리에 파전 붙혔냐~ 간판도 안보여? 그래서 빠따는 우째했노? 그 모양이니 뒷팀 공이나 맞고 뒤비졌지."

"저건 닭장인디…?"

"그랴! 알까기 전문가들은 마카~ 닭장으로 보내지!"

"허걱~ 그래도 난 싱글인데… 대빵~!"

"씨벌넘아~ 그래서 봐주는 거여! 암탉도 많으니 놀아봐! 그것도 싫으면 땡볕에 잡초나 뽑든가!"

에구~ 이런 일은 없어야 할 텐데…

골프귀신이 말하듯 마음 편히 함께할 수 있는 동반자가 있을까? 100인 100색이라는데 동반자가 어떤 이유에서든 같을 수는 없다. 내가 싫어하는 어느 때의 동반자도 나름대로의 이유가 있었을 서다. 또한, 내가 그들을 외면했듯 때로는 그들도 나를 피해 왔을지 모른다.

난, 편하다고… 편하게 해줬다고 생각할지 몰라도 상대가 아니라면? 그 말에 열 받기보다 내가 부족했는가를 생각해 봤는가? 편한 동반자라는 것은 내 마음에 들어야만 된다는 것은 착각이다. 서로 간 어떠한 경우라도 불편과 오해가 없어야 진정, 편한 동반자일 거다. 떠난 공에 "다시"란 있을 수 없지만 생각엔 "다시"라는 기회가 있다. 근간, 주변으로부터 불리워지지 않았다면 다시 한 번 생각해볼 필요가 있다. 과연 "나는 초대받을 수 있는 골퍼인가"를…!!

인연과
악연 사이

우리는 알게 모르게 숱한 인연 속에 살아
간다. 무생물에서부터 말 못하는 짐승으로
해서 만물의 영장이라는 인간사에 이르기까
지… 누구는 몇 년을 함께 한 만년필을 애
기하고 어떤 이는 10년을 키운 애완견의 죽
음을 얘기한다.

누구는 잠깐의 인연으로 평생을 해로하는
가 하면 어떤 이는 모진 인연에 통곡의 노래를 불러야 했다. 사물이든
인간사든 인연이라는 것은 가치를 떠나 존재의 의미에서 출발하는 것이
다.

이 친구가 나를 위해 무엇을 해줄 것이다 아니면 이 친구로부터 무엇
을 얻을 것이다 라고 전제 등의 이해득실을 따진다면 그건 인연이라고
볼 수가 없다. 인연이라는 것은 우연히 그리고 조건 없는 다가오는 것이
며 오는 줄도 모르고 살아가며 살아가면서 느끼는 것이다.

악연으로 만나 죽고 못 사는 흔치 않은 인연도 있지만 대부분의 인연은 기분 좋은 출발에서 시작하고 가끔은 미운 싹이 터 결국 악연이 되는 것이다. 어떤 이는 열심히도 살았건만 재물과의 인연이 없어 악연의 늪을 헤매이는데 어떤 넘들은 트럭에 돈다발을 싣고 누이 좋고 매부 좋은 인연을 맺으려다 산통이 나면서 차디찬 감방이라는 악연으로 끝난다.

오징어 포보다 더 얄팍한 지갑을 부여잡고 어렵게 살아가는 서민을 힘빠지게 하고 서럽게 하며 국민을 두 번 죽이는 뻔뻔스러운 넘들을 보면 한 홀에 오비 열방보다도 5퍼터보다도 더 열 받으니…

생각 없는 횡단보도에서의 어깨 부딪침도 인연이며 가끔은 티격태격하는 골프 친구도 인연에서 온다. 골프의 인연은 어떤 이유에서든 좋게 출발한다. 어쨌든 미운 넘 죽일 넘과는 상종을 않기 때문이겠지. 밉고 싫은 넘이 앞뒤팀에만 있어도 신경이 쓰이는데 같이 4~5시간을 함께 한다면 대가리가 돌아 버릴 일이 아닌가!

"인생은 정직하게 살며 골프는 착하게 치자"는 대문짝같이 표어를 붙이고 살아도 골프를 하면서 누구나 하지 않아야 할 일들을 한 번쯤은 했을 법하다. 그것이 실수든 무지든 아니면 동반자의 묵인이든! 모르고 하면 실수지만 알고 하면 죄가 되듯이 가끔은 이해 못하고 용납 받지 못할 행동에 어렵게 맺은 인연이 적이 되고 악연이 된다.

어느 넘은 그린에서 동전 크기라도 홀 가까이 갈려는 버릇 때문에 적이 되고 어떤 넘은 뜻대로 되지 않는다고 짜증으로 동반자를 불안케 하여 적이 되고 어떤 선배는 키 높이 억새풀 더미에서 자신의 볼을 찾아준 후배를 원망하다 적이되며 누구는 라운드 중 쉴새없는 불만에 적이 된다.

후배는 어렵게 부탁한 땜빵을 흔쾌히 들어줘 인연이 되고 어떤 이는 자기 차로 모시고 배달(?)하는 정성에 인연이 되며 어느 골퍼는 상대의 실수에 안타까워하고 칭찬에 인색하지 않아 인생외 친구가 되고 누군, .티나지 않는 배려에 인연이 된다. 인연과 악연은 종이 한 장이라지만 이처럼 차이는 엄청나다. 맺지 못할 인연이라면 몰라도 맺은 인연이 잠시의 욕심과 이해 못할 행동으로 악연이 된다면 그 인생은 너무 슬프다.

어차피 인생은 볕 좋은 날 잠시 소풍 나온 것뿐인데 누가 대신해줄 인생이 아니라면 맺기도 어려운 인연을 악연으로 만들어서야 될 법한 소린가! 가진 넘이 더 해쳐먹고 있는 넘이 더 날뛰어도 어렵고 힘들지만 양심적으로 살아가는 사람이 더 많다. 그래서 세상은 좆같아도 살 만한 구석은 있는 것이다.

지금까지 살아오면서 슬플 때 힘이 되어 주고 기쁠 때 같이 웃어 주었던 만남과 인연을 돌아보고 어떻게든 미움과 악연으로 남은 주변이 있다면 이해와 용서를 생각하는 시간이 있었으면 좋겠다.

선배님!
그 말이
맞습니다

마담이 눈치 없으면 그 집은 말아먹게 마련이다. 외상을 줘도 될 넘, 안 될 넘을 판단해야 하고, 허물허물해진 손님에게 처먹든 말든 양주 한 병 슬쩍 까놓고 매상 올릴 줄도 알아야 하며, 돈 될 법한 넘에겐 목숨 바치듯 까물어칠 서비스도 내놓을 줄 알아야 한다.

또한 술 한 병에 세월 따먹기나 하는 싹수가 노~란 넘들이 죽치고 있으면 대뜸, "잘 가세요~잘 가세요~"를 불러 재끼는 재치도 필요하고 찡짜 부리는 손님에게 팔 걷어붙이고 삿대질이라도 할 당당함도 있어야 한다.

그런 것을 고루고루 갖춘 대빵~ S마담이 잘 나가던 시절! 밤의 황제로 불리우는 친한 선배 한 분이 있었는데 세상이 좋을 때 남다른 수완으로 기업을 엄청 키운 인물이다. 낮에는 골프를 즐겼고 밤이면 선후배 불러 술을 즐기며 인심 팍팍 쓰니 당근, 좁은 바닥에 소문이 날 수밖에 없다.

술집마다 "모셔라"라는 지상명령에 난리 부르스가 나는데 콧대 높기로 유명하고 시시한 넘은 발톱에 때같이도 생각 않는 S마담도 그 지상과제에 뛰어들지 않을 수 없는 상황이니… 어떤 재주를 부렸는지는 몰라도 S마담은 선배를 잡고 날개를 달았지.

그런데 그 선배는 골프도 좋아했지만 골프는 단지 밤 열차를 기다리는 플랫폼 정도였으니… 스코어는 그럭저럭 했지만 내기에 익숙하다 보니 폼은 아니었다. 그러나 어프로치와 퍼터만큼은 타의 추종을 불허하고 존경할 만하다. 밤의 황제이시니 퍼터 하나는 숙달된 조교가 되어 있다는 뜻일까?

그 선배가 뜨는 날엔 S마담의 술집엔 샷다를 내린다. 좁쌀 100바퀴보다는 호박 한 바퀴가 낫기 때문이다. 잡동사니 몇 테이블 받아봐야 존나게 바쁘기만하지 실속은 없다는 계산이지! 선배의 주변 사람이 얼만데 한번 밀어주라면 팔자 피우는 건 시간문제니 말야.

세월은 흘러 나라 꼴이 기가 막힐 때 선배는 숨이 막히는 어려움을 맞고… 밤새 안녕이라더니 모두들 아쉬워하고 내 일같이 안타까워했다. 그 좋아하던 술이며 골프는 이웃집 개소리가 되어 버렸고 그건 그렇다 하더라도 찾아오는 넘 하나 없었으니 정말 외롭더라는 것이다. 돈 떨어지고 힘 떨어지면 개미새끼 하나 얼씬 않는 법! 유달리 사람을 좋아했던 선배이고 뿌린 것도 많았는데 남다른 후회도 했을 거다. 인간은 마음으로 사귀어야 한다는 뼈저린 경험을 했을지는 몰라도 인생무상과 세상의 허무함을 느끼며 각고의 노력으로 그 선배는 3년 후 재기를 한다.

그 동안의 마음고생으로 많이 늙어 보였지만 그런 대로 돌아간다니 주변에서도 다행으로 생각하고 있다. 선배가 잘나갈 때 심혈을 기울여 만들어 놓은 단체는 여전히 잘 돌아가는데 그 모임에서 선배를 골프에 초대한 것이다. 한사코 거절을 했지만 늦게라도 우리의 예의가 아니라는 생각에서다. 3년 공백 후에 잡아보는 클럽인데 맞을 리는 없지만 나무 한 그루 풀 한 포기 만져보는 기분은 새삼스럽더란다.

그러면서 "아~ 이것도 달라졌고, 저기 방카도 달라졌고…" 하며 옛 전쟁터를 찾아 온 노병 같은 감회에 젖는 것이다. 라운드가 끝나고 소주를 한 잔하는 자리! 떠들썩한 소주방이지만 기분은 좋은 듯하다. 그러면서 하는 말

"난, 소주를 마시면 취하지도 않고 기분도 안 나는 줄 알았고 소주방은 퇴근길에 한두 잔 하는 승강장이라고 생각했는데 취하고 보니 기분도 좋고 훨~씬 재밌다"는 것이 아닌가!

"선배도 많이 달라졌슈!"

"세상도 달라졌고 인간도 달라졌고 모든 게 달라졌다."

"돈 떨어지니 사람도 떨어지더라."며 술잔을 기울이는 선배!

"선배! 그뿐만 아니오. 선배가 마시는 술 색깔도 달라졌잖소!"

"하하하하~"

그러면서 부디 하고 싶은 것도 참고 먹고 싶은 것도 참고

"그래야 노년이 편하다."며 중얼거림처럼 내뱉는다.

한 달에 몇 번이라도 골프채를 잡을 수 있다는 것에 감사해야 할 마당에 열 받아서 나가고 친구 좋아 나가고 달력엔 온통 동그라미뿐이니…

뭐 하나 반듯하게 챙겨둔 것도 없으면서 사흘이 멀다며 백을 둘러메고 나가는 나 자신이 갑자기 부끄러워진다. 여태껏 대충대충 멋모르고 지나 왔는데 산전수전 모두 겪은 선배의 그 말 한 마디가 내내 가슴에 자리하고 있다.

가을 골퍼

무슨 넘의 세월이 이렇게도 빠른지 모르겠다. 내가 쓴 세월은 절반도 아닌 듯한데 한 해도 두 달 남짓 남았으니… 새벽 잠이 없을 나이도 아닌데 오늘은 넘 일찍 일어난 듯하다. 뭐~ 특별히 할 일도 없으면서……

습관처럼 늘~ 내려다보는 창 밖이지만 많이도 달라져 보인다. 그 동안 푸른색에 익숙해서인지 푸르름조차 몰랐는데 어느 새 주변 색들이 온통 바뀌어 가니 가을인가 싶다. 평소 새벽잠 없는 마눌은 콩밭을 메고 왔는지 코를 골며 난리고 잠충이 서방은 오늘 따라 일찍 일어나 청승맞게 돌아다니고…… 이러니 뭔 궁합이 맞겠냐!

그런데 이 시간에 뭘 하지? 신문이라는 게 맨날 3류 소설 같은 정치 얘기에 곤두박질치는 경제 얘기뿐이니 보기도 싫고…… 티브이라도 볼려니 그넘이 그넘이고 다시 누우려니 그렇고 마눌이라도 찝쩍거리면 뒷발에 차일까 겁나고…… 시간도 널널한데 쪼인이나 해볼까? 맞아~ 공도 공이지만 그래 가을을 보러가자. 맨날 치고 박고 스코어에 연연하다가 보고 보이는 건 흰 공 두 개 놓인 티박스에 뻘건 깃발에 얄미운 구멍뿐이었는데…

주섬주섬 옷 챙기며 마눌 눈치 보니 아는지 모르는지 꿈쩍도 않는다. 아들넘 학교 보낼 시간인데 모르는 척 해주는지도 모르겠다. 지지고 볶으며 20년을 넘게 살았으니 말야. 쪽지 하나 적어두고 발자국 소리 문소리 죽여가며…

새벽 공기가 제법 쌀쌀하다. 밤공기에 익숙해서인지 새벽은 왠지 낯선 맛이다. 밤이슬만 맞고 돌아 다녔으니 새벽 맛을 우째 알겠나? 자욱이 내려앉은 안개 사이로 가을이 보인다. 수줍듯 피어난 한 뼘 키의 들국화. 꽃송이가 힘겨워 가는 목을 떨고 있는 코스모스! 건드리면 날아갈 듯 흰 털이 보송보송 갈대하며 봄의 전령처럼 눈꽃을 날리던 벚나무도 이젠 가을빛이다. 지난 여름 모진 시련을 견디어 낸 이 가을들이 사랑스럽다.

봄인가 싶더니 여름이고 유달리 지긋지긋한 장마를 이겨내니 가을이란다. 언젠가는 또 바위 같은 계절이 우릴 웅크리게 할 것이다. 감각을 잃을세라 겹겹이 챙겨 입고 나가 보지만 생각대로 되질 않고 그래서 새봄의 푸르름보다 한 여름의 녹색보다 누렇게 어쩌면 볼품없이 바뀌어 가는 가을이 더 아쉬운지 모르겠다.

안개 위로 동트임이 보인다. 마음만 앞섰던 시즌의 시작과 의욕에 넘쳐 퍼덕이던 분노의 계절이 생각난다. 하지만 오늘은 씨펄~도 조또~도 없이 가을을 즐기고 싶다. 낫으로 베어 버리고 싶은 짜증스런 러프도 산비탈 잔가지가 등허리를 찔러도 그렇게 칠 것이고 그린 위 뒹구는 낙엽마저 그냥 두고 치고 싶다. 덕지덕지 찍어 바르던 여름 치장도 마다하고 얼굴 가득 가을을 맞고 싶다. 풋풋한 풀내음은 없어도 한껏 농익은 가을을 마시고 싶다.

아직도 남아 있을 자존심. 그렇게 퍼내도 바닥이 보이질 않는 욕심. 오늘 만큼은 그 모든 걸 버리고… 안면 있는 캐디가 저넘 망가졌다며 수군대도 그렇게 가을을 느끼고 싶다.

다시 올 가을이지만 다시는 못 볼 연인처럼 오늘은 그렇게 간절한 마음으로 가을을 만나러 간다.

골프장
가는
길에

오가는 길에 낡은 팻말 하나
오솔길 따라 운곡 서원이란다.
울퉁불퉁 돌계단 올라보니
버려진 듯 나지막이 기와집 하나.

산 높아 기와집 낮아지고
피어오른 연기 높아 더 낮아 보이네.
소슬바람에 시늘대 울어 대니
놀란 강아지 오가며 짖어댄다.

내내한 장작 냄새 엄마 생각나고
눈 매워 앞 흐려도 고향인 듯 푸근하다.
감물 한복 입은 주인 아낙 인상 좋고
질서 없는 실내 풍경 차라리 편안하네.

황토 내음 메주 내음 물씬한 안방에
뜨끈한 구들목 어찌 이리 고향인가!
소쿠리 광주리 황토 칠 서까래의 정겨움에
참종이 쪽문으로 겨울 햇살이 따사롭다.

산중음악 풍경소리 뒤에 두고
차나무 어린 싹 고이 따서 빚은
작설차 한잔 여기서 다른 맛이네.
님 한잔 나 한잔 향 또한 다르구나.

갓 온 객에게 아랫목 양보하고
오간 객 쪽쪽이 남긴 흔적 보니
두근거린 만남에 눈물 찔끔 이별에
행복겨운 가슴속 노래도 있네.

바구니 마른 꽃 언제 겨울이었나 싶고
흰머리 몇 가닥 벌써 이 나이였나 싶네.
찬바람 견디는 나목은 새봄 그려 사는데
풀어 놓은 세월은 바람인 듯 쉬이 가버리니…

하늘 가운데 해는 산 높아 일찍이도 기울고
바쁜 객은 옷깃 세워 잰걸음으로 나간다.
산꼭대기 걸친 석양이 붉다했더니
갈길 바쁜 객인 양 그렇게 넘어 가네.

로또
오르가즘

　세상 밖은 전쟁과 핵이 엉켜 최대 관심사가 되고 있는 마당에 그 관심의 중심에 있는 우리나라는 한때 로또 열풍에 휩싸였었다. 시골 할매가 꼬깃꼬깃 돈을 들고 마을버스를 탔는가 하면 수백만 원의 빚을 얻어 투자하는 등 목숨을 건 도박도 있단다.

　모름지기 도요일 8시45분까지는 모두가 행복했다. 우승 퍼트만 남겨 놓은 18홀에서의 기분이 이러했을까? 청기와집을 몇 채나 지었다 부셨다 세계지도는 줄줄이 외고…

　월드컵 4강의 마지막 키커 홍명보의 짜릿한 성공은 단 1초의 오르가즘으로 전국을 물바다(?)로 만들었는데 인생을 역전시키고 팔자를 고친다는데 70초 정도의 오르가즘은 필요했을지 모르지만 그 뒤에 오는 허탈은 어떠했는가?

　당첨된 몇 사람이야 행정자치부 앞에 국민은행 앞에 소대가리를 놓고 무릎이 까지도록 큰절을 할지 모르지만 어쨌든 "로또"가 "조또"가 되어 멍~ 한 이 순간에 "국민 여러분! 행복하십니까?"라는 어느 후보의 자조 섞인 말이 생각나는 건 왜 인지 모르겠다.

누구는 홀인원을 부잣집 자식들 간식 먹듯 하더만 한 번도 못한 넘이 그보다 몇 백 배 어렵다는 로또에 도전하고도 허탈해지니… 그러고는 1 만 원 권이 우습게 보여지는 심리는 뭘까? 100원짜리 고스톱 판에 칼부림나고 1달러 내기 판에 지지고 볶다가 이젠 100달러의 가치마저 잊어 버리는 건 아닐지 모르겠다.

숫자가 찍혀져 나오는 복권은 떨어질거라는 생각으로 사지만 내가 찍은 로또 숫자는 걸릴 거라는 믿음으로 구입한다. 어느 것이나 확률은 조또 없지만 차이는 여기에 있기 때문이 아닐까? 그렇듯 자기 믿음에 자기가 빠져 허탈해 한 적이 한두 번이 아니다.

로또의 실패는 그 숫자를 찍지 못했다는 원시적인 원인이 있다. 50년 경력의 점쟁이도 모르고 첨단의 컴퓨터도 모르는데 니미~ 어느 넘이 뭔 재주로 찍겠냐만 그래도 허탈해지는 건 확률을 떠나서 맘 속의 절대적 믿음이 있었기 때문이다. 뻔히 들어갈 거라고 믿었던 1m 퍼트가 흘러 버리고 바르게 날아가던 티샷이 돼지 꼬랑지가 되어 숲 속이라면 속은 뒤집어지고 정말 뚜껑 열릴 일이 아닌가!

그렇지만 거기엔 자신도 모르는 원인이 존재하고 있다. 자신만의 믿음으로 자연을 이기려했거나 자기 논리만으로 골프를 해석하려는 믿음이 도사리고 있었기 때문이다. 1m 이내의 숏 퍼트는 긍정적인 믿음이 필요하다.

하지만 믿음이 강하면 들어갔음을 가정한 환희를 꿈꾸기에 어설픈 롱 퍼터가 쑥~ 들어가는 확률만큼의 실패도 따르고 믿음과 환희를 꿈꾼 만큼 허탈도 수반하는 것이다.

로또의 둥근 공은 어떻게 굴러 어떤 결과를 만들지 모르지만 골프의 둥근 공 만큼에는 가끔의 행운은 있어도 요행은 없다. 어차피 로또와 골프는 무한에 도전하는 게임이다. 로또 몇 장을 지갑에 넣으면 한 주일이 기쁘고 욕심 없는 모처럼의 라운드가 즐겁다면 그것이 행복이다.

　맨땅에 헤딩하는 어리석음 보다는 이해하는 지혜가 필요하다. 이렇게 말을 하고도 과신에 무너지고 뚜껑이 열리며 로또 앞에 덥석 덥석 지갑을 열지는 않을까 걱정된다.

아버지와
장인은
스크라치

언젠가 벚꽃이 만발한 4월! 꽃에 취해 골프장을 지나쳐 허겁지겁한 경험이 있고 장대비에 골프장을 가다말고 고깃집에서 고스톱과 술로 날밤을 지새웠듯이 골프가 아닌 세상 얘기를 한번 해보자.

난, 곰도 아니고 여우도 아닌 색깔 없는 마눌과, 거울이 깨지고 꿈만 이상해도 바리바리 전화를 하는 참~ 착해 보이는 딸 하나 그리고 아비 닮아 게으른 아들과 알콩달콩거리며 좋고 싫은 감정 없이 그렇게 산다.

첫딸에 둘째 아들이라고 누구는 백점이라더만 아들 하나만 더~라는 부모님의 뜻을 거역하고 노조의 데모에 일찍이도 공장 문을 닫아 버렸다. 돈 안 들고 힘 안 드는 이런 것이라도 자식으로서 받아드려야는데 그것만이 효도가 아니라는 노조의 작업 거부로까지 가는 반대로 뜻을 이루지 못했다.

아들 만든다는 보장도 없고 만들어 놔도 문제니 만들어 놓은 기계나 잘 돌리라는 데는 할 말이 있어야지! 사실 땡~한 아들이지만 그넘 만든다고 쪽지 적어 다니며 식의요법에 날짜 조절에 4년간 식은 땀을 흘렸는데 그런 고생이야 조또 아니라 해도 양가 합하여 딸 11명에 아들이라고는 달랑 둘 뿐인데 뭔 확률로 아들을 낳겠나!

울 아버지와 장인어른의 능력이 그뿐이었는지는 모르지만 18홀 내내 버디 하나씩밖엔 못 잡았으니 두 분은 영원한 스크라치이다. 아버지는 부단히 칼을 가셨고 밤샘 퍼터 연습에 꼭지, 끝난이, 늦이, 마자라는 동생들 이름을 지어가며 배수진을 쳤지만 끝내 허사였으니… 수제비 한 끼로 하루하루를 견디면서도 쌍버디를 만들려는 아버지의 눈물나는 노력에 조금이라도 보답하려고 했건만…

아들넘에게 장동건과 원빈 같이 형제애를 느낄 동생을 만들어 주고 싶었지만 공장문을 굳건히 지키는 마눌의 고집과 인내에 두 손 두 발을 들었고 세상은 둘 자식 흐름이니 뜻을 이루지 못했다.

그래도 그넘들이 큰 말썽 없이 자라서 대학을 다니지만 요즘 돌아가는 세상을 보면 이운제보다도 훨씬 뛰어난 철벽수비로 공상문을 지켜준 마눌의 능력이 고마울 따름이다. 먹는 건 타고 난다지만 입만 늘려서 어쩐단 말인가? 졸업시켜 놔도 취직이 되나 남의 돈 먹는 장사가 그리 쉽나? 천날 먹고 만날 노닥거리는 그런 직업이 있으면 몰라도…

언제 키우나 싶었던 코 찔찔이 자식들도 볕 좋은 여름날 무우 싹 같이 쑥쑥 자라주니 다행인데 키워보니 같은 공장에서 나온 무우도 틀리더라는 것이다. 큰넘은 하루 10시간이 넘는 알바에 눈꼽 같은 일당을 받고도 그렇게 알뜰하고 착하며 불평이 없이 다니든데 둘째 넘은 방학 때

막노동으로 누나의 3배가 넘는 일당을 받고도 당일에 해치워버리고 또 손을 벌리니…

언제는 운동을 하겠다며 한동안 축구선수를 하더니 축구부가 해체 되고는 골프를 시켰고 그것도 포기를 한다. 다시 대학을 가겠다기에 과외까지 시켜봤지만 몇 달도 안 가서는 기술을 배우겠다며 실업계를 지원해 버린다. 드라이버 잘 쳐 놓고는 아이언 실수하고 기가 막힌 세컨샷을 하고도 퍼터를 놓치듯이 같은 사람이 친다고 같을 수만은 없고 같은 공장 제품이라고 같기를 바라는 건 욕심이더라.

아직은 모를 일이지만 그래서 자식 농사와 골프는 돈으로도 힘으로도 안 된다 했는지 모르겠다. 어느 집 자식들은 판사에 검사에 의사라고 해도 타고나지 않으면 힘든 일이고 금딱지 골프채에 필드를 밥 먹듯 다녀도 안 되는 넘은 죽어도 안 된다. 때문에 자식 욕심, 골프 욕심은 버려야 할 것 같다.

아들 나이 때 아버지에게 그렇게 고집을 부렸듯이 이제 자식의 똑같은 고집을 받아 줄 나이인 것 같다. 두루마리 휴지같이 갈수록 작아지고 얇아지는 마음과 생각은 누가 뭐래도 어쩔 수가 없으니 그래서 이젠, 인생도 골프도 공격보다는 수비에 치중해야 할 때가 아닌가 싶다.

내 나이
72살에

내가 만약 골프를 하지 않았다면 골프하는 사람들을 향해 뭐라고 했을까 하고 멍청해질 때면 한 번씩 생각하곤 한다. 한때 부의 상징으로만 생각했던 골프! 어릴 때는 사진을 보며 저런 폼이 골프구나 했고 중학교 다닐 때 골프 연습장이 꿩 사육장 인 줄 알았고 머리가 희끔희끔한 노인네들이 치는 걸 보고 저것이 골프고 골프를 저렇게 하는구나 했다. 옆에서 공을 놓아주는 연습장 캐디를 보며 직업 좋다는 생각을 했고 그물 옆에서 구경하다가 머리가 깨질 뻔한 일을 겪으며 이 넘의 골프가 존나게 위험하다는 것도 알았다.

풀잎 같은 월급봉투 받아 화장실 가서 펴보며 긴 한숨 토해내던 시절! 골프는 그렇게 연습을 해서 잔디밭에 나가는 것도 알았다. 우리 골프의 초석이며 지금은 골프계의 원로가 되었을 그들이 한국 골프를 지배할 때 저것이 무슨 운동이냐 했고 울 아버지는 허리가 굽도록 풀을 메는데 저 넘들은 풀을 키우니 정말 웃기고 자빠졌고 미친 짓도 여러 가지 한 다고 했지!

그러던 내가 인정 많은 오너를 만나 골프를 시작했고 골프장을 만들며 반대 주민을 설득하고 골프장 책임자로 있었으니 우스운 일이다. 그 때부터 지인들에게 골프를 배우라며 침을 튀기는 골프의 전도사가 되었다. 마눌 없이는 살아도 장화 없이는 못 산다는 촌넘이 마눌 없이는 살아도 골프 없이는 못 사는 넘으로 바뀌었고 보리밥으로 배를 채워도 같이 즐기자며 가르친 마눌마저도 사흘이 멀다고 골프로 잠꼬대를 하며 미쳐가고 있다.

그렇게 미쳐 가다가 육신마저 지쳐 버리고 훌쩍 커버린 자식 새끼들 떠나고 나면 뭐 할까? 배운 도둑질인데 쌈짓돈 몇 푼으로 퍼브릭이나 다닐려나? 캐디 쓸 돈 아까워 세월보다 무거운 카트를 끌며 말야! 오르막인지 내리막인지 늘어진 눈꺼풀 사이로 희미하게 보이는 홀컵! 3퍼터! 4퍼터를 밥 먹듯 해도 그 정겨움에 뜨거움 토하던 밤도 잊겠지. 내려앉은 서릿빛 허연 머리칼을 뒤적이며 박제같이 쭈굴한 팔베개의 밤도 행복할지 몰라! 천근같은 몸으로 만근의 수심을 지탱하면서……

72살에 72타를 치겠다는 누구의 새빨간 거짓말을 믿지 않아도 그 나이에 그렇게 즐겼으면 얼마나 좋을까!

10년만
더 칠 수
있다면…

골프를 처음 시작할 때 울 엄마!
"야야~! 골푸 그거 운동이 되나?"
"아이구 엄마도 얼메나 디다꼬!"
"내가 보니 작대기 짚고 실~실~ 걸어 댕기든데 뭘!"
옆에서 울 아버지 거드신다.
"아이고~! 지랄도 그기 뭔 운동이라꼬."
"아부지가 한 번해 보시소?"
"내야! 평생 농사짓고 살았지만 삽질 만큼 운동 되는기 없더라."
"아부지 아님니더~!"
"돈쟁이들이나 세월 보낸다꼬 하는 건데 니가 뭐 벌아났다꼬?"
그래도 울 엄마는 아들 편인가!
"냅뚜소~! 남들 하는 건 다 해봐야지."
"밥 처묵고 배 꺼줄라꼬 댕기는 것도 아니고 말야."

평생을 허리가 굽도록 농사만 짓던 분들이니 이해가 될 리 없다. 벌써 10여 년이라는 세월이 흘렀다. 이제는 흔한 운동으로 자리하니 울 아버지도 달라지시나 보다. 배부르고 할 짓 없는 넘들이나 하는 거라며 쳐다보지도 않으시더니 TV를 보다말고

"야야~ 저기 저렇게 안 되나?"

"호호호… 아부지! 골푸가 얼메나 어려운데요!"

"젊은 것들이 소 눈까리보다 큰 구멍에도 못 넣고 왔따 갔따… 쯔쯔…"

울 엄마는 이해라도 하는 듯

"야는 그만큼 댕겨도 상도 몇 개 못 탔다 카두만……"

난, 그 말에 웃겨 죽는 줄 알았다. 동네 대회에서 상 하나 타온 걸 가지고 울 엄마는 선수로 알고 있으니… 대가리가 헷가닥 해서 돌아다니는 아들넘을 봤으면 기도 차지 않았을 것인데 못 보신 것만도 다행이다. 다시 울 아버지!

숏 퍼터 실수하는 걸 보시고는

"헛 배았따~ 헛 배았어."

"당신이 함 해 보소 맘대로 되는강?"

"하이고~! 내가 10년만 젊어도 저넘들보단 나을끼다."

"마~치우소!"

울 아버지는 아직도 청춘인 줄 알고 계시는데 그런 의욕으로 제발 오래오래 그렇게 사셔야 하는데……!!

몇 년 전 칠순을 넘긴 할아버지 한 분이 찾아오셨다. 도저히 골프와는 거리가 먼 듯한 분이셨는데 멈칫멈칫 하며 하시는 말씀이 "이 나이에도 골프를 할 수 있는냐"고 물으시는 것이다.

"아이구 뭐 말씀을요. 평생을 하는 운동이 골푼데 당연하죠."

"그래도~ 왠지 이상해서 말야."

평생을 일에만 매달려 한눈팔지 않고 살아왔는데 세 딸을 출가시키고 나니 낙이 없다는 것이다.

50중반에 친구들이 골프한다고 난리일 때 웃긴다며 한 마디로 일축했는데 요즘은 몇 남지 않은 친구들이지만 골프 아니면 끼워주지도 않는다는 것이다. 모임에도 불러주지 않고 모처럼 만나도 골프 얘기만 하고 그래서 친구가 그리워 골프를 결심했다는 것이다. 그 뒤 골프가 와 이리 어렵냐며 몇 번을 오시더니 영~ 보이질 않으셨다. 포기하신 걸까? 아니면 돌아가신 걸까?

그 후론 까맣게 잊었는데 얼마 전 다시 찾아오신 것이다. 차 한 잔을 하며 이런저런 얘기를 하다 말고 "이보게~ 81타도 싱글인가?"며 묻는 것이다. "그럼요! 왜요? 할아버지 싱글 쳤어요?" "호호호… 81개를 쳤두만 싱글이라며 자꾸 밥을 사라기에…" "아이구! 어르신 축하드립니다. 당연히 사셔야죠"

50중반에 시작한 친구들도 못했는데 자신이 첨이라며 즐거워하신다. 그 연세에 싱글이라니… 그것도 4년여만에… 늦은 시작에 열심히도 했겠구나 생각했는데 그것이 아니었단다.

몇 달간은 친구들의 놀림에 그만둘까도 생각했고 사업에 정열을 쏟듯 열심히 했지만 쉽지 않아 열도 받았단다. 저만치 앞서가는 친구들은 황새같이 보이고 아무리 연습을 해도 자신은 영락없는 뱁새더라는 것이다. 첨엔 10년만 젊어도 하는 오기도 생겼지만 이제는 10년만 더 칠 수 있다면 하는 마음으로 치니 골프도 잘 되고 즐겁더라는 것이다.

칠순의 할아버지가 남은 힘이 얼마라서 힘으로 했겠나? 하루치고 나면 3일은 쉬어야 한다는데 경험인들 많았을라고! 하지만, 모든 걸 버리고 10년만 더 칠 수 있게 해달라는 마음의 기도가 할아버지에게 싱글 스코어를 안겨드린 것 같다.

몇 십 년 후! 할아버지와 같은 나이쯤에 나도 할아버지 같은 마음으로 칠 수 있을는지! 오늘 따라 버려지지 않는 욕심 주머니가 너무 무겁다.

땅
10평의
행복

골프장 가는 길 산자락에 언제부턴가 하나 둘 아름드리 돌이 쌓이더니 1년이 가까워지면서 돌은 조그만 산을 이뤘다. 그 동안 옮기는 걸 한 번도 보질 못했는데…

뭔 공사길래 저렇게 돌을 모았을까? 산비탈에 축대를 쌓으려고 모았겠지! 아냐! 돌장사가 옮겨온 걸 거야! 아침이면 몇 개씩 늘어나는 돌들을 보면서 오가는 사람들은 한 번쯤 의문을 가졌을 거다.

그렇게 스쳐가는 의문은 있었지만 자신의 일이 아니듯 그렇게 관심은 없었기에 누구도 옮겨 놓은 돌의 주인을 알지 못했다. 돌이 쌓이기 시작한 것은 3년 전이었는데 얼마 전부터는 그 돌들이 기초가 되어 10평 남짓하지만 이쁜 집이 들어서고 있었다.

어느 날은 기둥이 서더니 열흘 전엔 기와가 올라가고 며칠 전엔 예쁜 창문이 달렸다. 서쪽 산을 등지고 지어지고 있는 집! 잠깐인 듯 아침 햇살은 받겠지만 한나절 내내 햇빛을 받을 수 없는 집! 하루 종일 응달에 덮혀 있을 집인데 누가 저런 곳에 집을 지을까? 놀랍게도 그 집의 주인은 칠순을 넘긴 노부부였다.

배운 것 가진 것 없고 늘그막 챙겨줄 자식조차 없는… 평생을 더부살이와 품팔이로 생활해 왔다는 노부부!

언젠가 내 땅 10평만 있으면 울 할멈 좋아하는 똥개 한 마리 마음 놓고 키울 수 있는 집을 짓는 게 소원이었는데 이제 이뤘으니 행복하다는 분이였다.

"할아버지! 그렇게 할머니 소원이셨는데 일찍 해주시지?"

"모르는 소리! 이것도 3년째 짓고 있는데 뭔 돈으루?"

"그럼 빌리시든가. 은행에 대출이라도…?"

"흐흐~ 누가 오갈 데 없는 영감쟁이를 믿고 돈을 줘? 난, 평생 모은 돈 떼이고 살지만 그런 거 몰라!"

"!!!!"

"이것도 5년은 걸릴 줄 알았는데 다행이지."

"근데 오후엔 응달이라서 춥지 않을까요?"

"이보게~! 응달이면 어때? 내가 맨날 집에만 있나… 그리고 뜨는 해만 보면 되지 지는 해는 뭘라고 봐!"

"???"

"일터에 가면 일꾼들이 해 빠지기만을 기다리더라고! 그래야 어쨌튼 돈이 나오니… 난 그런 게 싫어…또한, 세월이 아까워 지는 해는 안 볼려고 작심을 했지!"

"예~!!!!"

이번 설엔 내 집에서 조상 모실거라며 땀 흘리는 얼굴에 세월만큼 주름의 골은 깊었지만 행복해 하는 노부부였다.

언제부턴가 내 땅 만 평이 있으면 어프로치 9홀을 만들어 오가는 사람 불러 모아 즐겨야지 했고 내 땅 천 평이 있으면 지붕이 뾰쪽뾰쪽한 빨간 집을 짓고 앞뒤 큰 마당에 그린 몇 개 만들어 인연 닿은 주변 모아 살아야지 했는데 노부부를 생각하면 참~ 배부른 꿈을 꿨다.

인간의 욕심은 한도 끝도 없다. 욕심이 한계를 넘으면 버디는 보기가 되고 만 평의 꿈은 10평을 가질 기회도 주질 않는다. 완벽한 3온보다도 어설픈 2온에 목숨을 걸며 코앞의 쾌락을 쫓는 욕심과 옹졸함에 때론 가슴을 친다. 가진 것 없이도 50년을 행복하게 살았을 테고 이제 50년을 기다려 또 다른 행복에 겨운 노부부의 삶을 보면서 많은 걸 느끼게 한다.

실천도 못하는 땅 만 평의 꿈과 빨간 집의 희망은 땅 10평이 주는 행복 앞에서는 너무 초라하다. 삶이든 골프든 소박한 시작이 행복인데…

비울 때는
비워야
한다

흔히들 골프를 인생에 비유한다. 배우고 익히며 성장하고 즐기는가 하면 가끔은 우여곡절을 겪으며 포기와 좌절을 거듭한다.

하지만 희망과 기대로 버텨 내는 것이 너무도 닮았다. 한 라운드의 절반 이상은 길지도 짧지도 않은 PAR 4홀! 만만하게 보다가 큰 코 다치는 숏홀도 아니고 깃대마저 보이지 않는 부담에 주눅 드는 롱홀도 아닌 어쩌면 PAR 4홀은 인생의 정점에 올라선 40대의 홀인지도 모른다.

버디를 위해 무리하지 않고 보기 몇 개에 섭섭해 하지 않으며 비워야 할 때 비울 줄 알고 얻어야 할 때 얻으려는 의욕이 있는 40대!

패기 하나를 믿고 버디에 도전하는 30대도 지났고 그래도 넉넉한 보기로 만족하는 50대의 길목에서 그나마 희망을 노래하는 더블보기의 60대와 채를 놓을까 말까 힘에 겨운 트리플 보기의 70대를 준비하면서 하지만 아름다움을 잊지 않으려는 40대!

그렇듯 골프는 오묘하게도 인생의 축소판이다.

하늘은 가볍고 날씨 좋은 수확의 10월에 태어나 이제 40대 끝자락!

기다리지 않아도 찾아오는 40대 이지만 강물 같은 세월은 많이도 흘렀다. 날 것 같은 몸도 생각같이 돌아가지 않고 드라이버 거리와 오줌줄기가 짧아짐을 느낄 때 활자 큰 이상한 광고에 눈이 먼저 가는 어쩔 수 없는 40대!

생일 아침!

"야야~! 찰밥은 해 묵었나?"라는 엄마의 걱정 아닌 걱정에 고맙다는 말 한 마디 못하고 아직도 엄마라 부르는 철없는 40대이며 자식 앞엔 의젓하고 강한 척하지만 서울 간 딸아이의 선물을 받고 콧잔등 시쿰함에 눈물 찔끔 콧물 찔끔하는 마음 약한 40대!

정상을 내려와야 하는 40대! 그 이후의 생일만큼은 챙겨 먹어야 한다는데 조또 아니라고 믿었던 홀에서 회복 불능의 양파가 나올지 모르기 때문이다. 고지가 저긴데 싶어 존나게 뛰다보면 밤새 안녕이라는 횡사가 따르고 오줌 누고 물건 볼 새 없이 바삐 돌아다니다 보면 귀신이 데려가는 객사가 있으며 스쳐가는 바람 뒤에 집안 망신에 개쪽을 당하는 복상사도 있으니 말야! 그래서 40대는 정상에 오른 즐거움도 있지만 죽음의 [사]자도 있으니 비우고 버리며 욕심 없이 살아야 하는데……

모처럼 그런 공을 친 듯하다. 서로가 18홀에 멀리건 2개씩 주고 지정홀에 파온되면 버디 인정하고… 일명 생일 축하 라운드라며 친구들이 마련한 자리인데 그래서 터진 넘 캐디피 내고 딴넘 밥 사고 돈 거둬 소주 한 잔 나누는 즐거움은 버디나 이글에 흥분하는 이상의 기분이었다.

284

마음 비우고 이렇게 놀아 보는 "이것도 즐겁구나!"를 깨우쳐 준 라운드! 싫어도 가야 할 길인데 40대의 끝자락을 잡고 바둥거리기 보다는 언젠가는 늘 수밖에 없는 스코어인데 집착하고 매달리기보다는 비워야 하고 비울 수밖에 없는 [비운다는 의미]를 느끼게 한 하루였다.

내년에도 오늘같이 찰밥에 미역국이라면 만족하고 생일을 기다리는 여유로움과 넉넉함도 즐겨야 하며, 절간 스님이 될 건 아니지만 가끔은 해탈의 골프도 필요하다.

유난히도 짧은 가을! 여름 내내 못다 한 라운드를 즐길 시간도 그리 많지 않다. 푸르던 골프장의 잔디도 말라 가고 세상도 말라 간다는데 한 번쯤 남은 가을을 즐기고 또 느끼는 골프를 해봄이 어떨지? 버리고 비운다는 의미를 생각하며 정리하고 수확하는 가을이었으면!

옆에
두고도
그리운
사랑

유난히도 밝게 떠오르는 태양을 봤다. 환호와 기쁨으로 새롭게 맞이하는 한해! 꿈과 희망이 현실로 돌아오는 새해였으면…

이맘때쯤엔 누구나 그러하듯이 골퍼라면 일상과는 다른 또 하나의 희망이 있으리라. 한 번쯤은 되돌아 봤을 지난해의 부족함을 올해는 기필코 이루리라고 다짐도 했을 테다.

100파! 싱글! 언더! 또는 진정 골퍼다운 골퍼가 되어야겠다고… 모든 것이 꿈이 아닌 일들이지만 그렇다고 찬물에 밥 말아먹듯 호락호락 쉬운 일도 아니며 욕심을 버리지 않고 알량한 자존심을 붙들어 매지 않는 한 결코 실천할 수 없는 일들이다.

"입으로 떡을 만들면 조선이 먹고 산다."고 했다.

그렇듯 천번 만번 씨부려봐야 시주 없는 공염불이듯이 스스로 실천하지 않으면 이룰 수도 없고 또 즐길 수도 없는 것이 못된 넘의 골프라는 걸 익히 알고 있다. 인간이 만들어 인간이 즐기지만 골프는 또 다른 자연이다. 자연이 외면한다고 총칼을 들이대는 어리석음은 없어야 하지 않을까?

어느 날 나 또한 자연을 정복하려는 골빈 짓거리를 할는지 모르고 주둥아리만 나불대는 작심 3일의 표본이 될는지도 모른다. 하지만 새해에는 비록, 평소보다 10개를 더 쳐도… 천적 같은 동반자가 10개를 적게 치더라도 참아낼 수 있는 [인내골프]였으면 좋겠다.

산비탈에서 알을 까고픈 마음이 굴뚝같아도 디봇 자국에 빠진 공을 걷어차고픈 유혹이 똥마렵 듯해도 이겨낼 수 있는 [신사골프]였으면 좋겠다. 잘 치고 못 치고는 가진 자와 덜 가진 자의 차이일 뿐! 가진 자의 불행이 있는가 하면 덜 가진 자의 행복도 있듯 잘 치는 사람의 보람과 함께 못 쳐도 즐거움이 따르는 [행복골프]였으면 좋겠다.

앞서가는 사람 질투 않고 뒤따라오는 사람 무시 않는 [낮춤골프]였으면 좋겠다. 내가 울어 상대를 즐겁게 할 필요는 없지만 먼저 배려하고 챙길 수 있는 [사랑골프]였으면 좋겠다.
골프! 때론 그가 나를 외면할지라도 노력의 부족함을 인정하는 [자성골프]였으면 좋겠다.

그리하여…… 누구를 불러도 차탈피탈 거절 않고 누구에게나 불리워지는 [캡 골퍼]였으면 좋겠다. 골프! 그대에게 다가서면 가슴 설레고 그대 이름 부르다 목이 마르고 그대 생각에 긴 밤을 꼬박 새우며 그대를 위해 무엇이든 하고픈 진정, 옆에 두고도 그리워하는 [참골퍼]였으면 좋겠다.

장고의 쪼루인생 골프 이야기 2

개정판1쇄 인쇄 | 2014년 8월 18일
개정판1쇄 발행 | 2014년 8월 20일

지은이 | 장복덕
펴낸이 | 박대용
펴낸곳 | 도서출판 징검다리

주소 | 413-834 경기도 파주시 교하읍 산남리 292-8
전화 | 031)957-3890, 3891 팩스 | 031)957-3889
이메일 | zinggumdari@hanmail.net

출판등록 | 제10-1574호
등록일자 | 1998년 4월 3일

＊잘못 만들어진 책은 교환해 드립니다